Frank G. Ripel

Testi Magici

Commento al *Liber Legis* e al *Liber AHBH*, e
Comunicazioni da Entità extracorporee

Orion

ISBN: 978-1-4452-6543-8

Introduzione

Questo libro è diviso, essenzialmente, in due parti. Inoltre seguono cinque appendici.

Nella prima parte viene presentata – in senso magico – la mia sesta e ultima pubblicazione del *Liber Legis*, assieme al suo commento veritiero.

Nella seconda parte viene presentata – in senso magico – la mia sesta e ultima pubblicazione del *Liber AHBH*, assieme al suo secondo commento.

Infine, tramite cinque appendici, vengono presentate tutte le Comunicazioni che ricevetti – tra il 1979 e il 1999 – da delle Entità extracorporee.

Con questo libro si conclude la mia Trilogia Sacra, costituita da "Antichi Dei", "Libri di Potere" e "Testi Magici".

La Trilogia Sacra è il risultato – in ambito esoterico – di trenta anni d'intensi studi e di ricerche approfondite. Non è facile esprimere adeguatamente la mia gratitudine a quei veggenti che hanno contribuito con il loro generoso aiuto alla realizzazione di tale Trilogia che, altrimenti, non avrei potuto realizzare. Infine, faccio notare che a tale Trilogia può essere associata l'opera intitolata "Delomelanicon" e così otteniamo una Tetralogia.

Ringraziamenti

Sono immensamente grato alla veggente Galbix Red che –

per suo tramite – mi ha permesso di ricevere gli Undici Testi Segreti che compongono il Primo Libro della Trilogia.

Sono particolarmente grato ai seguenti veggenti: Ox (Robert Finch), Thar (George de Benedectis), Aud (Jorg Silber) e Charis-Xalin (Galbix Red). Essi – per loro tramite – mi hanno permesso di ricevere i Tredici Testi Sacri che compongono il Secondo Libro della Trilogia.

Tutta la mia riconoscenza a Robert Finch che – per suo tramite – mi ha permesso di ricevere la *Prefazione al Liber Legis*.

Tutta la mia riconoscenza a George de Benedectis che – per suo tramite – mi ha permesso di ricevere il *Sauthenerom*, il *Necronomicon* e il *Liber AHBH* (prima metà).

Tutta la mia riconoscenza a Jorg Silber che – per suo tramite – mi ha permesso di ricevere *Il Libro degli Antichi*.

Tutta la mia riconoscenza a Galbix Red che – per suo tramite – mi ha permesso di ricevere *Il Triplice Libro di Metatron*, *Il Libro della Rivelazione*, *Il Libriccino Dolce e Amaro*, il *Liber AHBH* (seconda metà), il *Liber NOX*, il *Liber LUX*, *Il Libro di Zin*, *Il Libro Bianco dei Non-Morti* e *Il Libro Rosso dei Non-Morti*.

Inoltre, sono grato al veggente Thar (George de Benedectis) e al "veggente ignoto" per avermi trasmesso il *Delomelanicon*.

Tutta la mia riconoscenza a George de Benedectis che – per suo tramite – mi ha permesso di ricevere *Le Nove Porte del Regno delle Ombre* (il secondo testo del *Delomelanicon*).

Tutta la mia riconoscenza al "veggente ignoto" che – per suo tramite – mi ha permesso di ricevere *Le Nove Porte del Re delle Tenebre* (il primo testo del *Delomelanicon*).

Infine, sono grato a tutti i veggenti (Hintar, Ox, Thar, Rhan, Aud, Charis-Xalin, Xinar) che – per loro tramite – mi hanno permesso di ricevere le Comunicazioni che compongono i cinque appendici del presente libro.

Parte Prima

Commento al *Liber Legis*
(*Liber AL vel Legis*)

Nota introduttiva

L'invocazione a Horus che Aleister Crowley eseguì al Cairo all'Equinozio degli Dei (20 marzo 1904 e.v.), produsse la nascita del nuovo Eone di Horus e, pochi giorni dopo, la *fisica* apparizione di Aiwass – entità preter-umana – che, nel corso di tre giorni (dalle ore 12 alle 13 dell'8-9-10 aprile), gli dettò i tre capitoli che costituiscono il *Liber Legis* (tecnicamente chiamato "*Liber AL vel Legis*"). Questo evento è conosciuto come la "Rivelazione del Cairo" e Crowley divenne il profeta del nuovo Eone di Horus, lo scriba degli Dei, il profeta Ankh-af-na-Khonsu, il sacerdote dei principi.

Il *Liber Legis* ("il Libro della Legge"), oltre a essere costituito da tre capitoli (il primo capitolo è dedicato a Nuit, il secondo a Hadit e il terzo a Ra-Hoor-Khuit), è anche costituito da una Prefazione (la Prefazione è dedicata a Hoor-paar-Kraat) che venne dettata (11 luglio 1978 e.v.) a Trieste da AL (parola che significa "Dio").

La *Prefazione al Liber AL vel Legis* ("il Libro della Legge di Dio") venne dettata a seguito dei tre capitoli, perché Aiwass essendo il ministro di Hoor-paar-Kraat (s'identifica in "AL") lo precede in senso temporale.

Il *Liber Legis* – in senso magico – venne pubblicato da Aleister Crowley per quattro volte e a ogni pubblicazione seguì una guerra: la Guerra dei Balcani, la Prima Guerra Mondiale, la Guerra Cino-Giapponese e la Seconda Guerra Mondiale.

Le prime tre guerre scoppiarono dopo nove mesi dalla

pubblicazione del Libro della Legge, mentre la quarta dopo ventuno. Ciò ci fornisce una media matematica di dodici mesi $(9 + 9 + 9 + 21 = 48, 48 : 4 = 12)$.

Il *Liber Legis* – in senso magico – venne pubblicato da me per cinque volte e le sue pubblicazioni causarono delle reazioni sociali, naturali e magiche.

La prima pubblicazione interna (22 settembre 1980 e.v.) del *Liber Legis* causò una reazione sociale (politica) dopo nove mesi, la seconda pubblicazione interna (21 dicembre 1980 e.v.) causò una reazione naturale (in Natura) dopo quindici mesi e la terza pubblicazione esterna (22 dicembre 1982 e.v.) causò una reazione magica (energetica) dopo dodici mesi.

A questo punto possiamo notare che la somma temporale degli effetti delle prime tre pubblicazioni del Libro della Legge ci fornisce la media matematica di dodici mesi $(9 + 15 + 12 = 36, 36 : 3 = 12)$. Inoltre dobbiamo rilevare che la terza pubblicazione esterna del *Liber Legis* venne affiancata, dopo tre mesi, dalla prima pubblicazione parziale e interna del *Liber AHBH* (tecnicamente chiamato "*Liber AM vel Legis*"), il "Libro dell'Amore" relativo all'Eone di Maat.

La quarta pubblicazione esterna (23 settembre 1985 e.v.) del *Liber Legis* venne affiancata dalla seconda pubblicazione parziale ed esterna del *Liber AHBH* ed entrambe causarono una reazione naturale (in Natura) dopo trentanove mesi.

Infine, la quinta pubblicazione esterna (22 dicembre 1997 e.v.) del *Liber Legis* venne presentata assieme al mio commento falsato e venne affiancata, dopo ventiquattro mesi, dalla quinta pubblicazione esterna del *Liber AHBH*, presentata assieme al mio primo commento. Entrambe le pubblicazioni causarono la stessa reazione sociale (politico-economica), dopo quarantacinque mesi dalla pubblicazione del *Liber Legis* e dopo ventuno dalla pubblicazione del *Liber AHBH*.

La traduzione del *Liber Legis*, dall'inglese all'italiano, con il suo primo commento – o commento falsato – contiene degli errori. Non potevo nel 1997, quando venne presentato il testo con il suo commento, rivelare tutto il reale contenuto del libro, poiché era ancora in essere l'Eone di Horus. Inoltre introdussi tutta una serie di maiuscole per falsare l'importanza attribuita alle parole.

Viene qui presentata – in senso magico – la mia sesta (la decima) e ultima pubblicazione del *Liber Legis* (assieme al suo commento veritiero), affiancata dalla sesta e ultima pubblicazione del *Liber AHBH* (assieme al suo secondo commento).

La Sesta Pubblicazione
20 marzo 2008 e.v.

"Fa' ciò che vuoi, sarà tutta la Legge".

La traduzione del *Liber Legis*, dall'inglese all'italiano, come viene qua presentata è perfetta e il suo secondo commento – o commento veritiero – è completo. Ora posso farlo perché siamo entrati (20 marzo 2000 e.v.) nel Mahon di Horus-Maat.

"Amore è la legge, amore sotto la volontà".

Aleister Crowley fece in tutto tre commenti al *Liber Legis*: il commento sintetico, il commento breve e il commento lungo. Gli ultimi due sono dei commenti parziali... tentativi d'interpretare i versi che costituiscono il Libro della Legge. Il commento sintetico, invece, è quello che egli realizzò con la saggezza di Ra-Hoor-Khu-it.
Per quanto riguarda i commenti al testo, il *Liber Legis* è chiaro: due sono i profeti e due i commenti. Uno è il commento sintetico (si veda AL, I, 36.) e l'altro è il commento veritiero (si veda AL, III, 40.). Pertanto soltanto ai due profeti è concesso commentare il *Liber Legis*.

"Ogni uomo e ogni donna è una stella".

Ora, finalmente, tutte le istruzioni che riguardano la pubblicazione del *Liber Legis* sono state seguite (si veda AL, III, 39.).

Perché è stata scelta la data del 20 marzo 2008 per la sesta pubblicazione del *Liber Legis* con la sesta del *Liber AHBH*?
Per rispondere a questa domanda dobbiamo rifarci alla concezione del Dragone nel suo aspetto maschile.
Il Dragone, in un'ottica celeste, viene rappresentato dal Drago Rosso Typhon (le sette stelle di Orione con la stella Sirio del Cane Maggiore) e, in un'ottica terrestre, dal Drago-Serpente Rosso Leviathan, la Bestia Selvaggia dalle Otto Teste e Tredici Corna (le otto isole di Argonia che emergeranno dal mare: sette nell'Oceano Atlantico e l'ottava nell'Oceano Pacifico).
Il Dragone, inteso da un punto di vista terrestre, cela un segreto temporale. Questo è il segreto, questo è il messaggio:
"Otto sono le Teste del Gran Dragone Scarlatto.
"Otto sono i Sigilli che devono essere dissuggellati.
"Il primo Sigillo è stato dissuggellato nel 1904.
"Tredici anni per Sigillo, in tutto 104 anni".
In definitiva, le Otto Teste del Drago-Serpente sono le otto stazioni spaziali e le Tredici Corna gli anni di ogni stazione, per un totale di 104 anni. È questo il periodo introduttivo del Dragone, dal 20 marzo 1904 (Equinozio degli Dei) al 20 marzo 2008.
In pratica, nel periodo introduttivo del Dragone, si dovevano effettuare tutte e dieci le pubblicazioni del Libro della Legge. Inoltre, dal 20 marzo 1982 (Grande Equinozio) al 20 marzo 2008, si dovevano effettuare le sei pubblicazioni del Libro dell'Amore.
Quando si verificherà l'effetto della sesta pubblicazione del *Liber Legis* con la sesta del *Liber AHBH*?
Per rispondere a questa domanda dobbiamo prendere in

considerazione la relazione temporale che intercorre tra le prime cinque pubblicazioni del Libro della Legge.

Abbiamo visto che la somma temporale degli effetti delle prime tre pubblicazioni del Libro della Legge è di trentasei mesi. Inoltre abbiamo visto che l'effetto della quarta pubblicazione del libro si verificò dopo trentanove mesi e l'effetto della quinta dopo quarantacinque.

Se applichiamo la gematria notiamo: 36 = 9 (3 + 6), 39 = 12 (3 + 9), 45 = 9 (4 + 5). Pertanto otteniamo la seguente sequenza numerica: 9 – 12 – 9.

Per la legge che regola l'equilibrio tra le coppie opposte dei numeri dobbiamo far corrispondere, all'effetto della sesta pubblicazione del *Liber Legis*, il numero dodici (9 – 12 – 9 – 12).

Inoltre dobbiamo fare le seguenti osservazioni.

A) L'effetto della quarta pubblicazione del *Liber Legis* si verificò in trentanove mesi, tre mesi in più rispetto alla somma temporale degli effetti delle prime tre.

B) L'effetto della quinta pubblicazione del *Liber Legis* si verificò in quarantacinque mesi, sei mesi in più rispetto all'effetto della quarta.

Con questi dati possiamo porci la seguente domanda: rispetto all'effetto della quinta pubblicazione del libro, quale sarà il numero dei mesi superiore a quarantacinque che darà il numero dodici? Possiamo rispondere che applicando alla sequenza numerica (9 – 12 – 9 – 12) la corretta progressione numerica [36 – 39 (+ 3), 39 – 45 (+ 6), 45 – 57 (+ 12)], il primo numero possibile è il cinquantasette (5 + 7 = 12). Pertanto l'effetto della sesta pubblicazione del *Liber Legis* si verificherà dopo cinquantasette mesi, dodici mesi in più rispetto all'effetto della quinta, esattamente il 21 dicembre 2012.

Com'è possibile che la pubblicazione congiunta del *Liber Legis* e del *Liber AHBH* possa sortire un effetto quando l'Eone di Horus e quello di Maat non sono più in essere con l'avvento (20 marzo 2000 e.v.) del Mahon di Horus-Maat?

Per rispondere a questa domanda dobbiamo rilevare che

l'Eone di Horus si rifà al dio Ra-Hoor-Khuit (Est), mentre l'Eone di Maat alla dea Maat (Ovest) e che l'Eone di Maat s'innesta, a livello temporale, nell'Eone di Horus. Inoltre dobbiamo rilevare che il *Liber Legis* (si veda AL, III, 34.) dichiara che, alla caduta del Grande Equinozio (20 marzo 2000 e.v.), la benedizione non venga più elargita a Ra-Hoor-Khuit (una forma di Horus), poiché sorge Hrumachis (una forma di Horus), il Signore del doppio orizzonte (Est-Ovest), il Signore del Mahon di Horus-Maat. Pertanto l'ultima pubblicazione congiunta del *Liber Legis* e del *Liber AHBH* – Horus con Maat – ha il potere di sortire un effetto, il suo ultimo effetto.

Quando Aiwass dettò il *Liber Legis* non comunicò ad Aleister Crowley né la punteggiatura né le lettere maiuscole del testo. Crowley, infatti, disse che la punteggiatura dello scritto fu fatta dopo la trascrizione, e che al momento fu solo un insieme di frettolosi scarabocchi da dettatura. Per quanto riguarda le lettere maiuscole, invece, Crowley non volle modificarle rispetto al manoscritto originale per non cadere in errore e falsare l'importanza attribuita alle parole. Pertanto, pur cercando di tenere fede al manoscritto originale, mi sono visto costretto a intervenire laddove era necessario, apportando delle modifiche.

In alcuni passi del testo originale, certe parole che compaiono con i punti esclamativi vengono seguite da parole scritte in minuscolo. Non è stato difficile mettere delle maiuscole dopo i punti esclamativi, ma in alcuni passi era d'obbligo mantenere la forma in minuscolo. In alcuni altri passi certe parole compaiono scritte in minuscolo, ma vanno scritte in maiuscolo e pertanto le ho modificate. Infine ho anche modificato delle lettere maiuscole che vanno scritte in minuscolo.

Commento alla *Prefazione del Liber Legis*

– Il Libro della Legge: io sono la Parabola del vero e del falso! Ogni parola da me detta può essere falsità.

Il Libro della Legge è la manifestazione della Parola di AL (Dio). Tale Parola è la Parabola del vero e del falso, poiché è giusta e ingiusta e ogni parola detta dal Dio può essere falsità.

– Se tu ci credi, calcola: un Piano uguale al Primo, col secondo, troverai la Legge del Tre; e comprenderai ciò che il Primo ti vuole dire.

Se l'iniziato crede alle parole di AL – un concetto analogo a Hoor-paar-Kraat – calcolerà un Piano uguale al Primo (1 = 1) e unendolo al secondo (2) troverà la Legge del Tre (1 + 2 = 3), poiché nel primo Piano scoprirà tale Legge e comprenderà ciò che il Primo Dio (Primo) gli vuole dire, cioè che il ternario è unità, l'immagine del Dio dalle tre teste con un unico volto.

– Al di là dei presupposti, la mia è una chiave, che chiave non è; la porta è sempre aperta, la chiave non serve, ci vuole il numero.

Al di là dei presupposti, la chiave di AL è una chiave che non è, poiché la porta è sempre aperta e quindi la chiave non serve, ma quello che ci vuole è il numero e questo numero è 93, il valore cabalistico di LA + AL + LA (31 + 31 + 31).

– Calcola: stelle! pianeti! angeli! arcangeli! demoni e principi, servi di re. Una cosa unisce loro, la si divida per tre e il resto è il risultato di ciò che studierai nella tua mente.

L'iniziato viene esortato da AL a calcolare gli elementi del Mondo (stelle! Pianeti! Angeli! Arcangeli! demoni e principi, servi di re.), cioè a calcolare tutta la realtà della Natura nella sua manifestazione e non. La somma è la cosa che li unisce e la si divida per tre. Il resto della divisione è il risultato che l'iniziato studierà nella sua mente.

– Sarà complicato capire come si dividono gli elementi del Mondo, trovare la loro somma e dividerla per tre; inoltre capire, qual è il risultato da studiare, sarà impossibile.

Per l'iniziato sarà complicato capire come si dividono gli elementi della Natura nella sua manifestazione e non. La somma di questi elementi è data dalla somma dei numeri: 4, 6, 8, la cui chiave è il numero 3 (si veda AL, II, 76.), il divisore. Diciotto diviso tre dà come resto il risultato da studiare nella propria mente e questo risultato da studiare è impossibile perché è zero.

– Impara, che ciò che ti dico mi è stato riferito da fonti altissime. Mi è stato insegnato che, troppa fiducia che dà l'entusiasmo, spesso porta a una via senza ragione, motivo e uscita.

L'iniziato viene esortato da AL a imparare che quello che lui gli dice gli è stato riferito dalla dea Nuit. Ad AL è stato insegnato che troppa fiducia che dà l'entusiasmo spesso porta alla follia.

– La prima parte vi è stata detta! Ora ragiona. La seconda parte vi è stata taciuta! Ora studia la terza parte.

AL afferma che la prima parte è stata detta: quella in relazione al primo capitolo del *Liber Legis*. Quindi, l'iniziato viene esortato a ragionare. La seconda parte è stata taciuta: quella in relazione al secondo capitolo del *Liber Legis*, cioè quella in rapporto a Hadit, il Punto occultato. Poi, l'iniziato viene esortato a studiare la terza parte: quella in relazione al terzo capitolo del *Liber Legis*.

– Congiungi la mia verità con la tua verità, si apriranno porte, si sfasceranno vascelli, sorgerà un monte, si sentirà un tuono. Un angelo cadrà giù, per dirti ciò che disse.

L'iniziato viene esortato da AL a congiungere la propria verità con quella del Dio (AL) e così verrà conosciuta la verità assoluta. L'angelo Coph-Nia gli dirà ciò che un tempo disse.

– Un angelo congiunge la materia, il bene e il male, per questo ripeto: credere alla verità, scoprendo insieme la menzogna.

L'angelo Coph-Nia congiunge la forza positiva e quella negativa; e per questo AL esorta a credere alla verità, scoprendo assieme a lui la menzogna.

– Ti parlerà del Primo Dio, del tuo Dio! Popoli di Ere passate vedrai dinanzi a te. Un coro ti dirà la verità! E dall'altra parte, qualcuno conterà fino a uno! a dieci! a cento! a mille! a un milione! a un miliardo! Dividi, dividi, dividi, somma e risomma ancora, finché il resto non sarà uguale al dato.

L'angelo Coph-Nia parlerà all'iniziato del Primo Dio, del suo Dio! E così egli realizzerà la visione dell'assoluto equilibrio.

– Una Tavola di legno o di marmo, di pietra o di roccia, numeri romani non capirai: la verità non sta neanche nei numeri! La verità è dentro la Tavola, e allora sfasciala! Con riti e con fuoco, leggi ciò che non vedi, quella è la verità.

L'iniziato viene esortato da AL a scoprire la verità. Essa non può essere rintracciata nella forma delle cose e neanche nei numeri, ma solo nell'essenza delle cose. Pertanto bisogna penetrare nell'essenza di ogni cosa per poter scoprire la verità.

– Intanto, sorge una nuova Dinastia e, prima che essa capisca la verità, passeranno fiumi di sangue e di sofferenze, guerre e distruzioni, invidia e arrivismo; finché una nuova arma sorgerà, e allora l'uomo si sentirà bloccato, e due Pori si dilateranno in lui: una nuova Vena che va capita.

Intanto che l'iniziato scopre la verità sorge una nuova Dinastia, la XXXI, il Culto Draconiano. E prima che i membri della XXXI Dinastia – Chiesa Gnostica Spirituale Universale – capiscano la verità, sul nostro pianeta vi sarà gran sofferenza; finché una nuova arma apparirà. L'azione di quest'arma produrrà negli uomini, che ne sono degni, il risveglio del Serpente *Kundalini*. Questi si sentiranno immobilizzati e due Canali (Pori) si dilateranno in loro. Questa dilatazione permetterà il formarsi del Canale centrale (Vena), una nuova conoscenza che va capita.

– Una serie di numeri incompresi, questa è la Legge! Chi sa i veri numeri, i loro significati, salirà sul trono con me! Che tra i popoli, questa è la mia Parabola di Legge!

La serie di numeri incompresi è la seguente: 3, 9, 12, 18, 27. Questa è la Legge e pertanto questi sono i numeri della

Legge. Chi conosce i numeri e i loro significati – amore, legge, volontà, realizzazione, estasi – salirà sul trono con AL. Che tra le genti il *Liber Legis* è la Parabola di Legge di AL.

– Io la proclamo giusta e ingiusta, chi si sente salga sul trono, ma se sbaglierà un passo, cadrà nella rovina.

AL proclama la sua Parabola di Legge – la Parola del Dio – giusta e ingiusta, poiché è la Parabola del vero e del falso. Chi si sente di salire sul trono – il 13° grado nell'Ordine della Stella d'Oro – può farlo, ma se sbaglierà un solo passo, cadrà nella rovina.

1

Commento al *Liber Legis*

1. Had! La manifestazione di Nuit.

Il dio Hadit (Had) è la rappresentazione dell'Unità (o 1) e quindi è la manifestazione della dea Nuit, intesa come il Nulla (Nuith).

2. La rivelazione della compagnia celeste.

La rivelazione dei Maestri Invisibili.

3. Ogni uomo e ogni donna è una stella.

In ogni uomo e in ogni donna vi è un centro regale, la vera Volontà – Angelo-Demone Custode – che deve essere scoperta e attuata individualmente. Come la stella ha un movimento e una traiettoria propria, così l'uomo e la donna devono seguire solamente la loro vera Volontà.

4. Ogni numero è infinito; non c'è differenza.

Ogni numero deve essere concepito come un infinito. Possiamo dividere ogni numero all'infinito e quindi non c'è differenza.

5. Aiutami, o signore guerriero di Tebe, nella mia rivelazione davanti ai Figli degli uomini!

La dea Nuit si rivolge ad Aleister Crowley e gli chiede aiuto per quanto riguarda la rivelazione che deve fare davanti agli iniziati (Figli degli uomini!). Lo chiama signore guerriero di Tebe per identificarlo – continuità d'identità – in Ankh-af-na-Khonsu, sacerdote tebano vissuto nella XXV Dinastia.

6. Sii tu Hadit, il mio centro segreto, il mio cuore e la mia lingua!

La dea Nuit esorta Aleister Crowley (Ankh-af-na-Khonsu) a essere Hadit per la sua rivelazione, poiché il dio Hadit è il Punto al centro della Circonferenza (Nuit), il pensiero (cuore) e la parola (lingua!) di Nuit.

7. Guarda! Ciò è rivelato da Aiwass il ministro di Hoor-paar-Kraat.

La dea Nuit dice ad Aleister Crowley di guardare ciò che viene rivelato da Aiwass (Ra-Hoor-Khuit), colui (ministro) che precede la manifestazione di AL (Hoor-paar-Kraat).

8. La Khabs è nel Khu, non il Khu nella Khabs.

Aiwass rivela che la Stella (Khabs, il nucleo dell'Angelo-Demone Custode) è nel Corpo di Luce (Khu, il velo sottile che la Stella tesse per sé) e non il Corpo di Luce nella Stella.

9. Adora quindi la Khabs, e guarda la mia luce diffusa sopra di te!

La dea Nuit dice ad Aleister Crowley di adorare la Stella

(Khabs) e di guardare la luce stellare – la luce di Nuit – diffusa sopra di lui.

10. Fa' che i miei servi siano pochi e segreti: essi governeranno i molti e i conosciuti.

La dea Nuit esorta Aleister Crowley, nell'aspetto del dio Hadit, a fare in modo che i seguaci o adoratori (servi) di Nuit siano pochi e segreti, cioè che siano pochi e segreti i membri dell'Ordine della Stella d'Oro. Questi governeranno i molti e i conosciuti.

11. Questi sono i pazzi che gli uomini adorano; entrambi i loro Dei e i loro uomini sono pazzi.

La dea Nuit afferma che gli uomini potenti (i molti e i conosciuti) sono i pazzi che gli uomini mediocri adorano. Gli Dei degli uomini potenti e loro stessi sono pazzi.

12. Venite avanti, o figli, sotto le stelle, e riempitevi a sazietà d'amore!

La dea Nuit esorta i suoi figli a venire avanti, di notte sotto le stelle, e a riempirsi a sazietà d'estasi (amore).

13. Io sono sopra di voi e in voi. La mia estasi è nella vostra. La mia gioia è vedere la vostra gioia.

La dea Nuit afferma di essere lo Spazio sopra i suoi figli e l'amore dentro di loro. Il suo amore (estasi) è nel loro amore, pertanto la sua felicità è vedere la loro felicità.

14. In alto, l'azzurro ingemmato è
Lo splendore nudo di Nuit;
Ella in estasi inarcata per baciare
Gli ardori segreti di Hadit.

**Il globo alato, il blu stellato,
Sono miei, o Ankh-af-na-Khonsu!**

Questo passo si riferisce alla Stélé della Rivelazione, tavoletta funebre di Ankh-af-na-Khonsu, sacerdote tebano di Amoun-Ra. In alto alla Stélé troviamo la dea Nuit, la Grande Madre Celeste dello spazio stellare infinito (in alto, l'azzurro ingemmato o blu stellato, lo splendore nudo di Nuit). La Dea è in estasi inarcata per baciare gli ardori segreti di Hadit, cioè per baciare il globo alato che simboleggia il volo del Falco Horus nell'Amenta, "il volo nero dell'Aquila". Ella, rivolgendosi ad Ankh-af-na-Khonsu, afferma che Hadit (il globo alato) e il cielo stellato sono suoi.

15. Ora tu saprai che il sacerdote eletto e apostolo dello spazio infinito è il sacerdote-principe, la Bestia; e alla sua donna chiamata la Donna Scarlatta è dato tutto il potere. Essi raduneranno i miei figli dentro il loro ovile: essi porteranno la gloria delle stelle nei cuori degli uomini.

La dea Nuit si rivolge ad Aleister Crowley e gli comunica che il sacerdote prescelto e apostolo di Nuit è la Grande Bestia 666 (il sacerdote-principe, la Bestia). E alla sua donna chiamata la Donna Scarlatta (Babalon), viene dato tutto il potere. Essi raduneranno i figli di Nuit dentro il loro ovile: essi porteranno il Culto Stellare (la gloria delle stelle), nelle coscienze (cuori) degli iniziati.

16. Poiché egli è sempre un sole, ed ella una luna. Ma per lui è l'alata fiamma segreta, e per lei l'arcuata luce delle stelle.

La dea Nuit dichiara che la Bestia (To Mega Therion 666) è un sole eterno, cioè Horus; e la Donna Scarlatta (Babalon) una luna, cioè Maat. Ma per la Bestia è l'alata fiamma segreta, cioè il potere del Serpente *Kundalini*; e per la Donna Scarlatta l'arcuata luce delle stelle, cioè i *Kala* provenienti dal suo corpo inarcato.

17. Ma tu non sei così scelto.

La dea Nuit dice ad Aleister Crowley che lui non è scelto per quest'Opera.

18. Brucia sopra le loro fronti, o serpente splendente!

La dea Nuit ordina al Serpente di Fuoco – *Kundalini* – di elevarsi fino al *Sahasrara Chakra* della Grande Bestia 666, della Donna Scarlatta e di tutti i loro seguaci.

19. O donna dalle palpebre-azzurre, curvati sopra di loro!

La dea Nuit esorta la Donna Scarlatta a diffondere la legge dell'amore tra i seguaci della Grande Bestia 666.

20. La chiave dei rituali è nella parola segreta che io ho dato a lui.

La dea Nuit dichiara che la chiave dei rituali si trova nella parola segreta che ha dato a me, alla Grande Bestia 666. Questa parola è "Ixataar" e la chiave dei rituali che si trova in essa è AR (Luce), la nuova Legge, la Legge del Tre.

21. Con il Dio e l'Adoratore io sono nulla: essi non mi vedono. Essi sono come sopra la terra; io sono il Cielo, e non c'è altro Dio che me, e il mio signore Hadit.

La dea Nuit afferma che con Horus (Dio, Ra-Hoor-Khuit) e Ankh-af-na-Khonsu (l'Adoratore, analogo al dio Hadit) lei è nulla. Essi, essendo come sopra la terra, non possono vederla nella sua totalità (Cielo), data da lei e Hadit. Pertanto, da questo punto di vista, non c'è altro Dio.

22. Ora, pertanto, io sono conosciuta a te con il mio nome Nuit, e a lui con un nome segreto che io gli darò quando alla fine egli mi riconoscerà. Giacché io sono lo Spazio Infinito, e le Stelle Infinite di esso, fai tu altrettanto. Non legare niente! Non lasciare che sia fatta differenza fra voi tra una cosa e l'altra; poiché da ciò deriva il danno.

La Dea dello Spazio dice ad Aleister Crowley che a lui è conosciuta con il suo nome Nuit e a me (la Grande Bestia 666) con un nome segreto – Naton – che mi darà quando alla fine di un ciclo cosmico la riconoscerò (esperienza personale avvenuta il 4 maggio 1981 e.v.). La dea Nuit, essendo lo Spazio Infinito e le stelle in esso contenute, esorta Aleister Crowley a fare altrettanto, cioè a essere fluido (Non legare niente!) e a non lasciare che tra gli iniziati vi siano concezioni diverse sulle conoscenze esoteriche, poiché da queste derivano i contrasti.

23. Ma chi si serve di questo, fa' che sia il capo di tutto!

La dea Nuit esorta Aleister Crowley, nell'aspetto del dio Hadit, a fare in modo che il capo di tutto il mondo magico sia colui che non permetterà che vi siano, tra gli iniziati, delle diversità di concezione sulle conoscenze esoteriche.

Il mio lavoro di riunificazione di tutte le dottrine esoteriche mi ha permesso di riscoprire la Tradizione Primordiale, facendo in modo che tra gli iniziati non ci siano delle diversità sulla conoscenza magica. In tal senso Aleister Crowley, nell'aspetto del Dio Occulto (si veda AL, II, 66.), mi sta aiutando, affinché diventi "il capo di tutto". E pertanto, nei due passi successivi, la dea Nuit si rivolge a me.

24. Io sono Nuit, e la mia parola è sei e cinquanta.

La dea Nuit afferma che il numero della sua parola è 56, il

valore cabalistico di Nu (Nuit).

25. Dividi, addiziona, moltiplica, e comprendi.

$6 : 50 = 0,12$. Ciò rappresenta Daath e i 12 Sephiroth.
$6 + 50 = 56$. Ciò rappresenta Nu.
$6 \times 50 = 300$. Questo numero è il valore numerico della lettera ebraica "Shin" che rappresenta il Fuoco spirituale. Il Fuoco spirituale di Nu che crea le Sephiroth.

26. Allora disse il profeta e schiavo del bello: Chi sono io, e quale sarà il segno? Così ella gli rispose, chinandosi in basso, una lambente fiamma di blu, toccando tutto, penetrando tutto, le sue mani graziose sopra la terra nera e il suo corpo flessuoso inarcato per amore, e i suoi piedi delicati non danneggiano i piccoli fiori: Tu sai! E il segno sarà la mia estasi, la consapevolezza della continuità dell'esistenza, l'inframmentario fatto non-atomico della mia universalità (*l'onnipresenza del mio corpo*).

Il profeta Aleister Crowley (schiavo del bello) chiede alla dea Nuit chi è lui e quale sarà il segno. Ella, inarcandosi per amore (chinandosi in basso, una lambente fiamma di blu, toccando tutto, penetrando tutto, le sue mani graziose sopra la terra nera... e i suoi piedi delicati non danneggiano i piccoli fiori), gli fa capire che lui è analogo a Hadit e il segno sarà l'estasi che sperimenterà, cioè la consapevolezza della continuità dell'Essere Universale (Nuit).

27. Allora il sacerdote rispose e disse verso la Regina dello Spazio, baciando le sue ciglia amabili, e la rugiada della luce di lei, bagnando tutto il corpo di lui in un profumo dal dolce odore di sudore: O Nuit, continuità unica del Cielo, lascia che sia sempre così; quegli uomini non parlino di Te come Una ma come Nessuna; e non lasciarli per niente parlare di te, giacché tu sei la continuità!

Il sacerdote Aleister Crowley rispose e disse verso Nuit, armonizzandosi con lei, e l'estasi (rugiada) della luce stellare, proveniente dal corpo – Spazio – inarcato di Nuit, bagna tutto il suo corpo in un profumo dal dolce odore di sudore: O Nuit, continuità universale, lascia che sia sempre così. Gli uomini non parlino di Te – Nuith – come una Unità definita ma come l'indefinito Nulla che è il Tutto. Non permettere che gli uomini parlino di te, poiché tu sei eterna.

28. Nessuno, alitò la luce, flebile e fatata, delle stelle, e due.

La dea Nuit afferma che Hadit (nessuno) alitò la luce stellare (la luce flebile e fatata) proveniente dalle stelle, e la divisione (e due).

29. Poiché io sono divisa per il piacere dell'amore, per la possibilità dell'unione.

La dea Nuit dichiara che – come Nuith o Nulla – è divisa da Hadit per il piacere del loro amore e per la possibilità della loro unione.

30. Questa è la creazione del mondo, che la pena della divisione è come nulla, e la gioia della dissoluzione tutto.

La dea Nuit afferma che l'unione tra lei e Hadit è la creazione dell'universo, mentre la pena della loro separazione è come niente, e la gioia della loro dissoluzione – Mahapralaya – tutto.

31. Poiché questi pazzi di uomini e i loro dolori non ti badano per niente! Essi percepiscono poco; quello che è, è bilanciato da deboli gioie; ma voi siete i miei eletti.

La dea Nuit dice al sacerdote Aleister Crowley che quei pazzi di uomini e i loro dolori non lo badano per niente. Questi riescono a percepire poco e quindi le loro gioie sono minime; ma gli iniziati dell'Ordine della Stella d'Oro sono gli eletti di Nuit.

32. Obbedisci al mio profeta! Porta a compimento le ordalie della mia conoscenza! Cerca solamente me! Allora le gioie del mio amore ti riscatteranno da ogni pena. Questo è così: io lo giuro sulla curva del mio corpo; sul mio sacro cuore e lingua; di tutto io posso dare, di tutto io desidero da tutto te.

La dea Nuit esorta l'iniziato a obbedire al suo profeta Aleister Crowley. L'iniziato deve portare a compimento le ordalie della conoscenza di Nuit: il risveglio della *Kundalini*, la Comunione con il proprio Angelo-Demone Custode, la Prova dell'Abisso, l'Illuminazione divina. Egli deve cercare solamente la Dea e così facendo le gioie dell'estasi (amore) di Nuit lo riscatteranno da tutte le sofferenze – Prove – che ha dovuto subire durante l'*iter* iniziatico. La Dea afferma che così deve essere. Lei lo giura su se stessa, l'universo stellato infinito; lo giura sul suo pensiero (Hadit, cuore) e sulla sua parola (Hadit, lingua). Lei sicuramente può dare l'estasi e chiedere di tutto all'iniziato.

33. Allora il sacerdote cadde in una profonda estasi o deliquio, e disse alla Regina del Cielo: Scrivi per noi le ordalie; scrivi per noi i rituali; scrivi per noi la legge!

Il sacerdote Aleister Crowley sprofondò nell'amore (estasi o deliquio) di Nuit e le disse di scrivere – per gli iniziati – le prove (ordalie), i riti (rituali) e le regole da seguire (legge).

34. Ma ella disse: io non scrivo le ordalie: i rituali saranno metà conosciuti e metà celati: la Legge è per tutti.

Ma la dea Nuit risponde che non scrive nulla a riguardo delle prove (ordalie) che l'iniziato deve sostenere. I riti magici (rituali) che darà saranno per metà conosciuti e per metà celati. Il Liber Legis (Legge) è per tutti i Thelemiti.

35. Questo che tu scrivi è il triplice libro della Legge.

La dea Nuit dice al sacerdote Aleister Crowley che ciò che sta scrivendo è il triplice libro della Legge (*Liber L vel Legis*, non ancora divenuto *AL* con la prefazione), il Libro della Legge composto da tre capitoli.

36. Il mio scriba Ankh-af-na-Khonsu, il sacerdote dei principi, non cambierà questo libro in una lettera; ma per paura che ci sia follia, egli ne farà a riguardo un commento con la saggezza di Ra-Hoor-Khu-it.

La dea Nuit afferma che il suo scriba Aleister Crowley (Ankh-af-na-Khonsu), il sacerdote dei principi, non cambierà una particolare lettera contenuta nel Libro della Legge. Questa lettera è la lettera "u" della parola "abstruction" che non trova riscontro nella lingua inglese. Aleister Crowley per paura che in esso ci sia follia, a causa della parola incomprensibile, ne fece a riguardo un commento – si veda il commento sintetico del *Liber Legis* – con la saggezza emanata dal Sole guerriero (Ra-Hoor-Khu-it).

37. Anche i mantra e gli incantesimi; l'obeah e la wanga; il lavoro della bacchetta e il lavoro della spada; questi egli imparerà e insegnerà.

I mantra e gli incantesimi sono i mezzi con i quali è possibile operare con il Serpente Rosso e il Serpente Nero. Il Serpente Rosso è il Serpente *Kundalini* della tradizione indù, mentre il Serpente Nero è il Serpente in relazione all'oscura corrente obeah dei culti africani. L'obeah è l'arte d'indurre gli Spiriti all'obbedienza e la wanga – un termine usato nel Vodoo – è qualsiasi cosa caricata negativamente, tramite la corrente obeah, contro una persona. Il lavoro della bacchetta è il lavoro del risveglio della *Kundalini* e il lavoro della spada è il lavoro tramite la forza obeah. L'uno è il lavoro della costruzione (bacchetta), l'altro è quello della distruzione (spada). La dea Nuit afferma che tutto ciò il suo scriba imparerà e insegnerà.

38. Egli deve insegnare; ma egli può rendere severe le ordalie.

La dea Nuit afferma che il suo scriba deve insegnare agli uomini, affinché possano diventare degli iniziati, ma può rendere dure le Prove che devono essere sostenute: il risveglio della *Kundalini*, la Comunione con il proprio Angelo-Demone Custode, la Prova dell'Abisso, l'Illuminazione divina.

39. La parola della Legge è Θελημα.

La dea Nuit dichiara che la parola della Legge è Thelema. Si tratta di una parola greca che significa Volontà.

40. Chi ci chiama Thelemiti non sbaglierà, se egli guarda ma chiuso dentro la parola. Poiché là ci sono Tre Gradi, l'Eremita, e l'Amante, e l'uomo della Terra. Fa' ciò che vuoi, sarà tutta la Legge.

Chi chiama Thelemita, la dea Nuit, il suo sposo Hadit e il loro figlio Ra-Hoor-Khuit, non opererà alcun errore, infatti, se io guardo nella parola Thelema – scritta in greco – trovo Tre Gradi: l'Eremita in rapporto a Hadit (Forza), l'Amante in rapporto a Nuit (Amore) e l'uomo della Terra in rapporto a Ra-Hoor-Khuit (Volontà). In pratica, la Volontà è la risultante del Padre-Forza (Hadit) e della Madre-Amore (Nuit), e pertanto il Figlio-Volontà (Ra-Hoor-Khuit) viene indicato con la "u" minuscola – uomo della Terra – per sottointendere che è un essere generato a differenza dei suoi genitori che sono Esseri non-generati. Poi, la dea Nuit suggella il tutto con la frase: "Fa' ciò che vuoi, sarà tutta la Legge". Questa frase parte dal presupposto che la divinità – Dio – non si trova più all'esterno dell'uomo, come nel vecchio Eone di Osiride, bensì all'interno; pertanto il nucleo centrale dell'uomo è la vera Volontà. Colui che scopre la propria vera Volontà e la attua è un "Thelemita", non ci potrà quindi essere altra Legge che: "Fa' ciò che vuoi". L'iniziato può fare, nell'ambito della sua traiettoria, ciò che vuole per raggiungere la completa 'realizzazione'.

41. La parola del Peccato è Restrizione. O uomo! Non rifiutare la tua sposa, se ella vuole! O amante, se tu vuoi, parti! Non c'è legame che può unire i separati tranne l'amore: tutto il resto è una maledizione. Maledetto! Maledetto sia per gli eoni! Inferno.

La dea Nuit dichiara che la parola del Peccato è Restrizione, poiché ogni restrizione è una castrazione verso se stessi. Poi si rivolge all'uomo e gli spiega che non deve rifiutare la sua sposa se ella lo vuole. L'amante, se vuole, può partire, poiché soltanto l'amore unisce i separati. Tutto il resto non è altro che una maledizione e sia Maledetto per gli eoni. All'inferno.

42. Lascia stare quella condizione di moltitudine legata e ripugnante. Così con tutto te stesso; tu non hai altro diritto che fare la tua volontà.

La dea Nuit si rivolge all'iniziato e lo esorta a non considerare la massa degli uomini volgari, i profani selvaggi, gli schiavi, poiché egli non ha altro diritto che fare la propria volontà.

43. Fa' ciò, e nessun altro ti dirà di no.

La dea Nuit si rivolge all'iniziato e gli dice di fare la propria volontà, poiché nessuno potrà ostacolarlo in ciò.

44. Per pura volontà, implacata di proposito, liberata dalla brama di risultato, ogni via è perfetta.

La dea Nuit si rivolge all'iniziato e gli dice che ogni via è perfetta quando la pura volontà è implacabile e priva della bramosia del risultato.

45. Il Perfetto e il Perfetto sono un Perfetto e non due; no, sono nessuno!

Questo passo va interpretato in corrispondenza a quello successivo. Vediamo come.

Il numero 80 è un numero del Nulla (o 0) perché 8 (il Perfetto) e 0 (il Perfetto), cioè 80, sono un Perfetto e non due (in quanto 8 = 0): anzi, essi (80) sono nessuno (0), cioè Hadit. Quindi Hadit (essendo Nulla, 0 o 8) è anche 80.

46. Nulla è una chiave segreta di questa legge. Sessantauno la chiamano gli Ebrei; io la chiamo otto, ottanta, quattrocento e diciotto.

La dea Nuit afferma che LA (Nuith, Nulla) è una chiave segreta della legge di Nuith, infatti, gli Ebrei la chiamano 61, in quanto è il valore cabalistico della parola Ain (Nulla). Nuit la chiama 8, in quanto Hadit è 8. E la chiama 80, in quanto Hadit (Forza) e Nuith (Nulla) sono 80. Infine la chiama 418, in quanto è un numero di Hadit (Tutto), infatti, il numero 418 è 13 (4 + 1 + 8 = 13), il numero della morte (si veda AL, II, 6.).

47. Ma essi hanno la metà: unite dalla tua arte così che tutto scompare.

La dea Nuit dichiara che gli Ebrei (essi), hanno la metà della chiave (Ain = Nulla o LA): unite dalla mia arte (Ain = Nulla o LA. Tutto = Nulla o AL = LA; unite formano: Nulla = Tutto = Nulla, LA-AL-LA, No-Dio-No) tutto scompare, infatti, nella Cabbala italiana, la Chiave LA-AL-LA rappresenta la formula: Nulla = Tutto = Nulla, 0 = 13 = 0.

48. Il mio profeta è un folle con il suo uno, uno, uno; essi non sono il Bue, e nessuno dal Libro?

La dea Nuit afferma che il profeta Aleister Crowley è un folle con il suo uno, uno, uno (cioè 111); poiché essi non sono la Grande Bestia 666 (il Bue), infatti, Aleister Crowley, tramite la sua Cabbala (si veda il *Liber* 777), attribuiva alla lettera ebraica Aleph, che significa Bue, l'Atu il Folle. Ciò è ovviamente una follia, la follia di attribuire l'Atu il Folle alla lettera ebraica Aleph e la follia di prendere in considerazione il valore numerico 111 della lettera Aleph pronunciata per intero (ALPh). Tramite la mia Cabbala (si veda il *Liber* 888) sappiamo che 1 è il numero del Sentiero che trasmette l'energia di Malkuth a Yesod. A questo primo Sentiero dell'Albero della Vita è attribuito l'Atu il Mago. Quindi possiamo affermare che la Grande Bestia 666 (il Bue) è 1 – il Mago Horus – e non 111, il valore cabalistico del nome segreto – Naton – della dea Nuit. Inoltre, la dea Nuit si chiede: e il Folle (nessuno o 0) dal Libro di Thoth? Cioè l'Atu 0 risulta dal Libro? La risposta è no! Egli è l'Atu XXI.

49. Sono abrogati tutti i rituali, tutte le ordalie, tutte le parole e i segni. Ra-Hoor-Khuit ha preso il suo posto nell'Est all'Equinozio degli Dei; e lascia Asar con Isa, che pure sono uno. Ma essi non sono di me. Lascia che Asar sia l'adoratore, Isa la sofferente; Hoor nel suo segreto nome e splendore è il Sovrano iniziatore.

La dea Nuit dichiara che, rispetto al vecchio Eone di

Osiride, sono abrogati tutti i rituali, tutte le ordalie, tutte le parole e i segni, poiché non sono più validi e pertanto sono inservibili. Ra-Hoor-Khuit, nel 1904, ha preso il suo posto nell'Est all'Equinozio degli Dei, alla nascita del nuovo Eone di Horus. Egli lascia da soli Osiride (Asar) e Iside (Isa), che pure sono uno (maschio e femmina uniti). Ma essi non sono della dea Nuit, poiché appartengono al vecchio Eone di Osiride, infatti, Asar è l'uomo che adora un dio all'esterno e Isa la donna modesta che soffre; Hoor (guerriero) nel suo segreto nome – Eiton – e splendore è il Sovrano iniziatore, cioè il Figlio Incoronato, Vendicatore e Conquistatore.

50. C'è una parola da dire per il compito Ierofantico. Guarda! Ci sono tre ordalie in una, e può essere data in tre modi. Il grossolano deve passare attraverso il fuoco; fa' che il fine sia sperimentato nell'intelletto, e i sublimi eletti nel più alto. Così tu hai stella e stella, sistema e sistema; non lasciare che uno conosca bene l'altro!

La dea Nuit afferma che c'è qualche cosa da dire per il compito Ierofantico. Mi dice di guardare. Ci sono tre ordalie in una, poiché questa può essere data in tre modi diversi. È questa l'ordalia del risveglio del Serpente *Kundalini*. In pratica, l'uomo volgare – il profano-grossolano – può risvegliare il Serpente di Fuoco tramite tre tecniche che, essendo anche tre ordalie, sono una. Inoltre vengo esortato a fare in modo che l'uomo concepisca il concetto più sottile (fine) nell'intelletto, ma chi fa parte dei sublimi eletti deve concepirlo nel più alto, l'intuizione. Così si ha uomo (stella) e uomo (stella), metodo iniziatico (sistema) e metodo iniziatico (sistema); ma io non devo lasciare che un metodo (quello dell'intelletto) conosca bene l'altro (quello dell'intuizione), perché da questa profonda conoscenza ne deriverebbe l'annullamento, giacché la ragione (intelletto) può solo interpretare l'intuizione.

51. Ci sono quattro porte per un palazzo; il pavimento

di quel palazzo è d'argento e d'oro; lapislazzuli e diaspro sono là; e tutti i profumi rari; gelsomino e rosa, e gli emblemi della morte. Lascialo entrare in giro oppure a una delle quattro entrate; lascialo stare sul pavimento del palazzo. Egli non sprofonderà? Amn. Ho! guerriero, se il tuo servo sprofonda? Ma ci sono modi e modi. Perciò sii attraente: vestiti tutto in elegante abbigliamento; mangia cibi prelibati e bevi vini dolci e vini che spumeggiano! Inoltre, riempiti a sazietà e volontà d'amore come tu vuoi, quando, dove e con chi vuoi tu! Ma sempre in me.

La dea Nuit dichiara che ci sono quattro porte per un palazzo. Questo è il palazzo che si trova nell'Abisso di Daath, il cui Guardiano è Choronzon (il pavimento di quel palazzo è d'argento e d'oro; lapislazzuli e diaspro sono là; e tutti i profumi rari; gelsomino e rosa, e gli emblemi della morte). Quindi mi esorta a lasciare che il veggente Thar – il mio tramite in uno dei miei combattimenti contro Choronzon – entri nel palazzo, ruotando a spirale, infatti, egli poteva entrare in questo modo oppure a una delle quattro entrate. Poi lo lasciai stare sul pavimento del palazzo, poiché non vi era pericolo. Inoltre, la dea Nuit, definendomi guerriero (Amn = 91, il nome del guerriero; Ho = 75, cioè 12, il numero del guerriero), mi chiede se egli non sprofonderà, ma se anche così fosse, ci sono modi e modi per cadere, perciò devo essere raffinato e godere la voluttà dei sensi con chi voglio, ma sempre nell'amore di Nuit.

52. Se questo non fosse giusto; se tu confondi i punti-spaziali, dicendo: Essi sono uno; oppure dicendo, Essi sono molti; se il rituale non fosse sempre in me: allora aspettati i terribili giudizi di Ra-Hoor-Khuit!

La dea Nuit dichiara che se quello che mi ha appena detto non fosse giusto e se io confondo i punti spaziali – le otto direzioni dello Spazio: Est, Sud, Ovest, Nord, Sud-Est, Sud-Ovest, Nord-Est, Nord-Ovest – dicendo che sono uno oppure molti, e se il rituale che evoca l'energia dell'Eone di Horus non fosse rivolto a lei, allora devo aspettarmi i terribili giudizi di Ra-Hoor-Khuit.

53. Questo rigenererà il mondo, il piccolo mondo mia sorella, mio cuore e mia lingua, al quale io invio questo bacio. Anche, o scriba e profeta, sebbene tu sia dei principi, esso non ti allevierà né ti assolve. Ma l'estasi e la gioia della terra siano tue: sempre Per me! Per me!

La dea Nuit afferma che se eseguirò correttamente ciò che ha appena detto, allora la Terra (sua sorella), suo cuore (pensiero) e sua lingua (parola), verrà rigenerata. Lei invia alla Terra questo Libro (bacio), tramite il suo scriba e profeta Aleister Crowley, il sacerdote dei principi. Ricevere tale Libro non lo allevierà nel suo compito né lo assolve dal dover morire fisicamente, ma la coscienza in eterna estasi e il piacere dei sensi (la gioia della terra) sono sue, sempre Rivolte alla dea Nuit.

54. Non cambiare tanto lo stile di una lettera; poiché osserva! Tu, o profeta, non vedrai tutti questi misteri nascosti in ciò.

La dea Nuit esorta il suo profeta Aleister Crowley a non cambiare tanto lo stile di una lettera, affinché quella lettera non assuma le sembianze di un'altra, poiché lui non riuscirà a capire tutti i misteri celati nel *Liber Legis*. La lettera a cui si riferisce la Dea è la lettera "u" della parola "abstruction" che non ha alcun significato nella lingua inglese.

55. Il figlio delle tue viscere, *egli* li osserverà.

La dea Nuit afferma che il figlio delle viscere del profeta Aleister Crowley osserverà tutti i misteri che sono celati nel *Liber Legis*. Lei mi definisce "figlio delle viscere" del profeta, perché le viscere sono in rapporto al *Manipura Chakra,* il cui centro macrocosmico si trova a Trieste (Italia), la città in cui sono nato.

56. Non aspettarlo dall'Est, né dall'Ovest; poiché da nessuna casa supposta viene quel figlio. Aum! Tutte le parole sono sacre e tutti i profeti sono veri; salva solo essi che capiscono un poco; risolvi la prima metà dell'equazione, lascia la seconda inattaccata. Ma tu hai tutto nella luce chiara, e un po', sebbene non tutto, nell'oscurità.

In questo passo del *Liber Legis* vengo esortato a dare la soluzione della prima metà dell'equazione.

La dea Nuit dice al profeta Aleister Crowley che da nessun luogo (nessuna casa supposta) viene il figlio delle sue viscere e pertanto non dovrà aspettarlo dall'Est e neanche dall'Ovest. Quindi, la Dea pronuncia la parola "Aum!" per intendere che ha finito, nella frase, di rivolgersi ad Aleister Crowley. Poi si rivolge a me e afferma: "Tutte le parole sono sacre e tutti i profeti sono veri; salva solo essi che capiscono un poco;". Ma se andiamo ad analizzare la frase vediamo che il concetto così espresso è assurdo, poiché se tutti i profeti capiscono un poco, non possono essere veri e quindi quel che ha da essere salvato è quel poco che essi capiscono, quel poco che essi sanno. Così, come la dea Nuit esorta, viene a essere risolta la prima metà dell'equazione, cioè sostituendo alla frase "salva solo essi che capiscono un poco" la frase "salva solo quel poco che essi capiscono". La seconda parte dell'equazione la lascio inattaccata: io ho tutto nella luce chiara, e un po', sebbene non tutto, nell'oscurità.

57. Invocami sotto le mie stelle! Amore è la legge, amore sotto la volontà. E non lasciare che i pazzi fraintendano l'amore; poiché c'è amore e amore. C'è la colomba, e c'è il serpente. Scegli bene! Egli, il mio Profeta, ha scelto,

conoscendo la legge della fortezza, e il grande mistero della Casa di Dio. Tutte queste vecchie lettere del mio Libro sono esatte; ma Tzaddi non è la Stella. Anche questo è segreto: il mio Profeta lo rivelerà al saggio.

La dea Nuit esorta il profeta Aleister Crowley a invocarla sotto le sue stelle. E dice: "Amore è la legge, amore sotto la volontà". Questa frase indica che l'amore deve essere diretto magicamente dalla volontà. Quindi dice ad Aleister Crowley di non lasciare che i pazzi fraintendano l'amore, poiché c'è l'amore osiridiano della colomba e l'amore thelemico del serpente. Lo esorta a scegliere bene! Poi si rivolge a me e dichiara che io, il suo Profeta, ho scelto l'amore thelemico del serpente, poiché conosco la legge che dice: "Sii inaccessibile!" (la legge della fortezza). Inoltre, io conosco il grande mistero della Sfera di Daath (Casa) e di Hoor-paar-Kraat (Dio), cioè il mistero della Sfera divisa in tre settori e del Dio con una testa e tre volti, il grande mistero della loro triplicità. Infine, la dea Nuit afferma che tutte le vecchie lettere ebraiche del Libro di Thoth (mio Libro), sono esatte nella loro sequenza semantica; ma la lettera ebraica Tzaddi non è la Stella, poiché bisogna applicare agli Arcani Maggiori, rispetto al sistema cabalistico di Aleister Crowley, una diversa sequenza matematica, infatti, nella Cabbala italiana – si veda il *Liber* 888 in riferimento alle lettere ebraiche – questa lettera corrisponde all'Atu la Luna. Pertanto scopriamo, sempre tramite la Cabbala italiana, che la Stella, Atu il Sole, corrisponde alla lettera ebraica Vau. Ciò è anche segreto ed io (il Profeta di Nuit) lo rivelo a tutti coloro in grado di comprendere la nuova Cabbala.

58. Io do gioie inimmaginabili sulla terra: certezza, non fede, fintanto che in vita, sopra la morte; pace ineffabile, riposo, estasi; né io domando alcunché in sacrificio.

La dea Nuit sostiene che lei dà gioie inimmaginabili sulla terra: la certezza, non la credenza cieca (fede) dei cristiani storici, fintanto che un uomo è in vita, della continuità della consapevolezza; l'eterna estasi (pace ineffabile, riposo) di Nu. Inoltre lei non chiede nessuna cosa, in sacrificio, per ciò che dona.

59. Il mio incenso è di legni e gomme resinose; e dentro non c'è sangue: a causa dei miei capelli gli alberi dell'Eternità.

La dea Nuit dichiara che il suo incenso è fatto di legni e gomme resinose e dentro di esso non c'è sangue a causa delle sue linee (capelli), le emanazioni (alberi) dell'Aquila (Eternità). Nell'incenso non c'è sangue, perché il sangue è il veicolo per la manifestazione delle entità, mentre l'incenso serve per Vedere le emanazioni dell'Aquila.

60. Il mio numero è 11, come tutti i loro numeri che sono di noi. La Stella a Cinque Punte, con un Cerchio nel Mezzo, e il cerchio è Rosso. Il mio colore è nero per il cieco, ma il blu e l'oro sono visti dal vedente. Io ho anche una gloria segreta per coloro che mi amano.

La dea Nuit afferma che il suo numero è 11, quello della Sfera di Binah, l'undicesima Sephirah – a partire dalla Sfera di Malkuth – del vero Albero della Vita. Questo è il suo numero, come lo sono tutti i numeri degli iniziati – al grado di Magus – che sono di Nuit, Hadit e Ra-Hoor-Khuit. La Stella a Cinque Punte, con un Cerchio Rosso nel Mezzo (il Punto Hadit), è la Stella color Rubino di Therion, il simbolo dell'Eone di Horus. Ella afferma che il suo colore è nero per il cieco, intendendo con ciò un duplice concetto. Per "cieco" s'intende sia Hoor-paar-Kraat – Horus nero o cieco, il Figlio oscuro di Nuith e Hadit – sia il profano che non vede la luce della verità. Ma lei continua e afferma che il blu e l'oro sono visti dal vedente. Il blu e l'oro sono i colori dello Spazio e del Sole celati in lei: il blu come Maat (Babalon), la Figlia; e l'oro come Ra-Hoor-

Khuit (Horus rosso), il Figlio. Questi due colori sono visti dal vedente, cioè dal Magus. La dea Nuit ha anche una gloria segreta – felicità, gioia – per gli iniziati al grado di Magus che la amano.

61. Ma amare me è meglio d'ogni cosa: se sotto le stelle-notturne nel deserto tu ora bruci davanti a me il mio incenso, invocandomi con un cuore puro, e in cui fiammeggia il Serpente, tu verrai a giacere un poco nel mio seno. Per un bacio allora tu sarai disposto a dare tutto; ma chi darà una particella di polvere perderà tutto in quell'ora. Tu radunerai beni e quantità di donne e di spezie; tu indosserai ricchi gioielli; tu supererai le nazioni della terra per splendore e orgoglio; ma sempre per amore di me, e così tu verrai alla mia gioia. Ti ingiungo di presentarti ardentemente davanti a me con un'unica veste, e coperto da una ricca acconciatura. Io ti amo! Io ti desidero! Pallido o purpureo, velato o voluttuoso, io che sono tutta piacere e porpora, ed ebbrezza del senso più intimo, ti desidero. Spiega le ali, e suscita dentro di te lo splendore ravvolto in spire: vieni a me!

La dea Nuit afferma che amarla è meglio di ogni altra cosa. Se sotto le stelle-notturne, in un luogo deserto, brucio l'incenso di Nuit – Aquila – potrò venirla a conoscere. Per fare ciò dovrò invocarla in uno stato di coscienza che si manifesta come un sentimento puro. Io sarò disposto a dare tutto me stesso pur di venirla a conoscere, ma chi donerà all'Aquila una particella della propria consapevolezza perderà tutto se stesso e si dissolverà nell'Infinito. Io radunerò ricchezze, donne e spezie; io indosserò ricchi gioielli; io supererò le nazioni della terra per splendore e orgoglio; ma sempre per amore di Nuit, e così io andrò alla sua gioia. Ella m'ingiunge di presentarmi ardentemente davanti a lei con un'unica veste, e coperto da una ricca acconciatura. Lei mi ama! Lei mi desidera! Pallido o purpureo, velato o voluttuoso, lei che è tutta piacere e porpora, ed ebbrezza del senso più intimo, mi desidera. Infine mi esorta a spiegare le ali della mia percezione, sollecitando la mia consapevolezza: di andare verso lei.

62. A tutti i miei incontri con te la sacerdotessa dirà – e i suoi occhi bruceranno con desiderio quando starà nuda e felice nel mio tempio segreto – A me! A me! evocando la fiamma dei cuori di tutti nel suo canto d'amore.

La dea Nuit dichiara che a tutti i suoi incontri con me – il gran sacerdote – la sacerdotessa entrerà in uno stato particolare (e i suoi occhi bruceranno con desiderio quando starà nuda e felice nel mio tempio segreto) e dirà: "A me! A me!", evocando la passione (fiamma dei cuori) di tutti nel suo canto d'amore.

63. Cantami l'estatica canzone d'amore! Bruciami profumi! Indossa gioielli per me! Bevi per me, poiché io ti amo! Io ti amo.

La dea Nuit mi dice di cantare per lei l'estatica canzone d'amore, di bruciare per lei profumi, d'indossare per lei pietre preziose e di bere in suo onore, poiché ella mi ama.

64. Io sono la figlia del Tramonto dalle palpebre blu; io sono il nudo splendore del voluttuoso cielo-notturno.

La dea Nuit si definisce la "figlia del Tramonto", poiché il tramonto implica il Sole a Ovest e l'occidente, nella religione egizia, ha relazione con il regno dei morti, infatti, la morte implica il concetto del Nulla e il Nulla è la dea Nuith. Pertanto Nuit è la figlia di Nuith, dalla non-manifestazione emerge la manifestazione. Questa manifestazione viene da lei descritta nel seguente modo: la figlia dalle palpebre blu – cielo blu – e il nudo splendore – stelle – del voluttuoso cielo-notturno.

65. A me! A me!

La dea Nuit dichiara: "Tutto affluisca a me, tutto affluisca a me".

66. La Manifestazione di Nuit è a una fine.

L'espressione manifesta di Nuit è alla fine di un ciclo.

2

Commento al *Liber Legis*

1. Nu! Il nascondiglio di Hadit.

La dea Nuit (Nu) è il nascondiglio del dio Hadit, poiché egli è il Punto al centro della Circonferenza.

2. Venite! voi tutti, e apprendete il segreto che non è stato ancora rivelato. Io, Hadit, sono il complemento di Nu, la mia sposa. Io non sono esteso, e Khabs è il nome della mia Casa.

Il dio Hadit chiama tutti gli iniziati, affinché apprendano il segreto che non è stato ancora rivelato. Lui, Hadit, è il complemento di Nuit, la sua sposa. Egli non ha estensione e Stella (Khabs) è il nome dato al luogo (Casa) ove risiede.

3. Nella sfera io sono ovunque il centro, mentre ella, la circonferenza, non si trova in nessun luogo.

Il dio Hadit dichiara che nell'universo (sfera) egli è ovunque il centro; egli è il Punto infinitamente piccolo eppure onnipresente. La dea Nuit, invece, è la Circonferenza che non si trova in nessun luogo; ella è l'estensione continua.

4. Tuttavia ella sarà conosciuta ed io mai.

Il dio Hadit afferma che Nu (ella) sarà conosciuta e lui mai, poiché è il Punto occultato.

5. Guarda! I rituali del vecchio tempo sono neri. Lascia che i cattivi vengano gettati via; lascia che i buoni vengano purificati dal Profeta! Allora questa Conoscenza andrà nel giusto modo.

Il dio Hadit si rivolge all'iniziato e gli dice di notare che i rituali dell'Eone di Osiride sono neri. Questi si riferiscono a un tempo passato e di conseguenza sono carenti di tutto quel potere che consente di avanzare sulla via iniziatica. Inoltre, Hadit esorta l'iniziato a lasciare che i rituali cattivi vengano gettati via e i pochi buoni vengano da me (Profeta) purificati. Così la conoscenza contenuta nel *Liber Legis* andrà bene.

6. Io sono la fiamma che brucia nel cuore di ogni uomo, e nel nucleo di ogni stella. Io sono Vita, e il datore di Vita, tuttavia per questo la conoscenza di me è la conoscenza della morte.

Il dio Hadit dichiara che lui è la forza (fiamma) che brucia nel cuore di ogni uomo e nel centro (nucleo) di ogni stella. Egli è la Vita, e il datore di Vita, tuttavia la conoscenza della Vita – la conoscenza di Hadit – è la conoscenza della morte, poiché la vita ha come punto di origine la morte.

Cabalisticamente: la Morte è il XIII Arcano dei Tarocchi, il cui numero seriale è 13. Inoltre, il numero 418 (si veda AL, I, 46.), un numero di Hadit, oltre a essere 13 (4 + 1 + 8 = 13) è anche 4 (4 + 1 + 8 = 13, 1 + 3 = 4), un altro numero di Hadit. Come Hoor-paar-Kraat (AL) è una forma di Hadit, così il numero 13 è una forma del numero 4; ne consegue che Hoor-paar-Kraat trova identificazione nel numero 13, la morte.

Matematicamente, se 13 = 4 e 4 = 0 (si veda il passo successivo) allora 13 = 0.

7. Io sono il Mago e l'Esorcista. Io sono l'asse della ruota, e il cubo nel cerchio. "Vieni in me" è una parola insensata: poiché sono io che vado.

Il dio Hadit dichiara che lui è la Volontà (il Mago) e la Forza (l'Esorcista), cioè l'asse della ruota e il cubo nel cerchio. Egli è il Punto che, nella sua estensione, diventa l'asse della ruota e tale ruota è una circonferenza con quattro raggi a forma di X. Inoltre, Hadit s'identifica nel quadrato (o cubo) dentro al cerchio, numericamente il 4 nello 0; ma Hadit è anche Nulla (o 0), quindi 4 = 0. Infine, egli spiega che è insensato riversarsi in lui, poiché è lui che possiede l'individuo.

8. Chi adorava Heru-pa-Kraath ha adorato me; male, poiché io sono l'adoratore.

Il dio Hadit afferma che chi ha adorato Arpocrate (Heru-pa-Kraath) ha adorato lui, ma ciò è sbagliato (anche se esiste una similitudine tra i due), poichè è lui l'adoratore.

9. Ricordate voi tutti che l'esistenza è pura gioia; che tutti i dolori non sono altro che ombre; passano e sono finiti; ma c'è quello che rimane.

Il dio Hadit esorta gli iniziati a ricordare che l'esistenza è pura gioia e che tutti i dolori sono passeggeri, ma c'è l'Io superiore (quello) che rimane.

10. O Profeta! Tu hai cattiva volontà per imparare questo scritto.

Il dio Hadit si rivolge a me (o Profeta) e mi dice che ho cattiva volontà per imparare il *Liber Legis*, infatti, ho sempre provato una certa riluttanza ad apprendere questo Testo.

11. Ti vedo odiare la mano e la penna; ma io sono più forte.

Il dio Hadit mi vede odiare la mano e la penna mentre sto preparando il commento al *Liber Legis*, ma lui è più forte e mi costringe a prepararlo.

12. Perché di me in Te quello tu non conoscesti.

Il dio Hadit è più forte di Me perché nella mia vita precedente – come Aleister Crowley – non conobbi "quello" che è parte di lui ed è in Me, cioè l'Io superiore.

13. Per quale ragione? Perché tu eri il conoscitore, e me.

Il dio Hadit si chiede per quale motivo, nella mia vita precedente, non conobbi l'Io superiore, contenuto al centro della coscienza, che è parte di lui ed è in Me. Egli si risponde che il perché è dovuto al fatto che io ero il conoscitore (Aleister Crowley) della concezione della coscienza, e lui stesso (Hadit) inteso, però, soltanto come Forza, infatti, Aleister Crowley viene identificato in Ankh-af-na-Khonsu e quest'ultimo è analogo a Hoor-paar-Kraat (Forza) che, a sua volta, è una forma di Hadit (Forza concentrata). Pertanto Aleister Crowley è un aspetto di Hadit. Io, invece, vengo identificato in Ra-Hoor-Khuit (Volontà) e quest'ultimo, a sua volta, è una forma di Heru-pa-Kraath (Volontà primaria). Pertanto io sono un aspetto di Heru-pa-Kraath (Arpocrate) e ciò mi ha permesso di conoscere l'Io superiore che s'identifica in Arpocrate.

14. Ora lascia che ci sia una velatura di questo santuario: ora fa' che la luce divori gli uomini e li consumi con cecità!

Il dio Hadit mi esorta a lasciare un velo su alcuni misteri contenuti nel *Liber Legis*. Per altri misteri, invece, mi esorta a renderli pienamente noti, affinché la forza della verità, in essi contenuta, possa distruggere i profani selvaggi.

15. Poiché io sono Perfetto, Non essendo; e il mio numero è nove per i pazzi; ma con il giusto io sono otto, e uno in otto: Che è vitale, poiché in verità io sono nessuno. L'Imperatrice e il Re non sono di me; poiché c'è un altro segreto.

Il dio Hadit dichiara che è Perfetto, Non-essendo (si veda AL, I, 45.). Il Non essere (Nulla o 0) di Hadit è la sua perfezione. Con il giusto egli è 8 (quindi 8 = 0) e 1 in 8 (o 1 in 0), che è vitale, in quanto egli è nessuno (Nulla o 0). Per i pazzi il suo numero è 9 (1 + 8). Vediamo come.

Se prendiamo in considerazione l'asse della ruota e il cubo nel cerchio otteniamo un cerchio con inserito un cubo e dal centro della sua base s'innalza l'asse della ruota, e la ruota è una circonferenza con quattro raggi a forma di X (si veda AL, II, 7.). Se il cubo viene osservato dall'alto vediamo i quattro lati della base, i quattro raggi – le due diagonali intersecate – e il punto centrale dell'asse della ruota. I quattro lati possono essere sommati ai quattro raggi, ma è sbagliato sommare gli otto con il punto. Inoltre l'uno in otto simboleggia il Punto Hadit che è presente al centro dell'intera immagine.

Infine, Hadit afferma che la donna potente (Imperatrice) e l'uomo potente (Re) non sono di lui, poiché c'è un altro segreto. Tale segreto viene espresso nel passo successivo.

16. Io sono l'Imperatrice e lo Ierofante. Di conseguenza undici, come la mia sposa è undici.

Il dio Hadit afferma che lui è l'iniziata (Imperatrice) e l'iniziato (Ierofante). Di conseguenza egli è undici, il numero della Sfera di Binah (a partire dalla Sfera di Malkuth del vero

Albero della Vita), come lo è la sua sposa, la dea Nuit (si veda AL, I, 60.).

17. Ascoltami, tu popolo di sospiri!
   I dispiaceri della pena e del rimpianto
   Sono lasciati ai morti e ai morenti,
   La gente che ancora non mi conosce.

Il dio Hadit si rivolge alla massa degli uomini deboli e dichiara che la sofferenza è lasciata a coloro che ancora non lo conoscono, cioè a coloro che non conoscono la coscienza insita nell'individuo.

18. Questi sono morti, questi individui; essi non sentono. Noi non siamo per il misero e il triste: i signori della terra sono i nostri parenti.

Il dio Hadit afferma che gli uomini deboli (questi individui) sono simili a dei morti viventi, poiché non percepiscono la coscienza e pertanto sia Nuit sia Hadit non appartengono a costoro: soltanto gli iniziati, i signori della terra, sono i loro parenti.

19. Un Dio vive in un cane? No! Ma i più alti sono di noi. Essi si rallegreranno, i nostri scelti: chi è afflitto non è di noi.

Il dio Hadit si chiede se un Dio può vivere in un cane, cioè in una forma evolutiva inferiore. Si risponde di no! Ma agli iniziati più elevati è concesso di essere parte di Nuit e Hadit. A questi iniziati appartiene la gioia e la potenza, mentre chi soffre non appartiene a loro due.

20. Bellezza e vigore, risonanti risate e dolci languori, forza e fuoco, sono di noi.

Il dio Hadit afferma che la bellezza dell'animo e il vigore che ne deriva, l'allegria e i piaceri sensuali, l'energia vitale e il Serpente di Fuoco (*Kundalini*), sono di Nuit, di Hadit e degli iniziati più elevati.

21. Noi non abbiamo nulla con i reietti e gli indegni: lascia che muoiano nella loro miseria. Poiché essi non sentono. La compassione è il vizio dei re: calpesta gli infelici e i deboli: questa è la legge del forte: questa è la nostra legge e la gioia del mondo. Non pensare, o Re, su quella bugia: Che Tu Devi Morire: in verità tu non dovrai morire, ma vivere. Ora lascia che sia compreso: Se il corpo del Re si dissolve, egli rimarrà per sempre in pura estasi. Nuit! Hadit! Ra-Hoor-Khuit! Il Sole, Forza e Vista, Luce; questi sono per i servi della Stella e del Serpente.

Il dio Hadit dichiara che lui, Nuit e gli iniziati più elevati non hanno nulla a che fare con gli uomini volgari, reietti e indegni. Il Re – l'iniziato più elevato – viene esortato a non curarsi della sorte degli uomini volgari, che muoiano nella loro miseria, poiché non sono capaci di percepire la verità. La compassione, essendo il vizio dei re, deve essere estirpata e nessuna pietà deve essere concessa agli uomini deboli e infelici, poiché questa è la legge dell'iniziato (forte): questa è la legge di Nuit, Hadit e degli iniziati più elevati, la gioia del mondo. Il Re non deve credere di morire, bensì deve credere di vivere: se anche il suo corpo si dissolve egli rimarrà per sempre in pura estasi. Nuit come Sole, Hadit come Forza e Vista, e Ra-Hoor-Khuit come Luce. Questi sono per i seguaci o adoratori – servi – della Stella d'Oro e del Serpente *Kundalini*.

22. Io sono il Serpente che dà Conoscenza e Delizia e luminosa gloria, e attizzo i cuori degli uomini con l'ebbrezza. Per adorarmi prendi vino e strane droghe di cui io racconterò al mio profeta, e sii ubriaco di conseguenza! Essi non ti faranno alcun male. È una bugia, questa follia

contro se stessi. L'esposizione dell'innocenza è una bugia. Sii forte, o uomo! Brama, godi tutte le cose del senso e del rapimento: non temere che per questo alcun Dio ti rinneghi.

Il dio Hadit afferma che egli è il Serpente (il Serpente *Kundalini*) che dona il Sapere (Conoscenza), l'Amrita (Delizia) e l'illuminazione (luminosa gloria), e che accende le coscienze (cuori) degli uomini per mezzo della propria energia. Per adorarlo si prenda vino e droghe comuni (strane droghe), come egli raccontò al suo profeta – Aleister Crowley – e si sia ebbri a causa di ciò. Il vino e le droghe non faranno alcun male, ma ciò è una bugia, una follia contro se stessi. Il credere che il vino e le droghe non facciano alcun male è una concezione innocente, come quella che può avere un bambino che è privo di esperienza. Pertanto la stessa esposizione dell'innocenza è una bugia. Poi Hadit esorta l'iniziato a essere forte, poiché l'uomo che brama e gode dei propri sensi non deve temere che alcun Dio lo rinneghi.

23. Io sono solo: non c'è Dio dove io sono.

Il dio Hadit dichiara che è solo, poiché è l'unità della coscienza, pertanto non ci può essere altro Dio dove c'è lui.

24. Guarda! Questi sono misteri gravi; poiché ci sono anche dei miei amici che sono eremiti. Ora non pensare di trovarli nella foresta o sulla montagna; ma in letti di porpora, accarezzati da magnifiche bestie di donne con grandi membra, e fuoco e luce nei loro occhi, e ammassi di capelli fiammeggianti attorno a loro; là tu li troverai. Tu li vedrai alla guida, in armate vittoriose, a tutte le gioie; e ci sarà in loro una gioia un milione di volte più grande di questa. Guardati affinché l'uno non forzi l'altro, Re contro Re! Amatevi l'un l'altro con cuori ardenti; calpesta gli uomini volgari nella furiosa brama del tuo orgoglio, nel giorno della tua collera.

Il dio Hadit si rivolge all'iniziato e gli dice di stare attento a ciò che gli sta per dire, poiché si tratta di misteri complessi che riguardano anche dei suoi amici che sono eremiti. L'iniziato non deve pensare di trovarli nelle foreste o sulle montagne, ma in letti di porpora con magnifiche donne; bestie voluttuose dalle grandi membra, e desiderio (fuoco) e luce nei loro occhi, e ammassi di capelli fiammeggianti attorno a loro. In essi vi sarà gran gioia, una gioia più grande di quella che può dare la lettura del *Liber Legis*, e così saranno alla guida di tutti coloro che gioiranno. L'iniziato dovrà stare in guardia, affinché l'uno (Re) non forzi l'altro (Re) e tra gli iniziati dovrà ardere lo spirito di fratellanza. L'iniziato dovrà calpestare gli uomini volgari, nella furiosa brama del suo orgoglio, nel giorno della sua collera.

25. Voi siete contro il popolo, O miei eletti!

Il dio Hadit si rivolge agli iniziati (eletti) e dichiara che essi sono contro il popolo, la massa dei deboli che rifiuta di ammettere la propria divinità.

26. Io sono il Serpente segreto avvolto a spirale pronto a scattare: nelle mie spire c'è la gioia. Se io sollevo il mio capo, io e la mia Nuit siamo uno. Se io abbasso il mio capo, e lancio in avanti il veleno, allora c'è estasi della terra, ed io e la terra siamo uno.

Il dio Hadit afferma di essere il Serpente *Kundalini* avvolto a spirale pronto a scattare: nelle sue spire c'è l'elisir (gioia). Se egli, al tempo della manifestazione, si eleva lungo l'asse universale si verifica l'unione di Nuit e Hadit, la dissoluzione universale (Mahapralaya). Se egli, al tempo del Vuoto cosmico, si abbassa e lancia in avanti il seme della creazione (veleno), allora si verifica il piacere della manifestazione (estasi della terra) e lui – Coscienza – e la manifestazione sono uniti (uno).

27. C'è grande pericolo in me; poiché chi non comprenderà queste rune commetterà un grande sbaglio. Egli precipiterà giù dentro l'abisso chiamato Perché, e là egli perirà con i cani della Ragione.

Il dio Hadit dichiara che in lui – Coscienza – vi è gran pericolo, poiché chi non comprenderà i passi del *Liber Legis* subirà una grande inflazione nella propria coscienza. E precipiterà in un abisso di domande, e in esse si consumerà con i tormenti dei propri ragionamenti.

28. Ora una maledizione sopra Perché e la sua stirpe!

Il dio Hadit lancia una maledizione sul "Perché" e la sua discendenza.

29. Possa essere Perché maledetto per sempre!

Il dio Hadit maledice il "Perché" per l'eternità.

30. Se Volontà si ferma e grida per quale motivo, invocando Perché, allora Volontà si ferma e non fa niente.

Il dio Hadit afferma che se l'agire (Volontà) di un iniziato si ferma perché vuole sapere, tramite il "Perché", il motivo delle cose, allora il suo agire si blocca e non fa più nulla. L'iniziato quando agisce, cioè quando esprime la propria Volontà, non si chiede mai il "Perché" delle proprie azioni, ma agisce impeccabilmente.

31. Se Potere chiede per quale motivo, allora Potere è debolezza.

Il dio Hadit afferma che se l'iniziato esprime la propria Forza (Potere) chiedendosi il motivo delle cose, allora la sua Forza diventa debolezza. L'iniziato, quando manifesta il proprio Potere personale – Forza – non si pone delle domande, poiché se lo facesse non potrebbe esprimere la propria Forza e diverrebbe debole.

32. Anche la ragione è una bugia; poiché c'è un fattore infinito e ignoto; e tutte le loro parole sono saggiamente-deviate.

Il dio Hadit dichiara che anche la ragione non rappresenta la verità, poiché c'è l'intuizione (un fattore infinito e ignoto), il pensiero in germe; e tutte le parole dell'intuizione e della ragione – le parole in germe e le parole – sono saggiamente deviate, poiché la ragione non deve conoscere bene l'intuizione (si veda AL, I, 50.).

33. Basta di Perché! Egli sia dannato come un cane!

Il dio Hadit afferma che non vuole più parlare del "Perché". Che questi sia dannato come un cane.

34. Ma tu, o mio popolo, sollevati e destati!

Il dio Hadit esorta il suo popolo – costituito dai suoi seguaci – a evolversi (sollevati) e a essere vigile (destati).

35. Fa' che i rituali siano svolti correttamente con gioia e bellezza!

Il dio Hadit si rivolge ai suoi seguaci e li incita a svolgere correttamente i rituali, essi devono essere fatti con piacere (gioia) e raffinatezza (bellezza).

36. Ci sono rituali degli elementi e feste dei tempi.

Il dio Hadit dichiara che esistono dei rituali per gli elementi: terra, acqua, fuoco, aria, etere. E feste di ricorrenza:

l'entrata del sole agli equinozi e ai solstizi.

37. Una festa per la prima notte del profeta e della sua sposa!

Il dio Hadit afferma che ricorre una festa per la prima notte del profeta Aleister Crowley e della sua sposa Rose Kelly (12 agosto 1903 e.v.), poiché fu il matrimonio del profeta che rese possibile la rivelazione della nuova Legge. Inoltre, Hadit vuole dire che ricorre una festa per l'entusiasmo energetico che può essere prodotto nella prima notte d'amore tra un uomo e una donna.

38. Una festa per i tre giorni in cui fu scritto il Libro della Legge.

Il dio Hadit dichiara che ricorre una festa per i giorni (8, 9, 10 aprile 1904 e. v.) in cui fu scritto il *Liber Legis*.

39. Una festa per Tahuti e il figlio del profeta... segreto, O Profeta!

Il dio Hadit afferma che ricorre una festa (20 marzo 1982 e.v.) per il dio Thoth-Ham (Tahuti) e una festa (14 maggio 1957 e.v.) per il figlio del profeta Aleister Crowley. Questo figlio sono io – il figlio delle viscere di Aleister Crowley – e sono segreto, poiché sono l'inaccessibile. Hadit mi chiama: "O Profeta".

40. Una festa per il Rituale Supremo, e una festa per l'Equinozio degli Dei.

Il dio Hadit dichiara che ricorre una festa per l'Invocazione di Horus (Rituale Supremo – eseguito da Aleister Crowley il 20 marzo 1904 e.v.) e una festa per l'inizio del nuovo Eone di Horus (Equinozio degli Dei – 20 marzo 1904 e.v.).

41. Una festa per il fuoco e una festa per l'acqua; una festa per la vita e una festa anche più grande per la morte!

Il dio Hadit afferma che ricorre una festa (1 maggio – Beltaine) per la corrente energetica in rapporto al fuoco e una festa (1 novembre – Samain) per la corrente energetica in rapporto all'acqua; una festa per gli dèi in rapporto ai misteri della vita e una festa anche più grande per gli dèi in rapporto ai misteri della morte.

42. Una festa ogni giorno nei vostri cuori nella gioia della mia estasi!

Il dio Hadit asserisce che vi sia festa ogni giorno nei pensieri (cuori) dei suoi seguaci, nella felicità dell'estasi prodotta dal risveglio della *Kundalini*.

43. Una festa ogni notte in Nu, e il piacere della suprema delizia!

Il dio Hadit sostiene che vi sia una festa al momento della morte degli iniziati, poiché la loro coscienza rimarrà nella suprema estasi di Nu.

44. Sì! Festa! Allegria! Non c'è terrore dopo. C'è la dissoluzione, e l'eterna estasi nei baci di Nu.

Il dio Hadit afferma che gli iniziati devono essere festosi e allegri, poiché per loro non ci sarà terrore al momento della morte. Ci sarà la dissoluzione del corpo, ma la loro coscienza rimarrà in eterna estasi nei baci di Nu.

45. C'è morte per i cani.

Il dio Hadit spiega agli iniziati che la morte è riservata ai profani selvaggi (cani).

46. Hai fallito? Sei dispiaciuto? C'è paura nel tuo cuore?

Il dio Hadit si rivolge all'iniziato e gli chiede se ha fallito nel suo intento, se è dispiaciuto, se c'è paura nel suo essere.

47. Dove ci sono io questi non ci sono.

Il dio Hadit si rivolge all'iniziato e gli dice che dove si trova lui non c'è fallimento, dispiacere e paura.

48. Non commiserare i caduti! Io non li ho mai conosciuti. Io non sono per loro. Io non consolo: io odio i consolati e i consolatori.

Il dio Hadit si rivolge all'iniziato e gli spiega che non deve commiserare gli uomini deboli (i caduti), poiché lui non ha mai avuto a che fare con loro e quindi non è per loro. Hadit non è un consolatore. Egli odia i consolati e i consolatori.

49. Io sono unico e conquistatore. Io non sono degli schiavi che periscono. Essi siano dannati e morti! Amen. (Questo è del 4: c'è un quinto che è invisibile, e là io sono come un bambino in un uovo).

Il dio Hadit dichiara di essere un dio unico e conquistatore. Egli non è per i profani selvaggi (schiavi) che muoiono. Essi siano dannati e morti! Così sia.
Questo concetto espresso da Hadit è in rapporto al numero 4 che è un suo numero. Il quinto – quinta essenza – che è invisibile è il nucleo di Hadit, inteso come un bambino – Heru-pa-Kraath – in un uovo.

50. Io sono blu e oro nella luce della mia sposa: ma il

bagliore rosso è nei miei occhi; e le mie pagliuzze lucenti sono porpora e verde.

Il dio Hadit dichiara di essere blu e oro – il colore dello spazio e del sole – nella luce della dea Nuit, la sua sposa; ma il bagliore rosso è nei suoi occhi. Questo bagliore è la fiamma che brucia nel centro di ogni stella, e le sue emanazioni energetiche sono di porpora e verde.

51. Porpora oltre la porpora: essa è la Luce più alta che la vista.

Il dio Hadit rivela che le sue emanazioni energetiche di porpora vibrano a livello degli ultravioletti (porpora oltre la porpora), un livello superiore rispetto a ciò che può essere percepito dalla vista.

52. C'è un velo: quel velo è nero. È il velo della donna modesta; è il velo del dolore, e il drappo della morte: nessuno di questi è di me. Strappa via quello spettro menzognero dei secoli: non velare i tuoi vizi in parole virtuose: questi vizi sono la mia funzione; tu fai bene, ed io voglio ricompensarti adesso e dopo.

Il dio Hadit dichiara che c'è un velo nero, il velo nero della donna modesta, esso è il velo del dolore e il drappo della morte: nessuno di questi gli appartengono. L'iniziato strappi via quella concezione menzognera del vecchio Eone di Oside e non cerchi delle scusanti per i suoi vizi, poiché questi sono in funzione di Hadit. Se l'iniziato così farà, verrà ricompensato in vita e dopo.

53. Non temere, o Profeta, quando queste parole sono dette, tu non sarai addolorato. Tu sei enfaticamente il mio scelto; e benedetti siano gli occhi che tu guarderai con gioia. Ma io ti nasconderò in una maschera di dolore: essi che ti

vedono temeranno che tu sia caduto: ma io ti rialzerò.

Il dio Hadit mi dice di non temere le parole che verranno dette. Queste parole riguardavano la mia caduta, ma io non ero addolorato. Io sono il prescelto di Hadit e consacrati al culto divino saranno coloro che io guardo con gioia. Ma lui mi celò in una maschera di dolore e alcuni dei miei discepoli, che mi videro in tale stato, temettero che io fossi caduto, ma egli mi risollevò.

54. E essi non grideranno forte la loro follia che tu il più misero a niente servi; tu lo rivelerai: tu servirai: essi sono gli schiavi del Perché: Essi non sono di me. Le pause come tu vuoi; le lettere? Non cambiarle in stile o in valore!

Il dio Hadit dichiara che questi discepoli non potranno gridare la loro follia che io sono inutile, poiché io sono utile. Questi discepoli rinnegati sono gli schiavi del "Perché" e pertanto non appartengono a Hadit. Poi si rivolge a me e afferma che la punteggiatura del *Liber Legis* posso metterla a mia scelta, mentre le lettere non devo cambiarle in stile (il modo di scrivere) o in valore (il senso attribuito alle parole).

55. Tu otterrai l'ordine e il valore dell'Alfabeto Inglese; tu scoprirai nuovi simboli da attribuirgli.

Il dio Hadit afferma che io otterrò l'ordine e il valore dell'Alfabeto Inglese. Vediamo come.
Nella Cabbala italiana – Cabbala gnostica integrata – la disposizione delle lettere dell'alfabeto italiano è uguale a quella dell'Alfabeto Inglese, e per il loro valore numerico sono state apportate alcune modifiche rispetto ai valori delle lettere della Cabbala ebraica (si veda il *Liber* 888).
Inoltre, Hadit afferma che io scoprirò nuovi simboli da attribuire all'Alfabeto Inglese, infatti, questi sono gli Arcani dei Tarocchi intitolati la Regina e il Principe (si veda il *Liber* 888).

56. Andatevene! voi beffeggiatori; anche se voi ridete in mio onore voi non riderete a lungo: poi quando voi siete tristi sappiate che io vi ho abbandonato.

Il dio Hadit ordina ai beffeggiatori di andarsene e anche se ridono in sua funzione non rideranno a lungo: poi quando saranno tristi vorrà dire che li ha abbandonati.

57. Colui che è giusto sarà ancora giusto; colui che è lordo sarà ancora lordo.

Il dio Hadit dichiara che il giusto rimarrà giusto e il lordo rimarrà lordo.

58. Sì! Non pensare al cambiamento: tu sarai come sei, e non altro. Perciò i Re della terra saranno Re per sempre: gli schiavi serviranno. Non c'è nessuno che sarà buttato giù o tirato su: tutto è sempre com'era. Tuttavia ci sono miei servi mascherati: può essere che quel mendicante sia un Re. Un Re può scegliere il suo indumento come vuole: non c'è nessuna prova sicura: ma un mendicante non può nascondere la sua povertà.

Il dio Hadit mi dice che non devo pensare al cambiamento: io sarò per sempre quello che sono. Pertanto un Re sarà un Re per sempre e gli uomini volgari (schiavi) serviranno. Nessun individuo verrà buttato giù o tirato su, poiché ogni cosa è sempre com'era. Tuttavia ci sono dei servi mascherati di Hadit, infatti, può essere che sotto le sembianze di un mendicante si nasconda un Re. Un Re può scegliere come manifestarsi: non c'è nessuna prova sicura che egli sia un mendicante, ma un mendicante non può nascondere la sua condizione di uomo volgare.

59. Stai attento dunque! Ama tutti, forse in questo modo

un Re è nascosto! Tu dici così? Pazzo! Se egli fosse un Re, tu non potresti ferirlo.

Il dio Hadit mi esorta a stare attento! Mi dice di amare tutti, perché potrebbe essere che un Re sia nascosto sotto le spoglie di un mendicante. Allora io dico: "Devo amare tutti?" E lui mi risponde: "Pazzo!". No, non bisogna amare tutti perché se colpissi un Re – nascosto sotto le spoglie di un mendicante – io non potrei ferirlo.

60. Perciò colpisci forte e basso, e all'inferno con loro, maestro!

Il dio Hadit mi esorta – dato che un Re non può essere ferito – a colpire forte e in maniera micidiale, e a perseguitare gli uomini selvaggi fino all'inferno, io il maestro.

61. C'è una luce davanti ai tuoi occhi, o profeta, una luce indesiderata, molto desiderabile.

Il dio Hadit si rivolge al profeta Aleister Crowley e gli dice che c'è una luce davanti ai suoi occhi, una luce indesiderata molto desiderabile, infatti, Aiwass proiettò la propria luce su Aleister Crowley che, in questo modo, fu rapito da Hadit. E così il profeta s'identificò nel dio Hadit.

62. Io sono elevato nel tuo cuore; e i baci delle stelle piovono fitti sopra il tuo corpo.

Il dio Hadit rivela al profeta Aleister Crowley che è situato nel suo cuore, infatti, il profeta, come Hadit medesimo, conobbe il rapimento dei baci della dea Nuit.

63. Tu sei esausto nella voluttuosa pienezza dell'inspirazione; l'espirazione è più dolce della morte, più rapida e ridicola di una carezza dello stesso verme

dell'inferno.

Il dio Hadit dice al profeta Aleister Crowley che lo vede esausto nella voluttuosa pienezza dell'inspirazione, infatti, Aleister Crowley – giunto a questo punto della dettatura del Libro – è esausto per il contatto che deve sostenere con Aiwass e ciò viene messo in rilievo dalla sua inspirazione. Hadit gli spiega che ciò che sta provando nell'espirazione è più dolce della morte, più rapida e ridicola di una carezza di Choronzon (verme dell'inferno).

64. Oh! Tu sei sopraffatto: noi siamo sopra di te; la nostra delizia è tutta sopra di te: salute! salute: profeta di Nu! profeta di Had! profeta di Ra-Hoor-Khu! Ora gioisci! Ora vieni nella nostra estasi e splendore! Vieni nella nostra pace appassionata, e scrivi parole soavi per i Re!

Il dio Hadit dice al profeta Aleister Crowley che lo vede sopraffatto, poiché Nuit, Hadit, Ra-Hoor-Khuit e tutta la loro delizia è sopra di lui. Pertanto Hadit lo saluta come profeta di Nu, di Had e di Ra-Hoor-Khu. Lo invita a gioire e a venire nel loro splendore estatico. Inoltre lo esorta a venire nella loro pace appassionata e a scrivere parole soavi per gli iniziati (Re) ad altissimo livello.

65. Io sono il Maestro: tu sei l'Unico Sacro Eletto.

Il dio Hadit afferma che lui è la guida (Maestro) e Aleister Crowley l'Unico Sacro Eletto, colui che è stato prescelto per ricevere il Libro della Legge.

66. Scrivi, e trova estasi nello scrivere! Lavora, e sii il nostro letto nel lavorare! Entusiasmati con la gioia della vita e della morte! Ah! la tua morte sarà leggiadra: chi la vede sarà lieto. La tua morte sarà il sigillo della promessa del nostro amore eterno. Vieni! solleva il tuo cuore e gioisci!

Noi siamo uno; noi siamo nessuno.

Il dio Hadit esorta il profeta Aleister Crowley a scrivere e a provare estasi mentre sta scrivendo. Gli dice di lavorare affinché vengano gettate le fondamenta (letto) del nuovo Eone di Horus, e di entusiasmarsi con la gioia prodotta dalla vita e dalla morte. Poi gli dice che la sua morte sarà leggiadra: i Maestri Invisibili che la vedono saranno lieti. La morte del profeta sarà il sigillo della promessa dell'amore eterno di Nuit e Hadit.

In merito alla morte del profeta, Aiwass compì un prodigio (23 maggio 1921 e.v.) in Aleister Crowley e questi giurò di mantenere il silenzio. Tale prodigio consiste nel fatto che Aiwass inserì nell'inconscio collettivo di Crowley un campo di forza *elettro-magnetico* che, alla morte del mago, sarebbe divenuto il sigillo della promessa dell'amore eterno di Nuit (*magnetismo*) e Hadit (*elettricità*). In definitiva, il campo di forza inglobò, al momento della morte del mago (1 dicembre 1947 e.v.), la sua coscienza, al fine di proteggerla dalla forza della dissoluzione. E così il profeta s'identificò nel Dio Occulto (Amoun-Ra).

Infine lo esorta a venire in loro, a innalzare il suo pensiero (cuore) e a gioire, poiché Nuit e Hadit sono uno (1), sono nessuno (0), cioè l'Unità e il Nulla.

67. Resisti! Resisti! Sostieniti nella tua estasi; non cadere in svenimento dai baci eccellenti!

Il dio Hadit esorta il profeta Aleister Crowley a resistere nella sua estasi, e a non cadere in svenimento a causa del piacere inebriante.

68. Più forte! Tieniti su! Alza la tua testa! Non respirare così profondamente... muori!

Il dio Hadit incita il profeta Aleister Crowley a essere più forte, a non cadere in svenimento, a non respirare così profondamente, ma poi... il culmine dell'estasi.

69. Ah! Ah! Che cosa io provo? La parola è esaurita?

Questo passo del *Liber Legis* può essere compreso soltanto se collegato ai precedenti, in cui il profeta viene esortato a scrivere e a trovare estasi nello scrivere.

Il dio Hadit, identificandosi in Aleister Crowley, si chiede: "Che cosa io provo?". Poi afferma: "La parola è esaurita?".

La parola "esaurita" non deve essere intesa letteralmente, bensì nel suo senso figurato, cioè: "Trattare compiutamente un argomento"; ma per trattare compiutamente un argomento bisogna "trattarlo a fondo", e soltanto trattando a fondo un argomento si può trovare estasi nello scrivere. Questo è ciò che il profeta prova e che si chiede che cos'è. Pertanto il fatto di provare estasi dimostra che lo scritto è trattato a fondo, nella sua completezza.

70. C'è aiuto e speranza in altre formule. La Saggezza dice: sii forte! Allora tu potrai sostenere una maggiore gioia. Non essere animale; purifica il tuo piacere inebriante! Se tu bevi, bevi con le otto e novanta regole dell'arte: se tu ami, eccedi in delicatezza; e se non sei affatto gioioso, fa' che ci sia finezza!

Il dio Hadit esorta il profeta Aleister Crowley a rivolgersi ad altre formule e, come dice la Saggezza, a essere forte. Così egli potrà sostenere una gioia ancor più grande. Il Dio gli dice di non essere animalesco nei modi e di purificare il suo piacere inebriante. Se beve, deve bere con le novantotto regole dell'arte del buon intenditore. Se ama, deve eccedere in delicatezza e se non è gioioso ci deve essere almeno la raffinatezza.

71. Ma eccedi! eccedi!

Il dio Hadit dice al profeta Aleister Crowley di eccedere nello sforzo, infatti, il vero segreto sta nello sforzo.

72. Sforzati sempre al massimo! E se tu sei veramente mio... e non dubitarlo, e se tu sei sempre gioioso!... la morte è la corona di tutto.

Il dio Hadit esorta il profeta Aleister Crowley a impegnarsi sempre al massimo e con tutte le proprie forze. E se lui fa parte di Hadit... e non deve dubitarlo, e se la felicità è in lui... allora la morte sarà il coronamento di tutti i suoi sforzi, poiché egli diverrà il Dio Occulto.

73. Ah! Ah! Morte! Morte! Tu desidererai la morte. La morte è proibita, o uomo, per te.

Il dio Hadit esclama: "Ah! Ah! Morte! Morte!". Poi egli afferma che la morte – intesa come la consumazione della coscienza – agognata dal profeta non lo ghermirà, infatti, Aleister Crowley agognò la morte, affinché lo liberasse da una vita di lotte e amarezze, ma la morte fu proibita per lui (si veda AL, II, 66.).

74. La lunghezza del tuo desiderio sarà la potenza della sua gloria. Colui che vive a lungo e desidera molto la morte è sempre il Re tra i Re.

Il dio Hadit dichiara che la lunghezza del desiderio di morte di Aleister Crowley sarà la potenza della mia gloria (in merito si veda la mia iniziazione a Neophita nell'Ordine della Stella d'Oro). Gli spiega che colui che vive a lungo e desidera molto la morte è sempre il Re tra i Re, poiché il desiderio di morire trascende la morte.

75. Sì! Ascolta i numeri e le parole:

Il dio Hadit dice ad Aleister Crowley di ascoltare i numeri e le parole che stanno per essere detti.

76. 4 6 3 8 A B K 2 4 A L G M O R 3 Y X 24 89 R P S T O V A L. Che cosa significa questo, o profeta? Tu non lo sai; né mai lo saprai. Viene uno dopo di te: egli esporrà questo. Ma ricorda, o eletto, di essere me; di seguire l'amore di Nu nel cielo stellato; di guardare avanti sopra gli uomini, di raccontare loro questa parola felice.

Il dio Hadit chiede al profeta Aleister Crowley che cosa significano i numeri e le parole che ha appena detto. Poi Hadit afferma che Crowley non lo sa né mai lo saprà, ma verrà uno (io, la Grande Bestia 666) dopo di lui che esporrà il significato dei numeri e delle lettere.

I numeri 4, 6, 3, 8, hanno per chiave il numero 3 – si noti che il numero 3 non è posto regolarmente nella sequenza progressiva dei numeri – che serve da divisore della somma degli elementi del Mondo (si veda la *Prefazione al Liber Legis*). Tale somma è 18 che divisa per 3 dà come resto il risultato da studiare nella propria mente e questo risultato da studiare è impossibile perché è zero. Pertanto ciò che rimane è la mente, la parola-chiave contenuta nella *Prefazione al Liber Legis*. La parola "mente" corrisponde alla parola "ABK" (pronuncia Abikal). I numeri 2, 4, corrispondono al secondo e al quarto foglio del I capitolo di AL. Eseguendo l'istruzione data in AL (III, 73.), ne ho ricavato la parola-chiave "stella" che corrisponde alla parola "ALGMOR" (pronuncia Algamor). Il numero 3, corrisponde al terzo foglio del II capitolo di AL. Eseguendo l'istruzione data in AL (III, 73.), ne ho ricavato la parola-chiave "forza" che corrisponde alla parola "YX" (pronuncia Yxal). Il numero 24 corrisponde al secondo, al quarto e al sesto (2 + 4 = 6) foglio del III capitolo di AL; mentre il numero 89 corrisponde all'ottavo, al nono e al diciassettesimo (8 + 9 = 17) foglio dello stesso capitolo. Eseguendo l'istruzione data in AL (III, 73.), ne ho ricavato le parole-chiave "amore" e "luce" che corrispondono alla parola composta "RPSTOVAL" (pronuncia Repistoval).

Infine, Hadit si rivolge a me (l'eletto) e mi ricorda di essere lui, di seguire l'amore di Nu nel cielo stellato; di guardare avanti sopra gli uomini e di raccontare a loro questa parola felice. Tale parola è "amore" (Ahbh).

77. Oh! che tu sia fiero e potente tra gli uomini!

Il dio Hadit mi dice di essere fiero e potente tra gli uomini.

78. Solleva te stesso! poiché non c'è nessuno simile a te tra gli uomini o tra gli Dei! Solleva te stesso, o mio Profeta, la tua statura sorpasserà le stelle. Essi adoreranno il tuo nome, quadrato, mistico, magnifico, il numero dell'uomo; e il nome della tua Casa 418.

Il dio Hadit mi esorta a innalzarmi – evolvere me stesso – perché nessuno è simile a me tra gli uomini o tra gli Dei. Inoltre m'incita a elevarmi fino a sorpassare "le stelle", cioè a espandere la mia coscienza oltre la Sfera di Binah – Stelle Fisse – per conquistare la Sfera di Kether. Egli afferma che gli iniziati adoreranno il mio nome – Seth – di quattro lettere (quadrato), il nome del Dio (mistico, magnifico), il numero 666 (H-T-S o 6-6-6), il numero della Grande Bestia (il numero dell'uomo); e il nome "Abrahadabra" (valore numerico 418) della Sfera di Daath (Casa).

79. La fine dell'occultamento di Hadit; e benedizione e adorazione al Profeta della bella Stella!

La fine dell'occultamento di Hadit; e benedizione e adorazione alla Grande Bestia 666, il Profeta della Stella d'Oro.

3

Commento al *Liber Legis*

1. Abrahadabra; la ricompensa di Ra-Hoor-Khut.

In questo passo del *Liber Legis* si dichiara che "Abracadabra" – la parola-formula del nuovo Eone di Horus – è la ricompensa del dio Ra-Hoor-Khut. Vediamo come.

Notiamo che qui viene usata una grafia lievemente diversa – "Khut" invece di "Khuit" – per quanto riguarda il nome del Dio. Dato che la parola Abrahadabra (Abra-Had-Abra) significa: "Il Dio manifestato due volte nella sua unità" e la lettera "i" – di Khuit – rappresenta l'Unità, possiamo affermare che la ricompensa di Ra-Hoor-Khut consiste nel manifestarsi due volte nella propria unità, cioè nel manifestarsi come Ra-Hoor-Khuit che cela in sé il suo gemello oscuro Hoor-paar-Kraat.

2. C'è divisione da qui verso Casa; c'è una parola non conosciuta. La grafia è defunta; tutto non è alcuna cosa. Attento! Fermati! Innalza la formula di Ra-Hoor-Khuit!

In questo passo del *Liber Legis* si afferma che vi è separazione tra la Sfera di Malkuth – il luogo della massima densificazione dell'energia – e la Sfera di Daath (si veda AL, I,

57; AL, II, 78.). Una parola – ABRAHADABRASh – non è conosciuta e quando sarà resa nota farà capire perché la grafia – Ra-Hoor-Khut – è defunta. Perciò l'iniziato stia attento, si fermi e innalzi la formula – ABRAHADABRASh – di Ra-Hoor-Khuit.

3. Ora fa' che sia principalmente sottinteso che io sono un dio di Guerra e di Vendetta. Io con loro tratterò severamente.

Il dio Ra-Hoor-Khuit si rivolge a me (la sua manifestazione incarnata) e mi esorta a far sì che sia principalmente sottinteso che lui è un dio di Guerra e di Vendetta. Lui, con i suoi seguaci, tratterà severamente gli uomini selvaggi.

4. Scegliti un'isola!

Il dio Ra-Hoor-Khuit mi esorta a scegliere un'isola, cioè a scegliere un *Chakra* del pianeta Terra. Ed io ho scelto il *Manipura Chakra* – Centro Ombelicale – il cui centro si trova a Trieste (Italia).

5. Fortificala!

Il dio Ra-Hoor-Khuit mi esorta a fortificare l'isola, cioè a rendere potente l'*Umbilicus Mundi*, il Centro Ombelicale della Terra. E così è stato fatto.

6. Cingila con l'ingegneria bellica!

Il dio Ra-Hoor-Khuit mi esorta a proteggere, con l'ingegneria bellica, il Centro Ombelicale – *Omphalos* – della Terra. E così è stato grazie alla macchina da guerra.

7. Io ti darò una macchina da guerra.

Il dio Ra-Hoor-Khuit mi darà una macchina da guerra. E così è stato, infatti, entrai in contatto (6 dicembre 1988 e.v.) con l'Arca dell'Alleanza Celeste.

8. Con essa tu colpirai i popoli; e nessuno starà davanti a voi.

Il dio Ra-Hoor-Khuit mi dice che con l'Arca dell'Alleanza Celeste colpirò le genti; e nessuno potrà contrastarci. E così è!

9. Celati! Ritirati! Sopra di loro! Questa è la Legge della Battaglia della Conquista: così la mia adorazione sarà attorno alla mia Casa segreta.

Il dio Ra-Hoor-Khuit m'incita a essere abile in guerra, cioè a nascondermi, a ritirarmi e a colpire, poiché questa è la Legge della Battaglia della Conquista. In tal modo l'adorazione del Dio sarà attorno alla sua Dimora segreta (si veda AL, III, 34.).

10. Procurati la Stélé della Rivelazione; ponila nel tuo tempio segreto – e quel tempio è già correttamente disposto – e sarà il tuo Kiblah per sempre. Essa non scolorirà, ma il colore miracoloso ritornerà a essa giorno dopo giorno. Custodiscila in un vetro chiuso per una prova al mondo.

Il dio Ra-Hoor-Khuit mi esorta a procurarmi la Stélé della Rivelazione e a porla nel mio tempio segreto (il Tempio dei Tredici Raggi) che è già correttamente disposto (quando acquistai un locale per adibirlo a tempio scoprii che era già correttamente disposto). E la Stélé sarà il mio Kiblah – punto verso il quale ci si volge per pregare – per sempre. I suoi colori rimarranno sempre vivi (fino ad oggi non si sono scoloriti) e verrà custodita sotto vetro (io la custodisco sotto vetro), come prova per gli uomini di questo mondo.

11. Questa sarà la tua sola prova. Io proibisco la

discussione. Vincere! Ciò è sufficiente. Io ti renderò facile l'estrazione dalla casa ordinata male nella Città Vittoriosa. Tu stesso la trasporterai con adorazione, o Profeta, sebbene tu non lo gradirai. Tu avrai pericolo e tormento. Ra-Hoor-Khu è con te. Adorami con fuoco e sangue; adorami con spade e con lance. Fa' che la donna sia cinta con una spada davanti a me: fa' scorrere il sangue nel mio nome. Calpesta a terra il Selvaggio; sii sopra di loro, o guerriero, io ti darò la loro carne da mangiare!

Il dio Ra-Hoor-Khuit afferma che la mia sola prova sarà quella di procurarmi la Stélé della Rivelazione. Egli proibisce la discussione, cioè il discutere con gli uomini profani. Vincere è ciò che conta ed è sufficiente. Egli mi renderà facile l'estrazione della Stélé dal Boulak Museum (casa ordinata male) nella città di Al-Kahira (la vittoriosa), la città del Cairo (Città Vittoriosa). Io stesso la porterò via con adorazione, sebbene non gradirò sottrarla. Avrò, per questo, pericolo e tormento, ma Ra-Hoor-Khu mi protegge.

Nel Libro della Legge appare la parola "abstruction" – inesistente nella lingua inglese – che non deve essere cambiata (si veda AL, I, 36.). Questa parola è stata da me tradotta come "astrazione" ("abstraction"), nel senso di "estrazione" per indicare l'operazione che si deve fare, cioè estrarre dalla parola "abstruction" la parola segreta (si veda AL, III, 39.). Pertanto non dovrò sottrarre la Stélé della Rivelazione, bensì basterà che mi procuri una copia fedele all'originale.

Poi, il Dio – Ra-Hoor-Khuit – mi esorta a adorarlo con fuoco e sangue, con spade e lance. A fare in modo che la donna – l'iniziata – appaia come una guerriera ai suoi occhi e a far scorrere il sangue nel suo nome. Infine mi esorta (io, il guerriero) a calpestare gli uomini selvaggi e a distruggerli, poiché egli mi darà la possibilità di farlo.

12. Sacrifica bestiame, piccolo e grande; dopo un bambino.

Il dio Ra-Hoor-Khuit mi esorta a sacrificare animali piccoli e grandi, e dopo un bambino.

Riguardo al bambino non si tratta di un sacrificio di sangue, ma di un sacrificio magico.

13. Ma non ora.

Il dio Ra-Hoor-Khuit mi dice di non sacrificare il bambino prima di aver instaurato la corrente dell'Eone di Maat (tale instaurazione è avvenuta il 22 novembre 1983 e.v.).

14. Voi vedrete quell'ora, o Bestia benedetta e tu Concubina Scarlatta del suo desiderio!

Il dio Ra-Hoor-Khuit mi dice che io (Bestia benedetta) e la Donna Scarlatta (Concubina Scarlatta) vedremo il momento in cui verrà sacrificato, magicamente, il bambino. E così è stato.

15. Voi sarete tristi di ciò.

Il dio Ra-Hoor-Khuit dichiara che io e la Donna Scarlatta saremo tristi nel vedere il bambino sacrificato magicamente. E così è stato.

16. Non credere troppo ardentemente di cogliere le promesse; non temere di subire le maledizioni. Tu, perfino tu, non conosci tutto questo significato.

Il dio Ra-Hoor-Khuit mi esorta a non credere con troppo entusiasmo di cogliere le promesse che mi verranno fatte dagli uomini. Non dovrò di certo temere le maledizioni che mi potranno essere rivolte. Persino io non potrò conoscere tutto il significato del *Liber Legis*.

17. Non temere affatto; non temere né uomini, né

Destini, né dèi, né alcuna altra cosa. Non temere il denaro, né il riso della gente pazza, né alcun altro potere in cielo o sopra la terra o sotto la terra. Nu è il tuo rifugio come Hadit la tua luce; ed io sono l'energia, la forza, il vigore, delle tue braccia.

Il dio Ra-Hoor-Khuit mi dice di non provare timore, di non temere nulla (né uomini, né Destini, né dèi, né il denaro, né il riso della gente pazza, né alcun altro potere in cielo o sopra la terra o sotto la terra), poiché Nu è la mia casa (rifugio) come Hadit la mia guida (luce) e Ra-Hoor-Khuit il vigore (forza, energia) delle mie braccia, cioè la forza della mia azione, l'energia della mia manifestazione.

18. Fa' che la misericordia sia lontano: maledici coloro che hanno pietà! Uccidi e tortura; non risparmiarli; sii sopra di loro!

Il dio Ra-Hoor-Khuit mi esorta a fare in modo che non vi sia misericordia e m'incita a maledire coloro che hanno pietà. Inoltre mi esorta a uccidere e torturare gli uomini selvaggi, a non risparmiarli, a calpestarli.

19. Codesta Stélé essi la chiameranno l'Abominio della Desolazione; calcola bene il suo nome, e sarà per te come 718.

In questo passo del *Liber Legis* si profetizza che la Stélé verrà chiamata "l'Abominio della Desolazione" e che il suo nome sarà per me come 718.
La Stélé della Rivelazione viene citata come "l'Abominio della Desolazione" in un libro di Kenneth Grant, il capo nazionale inglese dell'Ordine del Tempio d'Oriente (O.T.O.). Il nome della Stélé è "ABRAHADABRASh", il cui valore cabalistico è 718. In pratica, il suo nome s'identifica in essa. Vediamo come.

La Stélé della Rivelazione mostra la dea Nuit (l'azzurro ingemmato) inarcata sopra il dio Hadit (il globo alato), il dio Horus, il sacerdote Ankh-af-na-Khonsu e il braciere a dodici fiamme. Le dodici fiamme indicano il Fuoco fallico solare di "Shin" (valore cabalistico 300), lettera finale che va aggiunta alla parola "ABRACADABRA". Pertanto la parola (nome) "ABRAHADABRASh" – parola di dodici lettere, celante una tredicesima – mostra la triplice potenza di Ra-Hoor-Khuit (ABRA-Horus, HAD-Hadit, ABRASh-Set) ed è la parola del Logos dell'Eone di cui Aiwass è l'espressione attuale.

20. Per quale motivo? A causa del crollo di Perché, che egli non è là di nuovo.

Il dio Ra-Hoor-Khuit si chiede per quale motivo il dio Horus non si trova più nell'Amenta (si veda AL, I, 14.) e si risponde che la causa è dovuta al crollo di "Perché".

21. Erigi la mia immagine nell'Est: tu ti acquisterai un'immagine nella quale io ti apparirò, speciale, non diverso dall'uno che tu conosci. E sarà per te improvvisamente facile fare questo.

Il dio Ra-Hoor-Khuit mi esorta a porre la sua immagine a Est. Mi dice di acquistare un'immagine nella quale lui apparirà speciale. È questa l'immagine del dio Mentu, dipinta sulla Stélé della Rivelazione. Tale immagine non è diversa da quella del dio Horus che io conosco. E per me è stato improvvisamente facile acquistarla, infatti, mi venne offerta.

22. A mio sostegno raduna attorno a me le altre immagini: fa' che tutte siano adorate, poiché esse si raggrupperanno per esaltarmi. Io sono il visibile oggetto da adorare; gli altri sono segreti; poiché essi sono per la Bestia e la sua Sposa: e per i vincitori dell'Ordalia X. Che cosa significa? Tu lo saprai.

Il dio Ra-Hoor-Khuit mi dice di radunare attorno alla sua immagine – la Stélé della Rivelazione – delle altre immagini: il Serpente, l'Aquila, la Morte. Tutte queste dovranno essere adorate, poiché esse si raggrupperanno per esaltare la sua immagine. Il Dio afferma di essere il visibile oggetto da adorare, mentre gli altri tre sono segreti, poiché essi sono per la Grande Bestia 666 (Serpente), per la Donna Scarlatta (Aquila) e per i vincitori dell'Ordalia X (Morte). Il Dio si chiede che cosa significhi ciò e si risponde che io lo saprò. Io so che l'Ordalia X è l'Ordalia del Phallus (l'immagine-simbolo del dio Horus), poiché la "X" – Thau sacra – è il suo emblema.

23. Come profumo mescola farina e miele e densi residui di vino rosso: inoltre olio di Abramelin e olio di oliva, e poi ammorbidisci e liscia con nutriente sangue fresco.

Il dio Ra-Hoor-Khuit mi fornisce la formula del suo profumo.

Si deve mescolare della normale farina di grano a miele e residui di tartaro del Porto (vino rosso). Inoltre si deve aggiungere olio di Abramelin (otto parti di olio di cinnamomo, quattro di olio di mirra, due di olio di galangal, sette di olio di oliva). Infine si deve ammorbidire e lisciare con del sangue (nutriente e fresco) di qualche animale (non importa quale).

24. Il sangue migliore è della luna, mensilmente: inoltre il sangue fresco di un bambino, oppure gocciolante dalla schiera del cielo: poi dei nemici; poi del sacerdote oppure degli adoratori: per ultimo di qualche bestia, non importa quale.

In questo passo del *Liber Legis* si afferma che il sangue migliore è quello della luna, mensilmente; cioè l'energia proveniente dalla luna piena e il sangue mestruale della Donna Scarlatta per l'opera di dissoluzione o decomposizione. Inoltre l'energia vitale di un bambino, oppure proveniente dai Maestri Invisibili. Poi il sangue dei nemici. Poi l'energia vitale del sacerdote o degli adoratori. Per ultimo il sangue di qualsiasi bestia.

25. Brucia questo: di questo fa' dolci e mangia per me. Questo ha anche un altro uso; fa' che sia posto di fronte a me, e conservato denso con i profumi della tua preghiera: esso diverrà pieno di scarabei com'era e di animali striscianti sacri a me.

In questo passo del *Liber Legis* vengono date le istruzioni per la preparazione dell'Ostia dell'Eucarestia (dolci), cioè per preparare i Pani consacrati – "Pani di Luce" – in forma di sangue coagulato. È questa l'Ostia di Satana usata per la Comunione nella Messa Gnostica.

Il dio Ra-Hoor-Khuit mi dice di bruciare il sangue, di farne dolci e di mangiarli in suo onore. Poi mi rivela che il sangue ha anche un altro uso; dovrà essere posto davanti alla sua immagine e conservato coagulato – dentro ad un'ampolla di vetro – con le emanazioni della mia volontà (i profumi della tua preghiera). Così fu fatto e il sangue divenne pieno di scarabei e di animali striscianti sacri a Ra-Hoor-Khuit, come già accadde ad Aleister Crowley.

26. Uccidi questi, nominando i tuoi nemici; ed essi cadranno davanti a te.

Il dio Ra-Hoor-Khuit m'incita a uccidere gli scarabei e gli animali striscianti a lui sacri, mentre nomino i miei nemici. Tali nemici cadranno davanti a me. E così fu.

27. Anche questi genereranno lussuria e potere di brama in te nell'atto di mangiarli.

Il dio Ra-Hoor-Khuit sostiene che anche i miei nemici

genereranno lussuria e potere di brama in me nell'atto di distruggerli. E così fu.

28. Anche voi sarete forti in guerra.

Il dio Ra-Hoor-Khuit afferma che anche i seguaci – Thelemiti – della Grande Bestia 666 saranno forti in guerra.

29. Inoltre, essi siano trattenuti a lungo, è meglio; poiché essi cresceranno con la mia forza. Tutti davanti a me.

Il dio Ra-Hoor-Khuit mi dice che i Thelemiti non devono distruggere subito gli uomini selvaggi, ma devono essere trattenuti, affinché possano crescere con la sua forza. Tutti davanti a lui.

30. Il mio altare è di traforato ottone lavorato: brucia su ciò in argento o oro!

Il dio Ra-Hoor-Khuit sostiene che il suo altare è fatto di traforato ottone lavorato e su di esso vi è il bruciaprofumi che è d'argento o oro.

31. Là arriva un uomo ricco dall'Ovest che verserà il suo oro sopra di te.

Il dio Ra-Hoor-Khuit profetizza che dall'occidente arriva – a Trieste – un uomo ricco per versare il suo oro sopra di me.

32. Da oro forgia acciaio!

Il dio Ra-Hoor-Khuit mi esorta a usare l'oro per imprese materiali.

33. Sii pronto a fuggire oppure a colpire!

Il dio Ra-Hoor-Khuit mi avvisa a essere pronto a fuggire di fronte alla furia selvaggia degli uomini volgari, oppure a colpirli.

34. Ma il tuo sacro posto resterà inviolato attraverso i secoli: anche se venisse bruciato con il fuoco e frantumato con la spada, tuttavia là si trova una Casa invisibile, e si troverà fino alla caduta del Grande Equinozio; quando Hrumachis sorgerà e il doppio-bastone uno assume il mio trono e posto. Un altro Profeta sorgerà, e porterà dai cieli una nuova febbre; un'altra donna risveglierà la brama e l'adorazione del Serpente; un'altra anima di Dio e Bestia si mescolerà nel Sacerdote scettrato; un altro sacrificio macchierà la tomba; un altro Re regnerà; e la benedizione non sia più elargita al Signore mistico dalla testa di Falco!

Il dio Ra-Hoor-Khuit m'informa che il mio sacro posto, che è a Est, resterà inviolato attraverso i secoli, anche se venisse bruciato e distrutto. In questo posto si trova una Casa invisibile e si troverà fino alla caduta del Grande Equinozio. Tale Equinozio (avvenuto il 20 marzo 1982 e.v.) è caduto nell'anno 2000 dell'era volgare, cioè nel 96° anno dell'Eone di Horus – più precisamente nell'anno 0 del Mahon di Horus-Maat – quando Hrumachis (la forma greca di Horus-Sole all'alba) è sorto e lo scettro del doppio potere unificato – simboleggia l'unione del doppio orizzonte, Est-Ovest, Ra-Hoor-Khuit e Hoor-paar-Kraat – ha assunto il trono e posto di Ra-Hoor-Khuit. Un altro Profeta – una mia funzione come profeta – è sorto e ha portato dai cieli una nuova Legge (AR); un altra donna – Donna Scarlatta – ha risvegliato la brama e l'adorazione del Serpente *Kundalini*; un'altra anima di Dio e Bestia si è mescolata nel Sacerdote scettrato – una mia funzione come adepto – e ha portato una nuova filosofia (*Liber LUX* e *Liber NOX*); un altro sacrificio – aborto magico – ha macchiato la tomba; un altro Re – una mia funzione come messaggero – regna e il potere (benedizione) non è più dato a

Ra-Hoor-Khuit, poiché il Mahon di Horus-Maat è nato.

35. La metà della parola di Heru-ra-ha, chiamata Hoor-pa-Kraat e Ra-Hoor-Khut.

In questo passo del *Liber Legis* si sostiene che la metà della parola di Heru-ra-ha è chiamata Hoor-pa-Kraat e Ra-Hoor-Khut. Vediamo come.

Notiamo che qui viene usata una particolare grafia – "pa" invece di "paar" – per il nome del Dio Oscuro. La mancanza della lettera "a" e della lettera "r" indica la chiave dell'intera frase e cioè che "AR" è la parola di Heru-ra-ha. Inoltre è interessante osservare che viene anche usata una particolare grafia – "Khut" invece di "Khuit" – per il nome del Dio Luminoso (si veda AL, III, 1.). L'assenza della lettera "i" suggerisce l'idea che il Dio è separato dal suo lato oscuro, mentre con la lettera "i" s'intende che Ra-Hoor-Khuit cela in sé Hoor-paar-Kraat. Pertanto nel testo si vuole suggerire il concetto di una unità più un'altra unità. Queste due unità sono la metà della parola "AR", cioè la lettera "R" (valore numerico 200, ossia 100 + 100, ovvero 1 + 1). L'altra metà, rappresentata dalla lettera "A", è la terza unità che nasce dalla fusione delle altre due unità. In tal modo si ottiene il concetto del ternario nell'unità, ossia la Legge del Tre.

36. Poi il profeta disse al Dio:

Poi Ankh-af-na-Khonsu disse a Ra-Hoor-Khuit:

37. Io ti adoro nella canzone...

Io sono il Signore di Tebe, e io
**   L'ispirato evidente-parlatore di Mentu;**
Per me si dirada il cielo velato,
**   Il suicida Ankh-af-na-Khonsu**
Le parole del quale sono verità. Io invoco, io saluto

La tua presenza, O Ra-Hoor-Khuit!

Unità suprema dimostrata!
   Io adoro la potenza del Tuo respiro,
Dio supremo e terribile,
   Che facesti gli dèi e la morte
Tremare davanti a Te:...
   Io, io ti adoro!

Appari sul trono di Ra!
   Apri le vie del Khu!
Rischiara le vie del Ka!
   Le vie della Khabs scorrono attraverso
Per agitarmi o placarmi!
   Aum! Lascia che mi riempia!

Il sacerdote Ankh-af-na-Khonsu sostiene che adora il dio Ra-Hoor-Khuit nella canzone...

Il sacerdote dichiara che è il Signore di Tebe (letteralmente "Arca") e che è la voce ispirata del dio Mentu, analogo al dio Ra-Hoor-Khuit. Per Ankh-af-na-Khonsu si schiarisce il cielo oscurato dalle nubi, affinché appaia il cielo stellato. Egli vuole immergersi nell'estasi e le sue parole sono verità perché è ispirato. Il sacerdote invoca e saluta la presenza di Ra-Hoor-Khuit.

Ankh-af-na-Khonsu asserisce che il Dio è il Tre nell'Uno (Unità suprema dimostrata). Egli adora la potenza del respiro del Dio, supremo e terribile, che fece tremare gli dèi e la morte, poiché questi è l'uomo divenuto Dio. Il sacerdote, pertanto, lo adora.

Ankh-af-na-Khonsu chiede al Dio di apparire sul trono di Ra che sta a Est. Gli chiede di rivelare (aprire) quelle conoscenze (vie) che permettono di conseguire il Corpo di Luce (Khu) e di spiegare (rischiarare) quelle conoscenze (vie) che riguardano il Corpo Fluidico (Ka). Egli afferma che le energie (vie) della Stella (Khabs) scorrono attraverso lui per rinvigorirlo o per rilassarlo. Poi pronuncia "Aum" – morte come pienezza dell'essere – e chiede a Ra-Hoor-Khuit che permetta che le energie lo saturino.

38. Così che la tua luce è in me; e la sua fiamma rossa è come una spada nella mia mano per eseguire il tuo ordine. C'è una porta segreta che io farò per stabilire la tua via in tutti i punti cardinali (queste sono le adorazioni, come tu hai scritto), com'è detto:

La luce è mia; i suoi raggi mi consumano:
 Io ho fatto una porta segreta
Nella Casa di Ra e Tum,
 Di Khepra e di Ahathoor.
Io sono il tuo Tebano, O Mentu,
 Il profeta Ankh-af-na-Khonsu!

Con Bes-na-Maut io batto il mio petto;
 Con la saggia Ta-Nech io preparo la mia formula.
Mostra il tuo splendore-stellato, O Nuit!
 Ordinami di fermarmi nella tua Casa,
O serpente alato di luce, Hadit!
 Rimani con me, Ra-Hoor-Khuit!

Il sacerdote Ankh-af-na-Khonsu dichiara che in questo modo le energie di Ra-Hoor-Khuit, cioè quelle della Stella, sono in lui; e la forza di Hadit (fiamma rossa) è come una spada nella sua mano per eseguire gli ordini del Dio (Ra-Hoor-Khuit). Egli, rivolgendosi a Ra-Hoor-Khuit, afferma che farà una porta segreta per stabilire il percorso del Dio attraverso i punti cardinali (queste sono le adorazioni, come scritte da Aleister Crowley nel *Liber Helios*).

Ankh-af-na-Khonsu – per stabilire il percorso di Ra-Hoor-Khuit – afferma che la luce del Sole (Ra-Hoor-Khuit) è sua e che i suoi raggi lo consumano. Lui ha creato un punto d'origine (porta segreta) la cui proiezione e rotazione stabilisce il percorso di Ra-Hoor-Khuit – Sole – attraverso i punti cardinali. La sua stessa proiezione diviene una porta segreta nella casa di Ra (Est), di Tum (Ovest), di Khephra (Nord) e di Ahathoor (Sud). Egli afferma di essere il profeta Ankh-af-na-Khonsu, il sacerdote tebano del dio Mentu (una particolare forma del dio Horus).

Ankh-af-na-Khonsu con Bes-na-Maut (una particolare forma della dea Maat) batte il suo centro cardiaco e con la saggia Ta-Nech (una particolare forma della dea Nuit) prepara la sua formula magica. Poi chiede alla dea Nuit di mostrare il suo cielo notturno (splendore-stellato) e che il dio Hadit (serpente alato di luce) gli ordini di fermarsi nella sua Casa. Inoltre chiede a Ra-Hoor-Khuit di rimanere con lui.

39. Tutto questo e un libro per dire in che modo tu venisti qui e una riproduzione di questo inchiostro e carta per sempre – poiché in esso è la parola segreta e non solo in Inglese – e il tuo commento su questo, il Libro della Legge, sarà stampato in un bellissimo inchiostro rosso e nero su della bella carta fatta a mano; e per ogni uomo e donna che tu incontrasti, che sia stato soltanto per pranzare o per brindare con loro, ciò è per dare la Legge. Allora essi potranno cogliere l'occasione di dimorare in questa felicità oppure no; non c'è differenza. Fallo subito!

In questo passo del *Liber Legis* il dio Ra-Hoor-Khuit afferma che tutto questo (*Liber Legis*) e un libro (*Liber AHBH*) per dire in che modo io venni su questa Terra. E una riproduzione di questo inchiostro e carta – si riferisce al manoscritto originale – dovrà essere fatta per sempre, poiché nel *Liber Legis* è contenuta la parola segreta e non solo in Inglese.

Nel Libro della Legge appare la parola "abstruction" (si veda AL, III, 11.) che non trova riscontro nella lingua inglese. In questa parola è celata la parola segreta di cui si fa menzione nel *Liber Legis*. È questa la parola *"ration"* (**ABS-TRUCT-**

ION), il cui valore cabalistico è 271. *"Ration"*, in inglese, significa "razione" e non solo in Inglese, ma anche nella lingua italiana (per la pronuncia si legge "t" come "z" e "ion" come "ione").

Il mio commento sul Libro della Legge sarà scritto (stampato) in inchiostro rosso (i passi del *Liber Legis*) e nero (il commento ai passi del *Liber Legis*), su della bella carta fatta a mano (Aiwass, nel 1904, non poteva fare alcun riferimento a Internet come mezzo di pubblicazione); e per ogni uomo e donna che incontrerò, che sia soltanto per mangiare o per bere con loro, sarà per trasmettere la Legge. Allora queste persone sceglieranno se accettare la Legge del Thelema oppure no; comunque ciò non farà alcuna differenza, l'importante è dare subito la Legge.

40. Ma il lavoro del commento? Quello è facile; e Hadit bruciando nel tuo cuore renderà rapida e sicura la tua penna.

Il dio Ra-Hoor-Khuit si chiede come sarà fatto il lavoro del commento e si risponde che quello è facile; Hadit, ispirandomi nel mio pensiero, mi darà la rapidità e la sicurezza nel farlo, infatti, i passi del *Liber Legis*, mentre li leggevo, mi apparivano chiari nel loro significato più recondito, anche se mi sentivo restio a trascriverne il significato. Due, dunque, sono i commenti significativi del Libro della Legge: quello sintetico (si veda AL, I, 36.) di Aleister Crowley e quello veritiero qui presentato.

41. Stabilisci nella tua Kaaba un ufficio: tutto deve essere fatto bene e come negli affari.

Il dio Ra-Hoor-Khuit mi esorta a stabilire nella mia Casa (Kaaba) un ufficio, poiché tutto ciò che riguarda il lavoro esoterico deve essere organizzato bene, come negli affari.

42. Le ordalie che tu stesso sorveglierai, risparmiano solo i ciechi. Nessuno rifiuta, ma tu riconoscerai e distruggerai i traditori. Io sono Ra-Hoor-Khuit; ed io sono potente per proteggere il mio servo. Il successo è la tua prova: non discutere; non convertire; non parlare troppo! Coloro che cercano d'intrappolarti, di sopraffarti, attaccali senza pietà o quartiere; e distruggili totalmente. Veloce come un serpente calpestato girati e colpisci! Sii ancora più micidiale di lui! Trascina in giù le loro anime in terrificanti tormenti: ridi alla loro paura: sputa sopra di loro!

Il dio Ra-Hoor-Khuit mi dice che le prove che l'iniziato deve sostenere e che io stesso controllerò sono risparmiate solo ai profani (ciechi). Nessuna persona che voglia intraprendere la via iniziatica verrà da me rifiutata, ma io saprò riconoscere e distruggere i traditori. Egli è il dio Ra-Hoor-Khuit ed è potente per proteggermi. Il successo è la mia prova: io non devo discutere con i profani, io non devo cercare di convertire nessuno e non devo parlare troppo. Coloro che cercano di attaccarmi, d'intrappolarmi, di sopraffarmi, io li attacco senza pietà o tregua e li distruggo totalmente. Rapidamente mi giro e colpisco, veloce come un serpente calpestato. Sono anche più micidiale del serpente perché ho la capacità di trascinare le anime dei miei nemici in terrificanti tormenti, e mentre soffrono le pene dell'inferno rido della loro paura e gli sputo addosso.

43. Fa' che la Donna Scarlatta stia in guardia! Se pietà e compassione e tenerezza visitano il suo cuore; se ella abbandona il mio lavoro per trastullarsi con le vecchie dolcezze; allora la mia vendetta sarà conosciuta. Io ucciderò me, il suo bambino: io alienerò il suo cuore: io la caccerò fuori dagli uomini: come una rifugiata e disprezzata prostituta ella striscerà attraverso le strade bagnate del crepuscolo, e morirà fredda e affamata.

Il dio Ra-Hoor-Khuit mi esorta a fare in modo che la Donna Scarlatta stia attenta! Se pietà, compassione e tenerezza visitano il suo cuore (la Donna Scarlatta, nell'aprile del 1983, ebbe un rigurgito di cristianesimo storico), facendo sì che abbandoni il lavoro del Dio per trastullarsi con le vecchie dolcezze (la Donna Scarlatta abbandonò per un mese lo studio e la pratica della magia per far ritorno al mondo profano); allora la vendetta di Ra-Hoor-Khuit sarà conosciuta. Egli ucciderà se stesso (aborto magico). Egli alienerà il suo cuore (tormentò i suoi sentimenti), egli la caccerà via dagli uomini (la tolse via dal mondo profano) e come una rifugiata e disprezzata prostituta striscerà attraverso le strade bagnate del crepuscolo, e morirà fredda e affamata (la Donna Scarlatta cercò di attaccarsi alla vita profana, ma ne morì a tale livello, fredda e affamata).

44. Ma lascia che risorga lei stessa in fierezza! Lascia che mi segua nella mia via! Lascia che lei operi il lavoro della perfidia! Lascia che lei uccida il suo cuore! Lascia che lei sia di voce alta e adultera! Lascia che lei sia rivestita con gioielli, e ricchi ornamenti, e lascia che lei sia spudorata di fronte a tutti gli uomini!

Il dio Ra-Hoor-Khuit mi esorta a lasciare che la stessa Donna Scarlatta rinasca in fierezza (la Donna Scarlatta, nel maggio del 1983, si liberò dal cristianesimo storico, risorgendo in fierezza), che lo segua sulla sua via (la Donna Scarlatta iniziò a seguire la via di Ra-Hoor-Khuit, cioè la magia del nuovo Eone di Horus), che operi il lavoro della perfidia (la Donna Scarlatta operò degli inganni verso i suoi nemici), che uccida il suo cuore (la Donna Scarlatta uccise i suoi sentimenti) e che sia di voce alta e adultera (la Donna Scarlatta, nel giugno del 1983, si espresse in modo regale e anticristiano storico). Inoltre, Ra-Hoor-Khuit mi esorta a lasciare che la Donna Scarlatta sia rivestita con gioielli e ricchi ornamenti, e lasciare che sia spudorata di fronte a tutti gli uomini profani.

45. Allora io la solleverò al pinnacolo del potere: allora io genererò da lei un bambino più potente di tutti i re della terra. Io la riempirò di gioia: con la mia forza ella vedrà e accederà all'adorazione di Nu: ella conseguirà Hadit.

Il dio Ra-Hoor-Khuit mi dice che innalzerà la Donna Scarlatta al pinnacolo del potere (Ra-Hoor-Khuit la fece evolvere fino all'undicesimo grado iniziatico); allora il Dio genererà da lei un bambino più potente di tutti i re della terra (lui, tramite lei, generò se stesso, cioè generò me, il Re del Mondo). Egli la riempirà di felicità e con l'energia del Dio ella avrà consapevolezza della propria omogeneità con la dea Nuit: ella conseguirà la forza di Hadit (la Donna Scarlatta, nell'aprile del 1986, sperimentò il potere del Serpente *Kundalini*).

46. Io sono il Sovrano guerriero dei Quaranta: gli Ottanta s'inchinano davanti a me e sono umiliati. Io ti porterò alla vittoria e alla gioia: io sarò al tuo fianco in battaglia e tu avrai piacere a uccidere. Successo è la tua prova; coraggio è la tua armatura; vai avanti, vai avanti, nella mia forza; e tu non ritornerai indietro per nessuno!

Il dio Ra-Hoor-Khuit afferma di essere il Sovrano guerriero delle principali Quaranta divinità – padre-madre – sumere e gli Ottanta falsi dèi – le proiezioni o ombre dei quaranta veri dèi – s'inchinano davanti a lui e sono umiliati. Il Dio mi porterà alla vittoria – a vincere gli uomini selvaggi – e alla felicità. Egli sarà al mio fianco in battaglia ed io avrò piacere a uccidere gli uomini selvaggi, poiché la mia prova consiste nel vincere e il coraggio sarà la mia armatura. Io andrò avanti per mezzo dell'energia del Dio e non ritornerò indietro per nessuno, neppure per coloro che saranno giunti fino all'Abisso, cioè che saranno divenuti "Nemo", il Bimbo dell'Abisso.

47. Questo libro sarà tradotto in tutte le lingue: ma sempre con l'originale nella scrittura della Bestia; come

nella possibilità di cambiare la forma delle lettere e la loro posizione l'una con l'altra: in queste ci sono misteri che nessuna Bestia divinerà. Non lasciarlo cercare di tentare: ma verrà uno dopo di lui, io non dico da dove, che scoprirà la Chiave di tutto. Allora questa linea tracciata è una chiave: allora questa quadratura del cerchio nel suo fallimento è anche una chiave. E Abrahadabra. Sarà il suo bambino e ciò stranamente. Non lasciarlo cercare dopo ciò; poiché solamente con ciò egli può cadere da esso.

In questo passo il dio Ra-Hoor-Khuit afferma che il *Liber Legis* verrà tradotto in tutte le lingue, ma sempre con il manoscritto originale di Aleister Crowley; come nell'effettuare dei cambiamenti nella forma delle lettere e nella loro posizione (ogni traduzione, in un'altra lingua, produce un cambiamento di forma e di posizione nelle parole che compongono la frase da tradurre). In queste lettere ci sono misteri che nessuna Bestia divinerà, poiché né Leviathan (Aleister Crowley), né Behemoth (io, la Grande Bestia 666) potranno mai conoscere i misteri celati nel cambiamento di forma e di posizione delle lettere. Poi Ra-Hoor-Khuit dice ad Aiwass – cioè a se stesso – di non lasciare che Crowley cerchi di fare il tentativo di scoprire i misteri contenuti nelle lettere, ma che verrà uno dopo di lui che scoprirà la Chiave di tutto, infatti, dopo Aleister Crowley venne Frater Achad (AChD è una parola ebraica che significa uno o unità) che scoprì la Chiave di tutto ("AL", letteralmente significa "Il" ovvero Dio, l'Onnipotente, il Supremo). Allora questa linea tracciata sul manoscritto del *Liber Legis* è una chiave, infatti, la linea che Crowley tracciò tocca alcune lettere – S, T, BE, T, A, FA – il cui valore numerico dà come somma 93. Allora questa quadratura del cerchio (un cerchio con inscritta una croce; simbolo fatto da Crowley sul manoscritto del *Liber Legis*) nel suo fallimento – la croce inscritta nel cerchio è un fallimento, poiché è il simbolo del vecchio Eone di Osiride – è una chiave, infatti, osservando la croce nel cerchio, basta ruotare l'intera immagine, fino a che appare la "X" inscritta nel cerchio, simbolo del nuovo Eone di Horus. E Abrahadabra è la parola del nuovo Eone, il cui valore cabalistico è 418, cioè 13, il numero di Hoor-paar-Kraat. Questi sarà il bambino di Aleister Crowley e ciò stranamente, poiché Crowley divenne il Dio Occulto (si veda AL, II, 66.), il dio Hoor-paar-Kraat. Infine, Ra-Hoor-Khuit dice ad Aiwass di non lasciare che Crowley vada a cercare i misteri che si celano oltre la concezione del bambino, poiché solamente con questa concezione e dal suo superamento Crowley potrebbe cadere in un baratro di follia.

48. Ora questo mistero delle lettere è compiuto, ed io voglio andare avanti verso il posto più sacro.

Il dio Ra-Hoor-Khuit afferma che il mistero delle lettere – tramite la dettatura del *Liber Legis* – è oramai compiuto, e lui vuole andare avanti verso Nord (verso il posto più sacro).

49. Io sono in una quadruplice parola segreta, la bestemmia contro tutti gli dèi degli uomini.

Il dio Ra-Hoor-Khuit dichiara di essere contenuto in una quadruplice parola segreta. Questa parola è composta da quattro lettere: IVTH, il nuovo Tetragrammaton, il Nome segreto (Iutmah), la Parola perduta. Questa Parola (Nome) è la maledizione (bestemmia) contro tutti i falsi idoli degli uomini selvaggi.

50. Maledicili! Maledicili! Maledicili!

Il dio Ra-Hoor-Khuit si rivolge a me, e mi esorta a maledire tutte le false immagini prodotte dalle religioni.

51. Con la mia testa di Falco io becco gli occhi di Gesù mentre è appeso sopra la croce.

Il dio Ra-Hoor-Khuit con la sua testa di Falco colpisce la falsa immagine di Gesù, l'immagine della sofferenza, Gesù appeso sulla croce.

52. Io sbatto le mie ali sulla faccia di Maometto e lo acceco.

Il dio Ra-Hoor-Khuit disprezza la falsa immagine di Maometto, cioè la religione islamica.

53. Con i miei artigli io strappo la carne dell'Indiano e del Buddista, del Mongolo e del Din.

Il dio Ra-Hoor-Khuit con i suoi artigli strappa la falsa immagine (il modo di vivere) prodotta dall'Induismo, dal Buddhismo, dal Confucianesimo e dal Giudaismo.

54. Bahlasti! Ompehda! Io sputo sui vostri crepulosi credi.

Il dio Ra-Hoor-Khuit sputa sull'intemperante fede dei Bahai (Bahlasti) e sull'intemperante fede del Buddhismo Tibetano, basato sull'OM-MANI-PADME-HUM (Ompehda).

55. Fa' che Maria inviolata sia squarciata su ruote: per amore suo fa' che tutte le donne caste siano totalmente disprezzate tra di voi!

Il dio Ra-Hoor-Khuit mi esorta a distruggere il culto di Maria inviolata, la donna modesta. Per il suo modo d'essere, tutte le donne caste devono essere disprezzate dai veri iniziati.

56. Anche per amore della bellezza e dell'amore!

Il dio Ra-Hoor-Khuit afferma che il disprezzo degli iniziati verso le donne caste deve essere per un senso di bellezza e per la realizzazione dell'attrazione sessuale.

57. Disprezza anche tutti i codardi; i soldati professionisti che non osano combattere, ma si divertono; disprezza tutti i pazzi!

Il dio Ra-Hoor-Khuit mi esorta a disprezzare anche tutti i codardi e i mercenari che non combattono veramente, ma che giocano a fare la guerra. Inoltre mi dice di disprezzare tutti gli uomini profani.

58. Ma gli appassionati e gli orgogliosi, i reali e gli elevati; ti sono fratelli!

Il dio Ra-Hoor-Khuit mi dice che gli uomini appassionati e orgogliosi, i regali e gli elevati spiritualmente; mi sono fratelli!

59. Come fratelli combattete!

Il dio Ra-Hoor-Khuit mi dice che gli iniziati affratellati devono combattere gli uomini volgari.

60. Non c'è nessuna legge al di sopra di Fa' ciò che vuoi.

Il dio Ra-Hoor-Khuit afferma che non esiste alcuna legge al di sopra del Fare la propria volontà.

61. C'è una fine della parola del Dio insediato nel seggio di Ra, illuminando le travi dell'anima.

Il dio Ra-Hoor-Khuit afferma che egli, che sta a Est (il seggio di Ra), al terminar del suo parlare illumina le travi dell'anima, cioè conduce l'uomo all'iniziazione.

62. A Me fai la tua reverenza! A Me vieni attraverso la tribolazione dell'ordalia, che è beatitudine.

Il dio Ra-Hoor-Khuit mi esorta a rivolgergli la mia reverenza, cioè a realizzare in me il concetto di Ra-Hoor-Khuit. Inoltre mi esorta a venire a lui attraverso la tribolazione dell'ordalia, che è beatitudine, cioè Illuminazione divina.

63. Il pazzo ha letto questo Libro della Legge, e il suo commento; e non l'ha capito.

Il dio Ra-Hoor-Khuit afferma che l'aspirante all'iniziazione ha letto il Libro della Legge e il presente commento e non ha capito nulla.

64. Fa' che passi attraverso la prima ordalia, e sarà per lui come argento.

Il dio Ra-Hoor-Khuit mi esorta a far passare l'aspirante attraverso la prima ordalia, e sarà per lui come argento, il risveglio della *Kundalini*.

65. Attraverso la seconda, oro.

Il dio Ra-Hoor-Khuit mi esorta a far passare l'iniziato attraverso la seconda ordalia, e sarà per lui come oro, la Comunione con il proprio Angelo-Demone Custode.

66. Attraverso la terza, pietre di acque preziose.

Il dio Ra-Hoor-Khuit mi esorta a far passare l'iniziato attraverso la terza ordalia, e sarà per lui come pietre di acque preziose, la Prova dell'Abisso.

67. Attraverso la quarta, definitive scintille del fuoco intimo.

Il dio Ra-Hoor-Khuit mi esorta a far passare l'iniziato

attraverso la quarta ordalia, e sarà per lui come definitive scintille del fuoco intimo, l'Illuminazione divina.

68. Tuttavia a tutti sembrerà bello. I suoi nemici che non dicono così, sono semplici bugiardi.

Il dio Ra-Hoor-Khuit afferma che l'iniziato, dopo esser passato attraverso queste quattro ordalie, apparirà a tutti gli iniziati nella bellezza della sua perfezione. Coloro che non dicono così, sono solo i suoi nemici, semplici bugiardi.

69. C'è successo.

Il dio Ra-Hoor-Khuit afferma che c'è successo nel superare le quattro ordalie.

70. Io sono la Testa di Falco Signore del Silenzio e del Potere; il mio nemyss vela il cielo blu-notte.

Il dio Ra-Hoor-Khuit afferma di essere il dio Falco, Signore del Silenzio e del Potere; il suo copricapo (nemyss) vela il cielo notturno, poiché egli è il Ra-Hoor-Khuit universale.

71. Salve! voi gemelli guerrieri accanto ai pilastri del mondo! poiché il vostro tempo è imminente.

Il dio Ra-Hoor-Khuit saluta i gemelli guerrieri che sono accanto ai pilastri del mondo. I pilastri della terra stanno uno a Est e l'altro a Ovest e pertanto i gemelli guerrieri che vengono salutati rappresentano l'Est e l'Ovest, cioè Ra-Hoor-Khuit e Hoor-paar-Kraat, il lato luminoso e il lato oscuro dell'uomo. Egli li saluta perché il tempo dell'instaurarsi del Mahon di Horus-Maat è imminente.

72. Io sono il Signore della Doppia Bacchetta del Potere; la bacchetta della Forza di Coph-Nia... ma la mia mano

sinistra è vuota, poiché io ho frantumato un Universo; e niente rimane.

Il dio Ra-Hoor-Khuit afferma di essere il Signore del Doppio Scettro (Bacchetta) del Potere, la Bacchetta della Forza di Coph-Nia (Coph è l'oscurità, il Nulla; e Nia è la luce, il Tutto). Ciò significa che il Dio si manifesterà come Heru-ra-ha, poiché in lui è celato il suo gemello oscuro (Hoor-paar-Kraat), il lato sinistro, infatti, la sua mano sinistra è vuota, poiché egli ha disintegrato un Universo e niente rimane.

73. Incolla i fogli dalla destra alla sinistra e dall'alto al basso: allora osserva!

Il dio Ra-Hoor-Khuit mi esorta a incollare i fogli del manoscritto di Aleister Crowley, la cui numerazione è data tramite AL, II, 76 (capitolo III – fogli 17, 9, 8, e 6, 4, 2; capitolo II – foglio 3; capitolo I – fogli 2, 4), dalla destra alla sinistra e dall'alto in basso. Quindi mi dice di osservare. Ciò che vedo, tramite questa sistemazione dei fogli, sono le parole-chiave nella seguente sequenza: Luce-Amore (Rpst-oval), Forza (Yx), Stella (Algmor), Mente (Abk). Tutto ciò è uno splendore racchiuso nel mio nome segreto, il nome nascosto di Ra-Hoor-Khuit.

74. C'è uno splendore nel mio nome nascosto e glorioso, come il sole di mezzanotte è sempre il figlio.

Il dio Ra-Hoor-Khuit dichiara che c'è uno splendore nel suo nome nascosto e glorioso. Questo nome è On (On = Ra-Hoor-Khuit, cioè On come Dio di Luce), come il sole di mezzanotte, rappresentato dal dio Khephra, è sempre il figlio, poiché il figlio è Horus, l'originale Ra al suo sorgere che diviene Khephra nella mezzanotte del sole.

75. La fine delle parole è la Parola Abrahadabra.

Il Libro della Legge è Scritto
e Nascosto.

Aum. Ha.

La fine delle parole che compongono il *Liber Legis* è la Parola Abrahadabra (valore numerico 418, cioè 13).

Il Libro della Legge è Scritto e Celato agli occhi dei profani.

Aum. Ha. La formula che sancisce la fine dello scritto.

Parte Seconda

Commento al *Liber AHBH*
(*Liber AM vel Legis*)

Nota introduttiva

Il Grande Equinozio (20 marzo 1982 e.v.) produsse la nascita del nuovo Eone di Maat, la cui parola è AM (parola che significa "Amore"). E pochi giorni prima mi venne dettato l'ultimo punto – il quindicesimo – della versione parziale del *Liber AHBH* ("il Libro dell'Amore"), tecnicamente chiamato *"Liber AM vel Legis"*.

Il Giorno del Grande Equinozio è il giorno in cui il Signore dalla testa d'Ibis (Tahuti) si manifestò in me – come pura saggezza – e dimorò nel mio cuore... per sempre. Così divenni il Profeta del nuovo Eone di Maat, cioè Tahuti (Thoth), lo "Scriba degli Dei". E in particolare divenni lo "Scriba di Maat", poiché Maat è la controparte femminile del dio Thoth.

Il *Liber AHBH* (pronuncia "Ahabh") è costituito da una Prefazione dedicata a Nuith, e da quattro capitoli: il primo capitolo è dedicato a Nuith, il secondo a Hadit, il terzo a Horus e il quarto a Maat. Esso venne dettato a Trieste in due tempi diversi, poiché la prima metà del libro (i primi quindici punti, dettati tra il mese di novembre del 1981 e il mese di marzo del 1982) si pone in relazione all'Eone di Maat, mentre la seconda metà del libro (gli ultimi quindici punti, dettati tra il mese di gennaio e il mese di marzo del 1990) si colloca in rapporto all'aspetto introduttivo del Mahon di Horus-Maat.

Il *Liber AHBH* – in senso magico – è stato pubblicato da me per cinque volte e a ogni pubblicazione seguì una reazione magica, naturale e sociale.

La prima pubblicazione parziale e interna (21 marzo 1983 e.v.) del *Liber AHBH* affiancò, dopo tre mesi, la terza pubblicazione esterna del *Liber Legis* ed entrambe causarono la stessa reazione magica (energetica) dopo dodici mesi dalla pubblicazione del *Liber Legis* e dopo nove dalla pubblicazione del *Liber AHBH*.

La seconda pubblicazione parziale ed esterna (23 settembre 1985 e.v.) del *Liber AHBH* affiancò la quarta pubblicazione esterna del *Liber Legis* ed entrambe causarono una reazione naturale (in Natura) dopo trentanove mesi.

La terza pubblicazione integrale e interna (20 marzo 1990 e.v.) del *Liber AHBH* causò una reazione sociale (politica) dopo dieci mesi.

La quarta pubblicazione integrale e interna (21 marzo 1991 e.v.) del *Liber AHBH* causò una reazione naturale (in Natura) dopo trentaquattro mesi.

Infine, la quinta pubblicazione integrale ed esterna (22 dicembre 1999 e.v.) del *Liber AHBH* venne presentata assieme al mio primo commento e affiancò, dopo ventiquattro mesi, la quinta pubblicazione esterna del *Liber Legis*, presentata assieme al mio commento falsato. Entrambe le pubblicazioni causarono la stessa reazione sociale (politico-economica), dopo quarantacinque mesi dalla pubblicazione del *Liber Legis* e dopo ventuno dalla pubblicazione del *Liber AHBH*.

Viene qua presentata – in senso magico – la mia sesta e ultima pubblicazione del *Liber AHBH* (assieme al suo secondo commento), che affianca la mia sesta (la decima) e ultima pubblicazione del *Liber Legis* (assieme al suo commento veritiero).

La Sesta Pubblicazione
20 marzo 2008 e.v.

Quando mi venne dettato il *Liber AHBH* fui costretto a

manipolare le lettere maiuscole e minuscole, dato che le avevo manipolate nel *Liber Legis*. Ora, il Libro dell'Amore, viene presentato nella sua versione originale.

Per quanto riguarda il commento al *Liber AHBH* posso dichiarare che è completo e veritiero. A causa del commento falsato al *Liber Legis* fui costretto a falsare alcuni passi del primo commento al *Liber AHBH*.

Commento alla *Prefazione del Liber AHBH*

Punto I

– La Spada, essa è il Potere. Quando mio Figlio la sguainerà, cadranno i Potenti, un nuovo Regno sorgerà, il Regno della Forza. Tu lo sai che cos'è la Spada? È la Kundalini, ma non Kundalini a livello microcosmico né macrocosmico, è al livello del 15. Quando essa sarà sguainata... Mahapralaya!

La dea Nuith afferma che la Spada è il Potere. Quindi la Dea dichiara che nel momento in cui io (mio Figlio) libererò il Potere cadranno i Potenti e un nuovo Regno verrà instaurato, il Regno della Forza. Poi chiede all'iniziato se sa che cos'è la Spada e si risponde che è il Serpente di Fuoco (*Kundalini*), ma non il Serpente nell'uomo (microcosmico) né nella Terra (macrocosmico), bensì nel Cosmo (al livello del 15). Infine sostiene che nel momento in cui la Spada verrà sguainata si verificherà la dissoluzione cosmica (*Mahapralaya*).

– Ora comprendi che cos'è il Mahapralaya, è anche il Terzo Occhio, ma ciò è errato, è una Voragine, è l'Uovo nel cui Sonno sprofondano i mondi prima della loro rinascita. Quindi attento! In me c'è una grande Gioia per chi riesce a comprendere: 3, 12, 93, 118, 444, 666, 868, 1001. Questi sono i nuovi numeri che sono al di là del presente Eone.

La dea Nuith si rivolge all'iniziato e gli dice di comprendere che cos'è la dissoluzione cosmica (*Mahapralaya*); gli dice che è anche l'Occhio di *Shiva* (il Terzo Occhio), ma che ciò è errato, perché è una Voragine, l'Uovo Cosmico nel cui Sonno sprofondano i mondi prima della loro rinascita. Quindi la Dea lo esorta a stare attento, perché in lei vi è una grande Gioia per chi riesce a comprendere i nuovi numeri (3, 12, 93, 118, 444, 666, 868, 1001.) che sono al di là dell'Eone di Horus.

– Questo è il fondamento su cui basa il Diamante; le fondamenta sono state gettate, ora rimane la costruzione. Nulla vi è oltre il Nulla, il Figlio è uguale al Padre e il Padre è uguale alla Madre per il realizzarsi del miracolo della Sostanza Unica. HRMS, lettere celanti il Diamante, il doppio orizzonte. Chi non comprende queste parole non comprenderà mai IHO, lettere celanti il nuovo nome segreto, ma il nome segreto è stato abrogato, il nuovo nome è NHR. È tutto riassunto anche in un unico nome LM, HM, questa è l'unione.

La dea Nuith dichiara che la Gioia – la comprensione dei numeri – è il fondamento su cui si basa il Mahon di Horus-Maat; che la Gioia è stata trasmessa e che ora rimane la costruzione. Quindi la Dea sostiene che niente può esistere oltre il Nulla, che il Figlio (zolfo rosso) è uguale al Padre (zolfo giallo) e che il Padre è uguale alla Madre (Mercurio universale triplo) per il realizzarsi del miracolo della Sostanza Unica (Pietra Filosofica). Poi afferma che HRUMACHIS cela il Mahon di Horus-Maat (il doppio orizzonte), e continua dicendo: "Chi non comprende queste parole non comprenderà mai IHO, lettere celanti il nuovo nome segreto,". Questo nome è IHOR, il Signore del doppio orizzonte. A questo punto la Dea rivela che il nome segreto è stato abrogato e che il nuovo nome è NEHAR (Luce Divina). Infine decreta che tutto è anche riassunto in un unico nome AL-AM, Horus-Maat, e che questa è l'unione.

– Il Tempo sta per scadere, prendi visione di me. Gioisci, godi la Gloria del Mondo. AL, AM, sono pure illusioni; tutto ciò che io ti dico va al di là del presente Eone. Presto il mondo vedrà la Gloria di mio Figlio. Maledetto che sia l'uomo che rinnega se stesso, la nuova Legge, questa è la Legge. Guarda l'infinito e comprenderai il finito; ciò che io ti dico tu lo sai che cos'è? È il nuovo Tantra.

La dea Nuith informa l'iniziato che il Tempo dell'Eone di Horus sta per finire (scaduto il 20 marzo 2000 e.v.) e di prendere visione di lei, dell'Infinito. Quindi la Dea lo incita a gioire e a godere la Gloria del Mondo. Poi dichiara che AL e AM sono pure illusioni, poiché tutto ciò che gli dice va al di là del presente Eone di Horus. A questo punto gli rivela che presto il mondo vedrà la mia Gloria (la Gloria di mio Figlio), e maledice l'uomo che rinnega se stesso, poiché "non esiste dio ma l'Uomo" (si veda AM, Prefazione, II.); questa è la Legge, la nuova Legge. Inoltre lo esorta a osservare l'infinito per comprendere il finito. Infine gli chiede se lui sa che cos'è ciò che gli dice e si risponde che si tratta del nuovo Grimoire (*Tantra*).

Punto II

– Guarda la Terra, e comprendi la sua Gloria avvolta da una Cortina di Fuoco. O Uomo! come è misera la tua sorte; guarda il giusto, non adorare falsi dèi, perché se questo tu farai, cadrai in errore. Il Pentagramma è uguale all'Esagramma e l'Eptagramma non esiste. È follia. Prendi del sangue, impastalo e bevilo, brucialo, ardi nella Fiamma; soltanto così potrai adorarmi.

La dea Nuith esorta l'iniziato a guardare la Terra, e a

comprenderne la Gloria avvolta dalla *Kundalini* terrestre (Cortina di Fuoco). Quindi la Dea, definendolo "Uomo", gli dice che la sua sorte è misera, infatti, vive in un mondo abitato da uomini volgari, gli uomini selvaggi. Poi lo incita a seguire la giusta via (guarda il giusto) e a non adorare i beni terreni (falsi dèi), perché se ciò farà cadrà in errore. Inoltre dichiara che il Pentagramma – Microcosmo – è uguale all'Esagramma – Macrocosmo – e che l'Eptagramma (inteso come un simbolo del Macrocosmo) non esiste, che è follia. Infine gli dice di prendere dell'energia vitale (sangue), di condensarla e d'incorporarla, di consumarla, di caricarsi energeticamente; soltanto così potrà adorarla.

– Non esiste dio ma l'Uomo, questa è la Legge, la Legge cosmica della Gioia e della Verità nella Casa di Maat. Egli non è morto, egli è vivo; ecco si siede sul Trono. Egli è mio Figlio, l'Erede del Tempo e dei Giorni che verranno. Per entrare nella Piramide abbatti la Porta, scoprirai che il Drago era dormiente sotto le Acque.

La dea Nuith sostiene che non esiste dio ma l'Uomo e che questa è la Legge (si veda AM, Prefazione, I.), la Legge cosmica della Gioia e della Verità nella Casa (a Ovest) della dea Maat. Quindi la Dea afferma che io (Horus) non sono morto, che io sono vivo; che mi siedo sul Trono di Heru-ra-ha. Poi dichiara che io sono suo Figlio, l'Erede del Tempo e dei Giorni che verranno, cioè del Mahon di Horus-Maat (iniziato il 20 marzo 2000 e.v.). Infine si rivolge all'iniziato e gli dice che per entrare nel Tempio (Piramide) deve abbattere la Porta, così scoprirà che il Dragone era dormiente sotto le Acque.

– Guarda! Questa è la mia Gloria; le Stelle io darò a chi mi conosce. Il mio Figlio è morto, ma non ha importanza, l'altro mio Figlio è vivo. Trema o Terra! perché i Cieli si aprono e si sentirà la Voce del Possente. Le Trombe squilleranno per annunciare il suo arrivo, i servi

s'inchineranno; la Luna è calata, il Sole si è spento; soltanto le Stelle ora brillano e la loro Luce illuminerà il Mondo. Ora nelle sue spire sta soltanto il veleno, l'elixir è stato bruciato, i falsi profeti uccisi, il Leone è morto e mai più rinascerà.

La dea Nuith esorta l'iniziato a guardare la sua Gloria; lei darà il Culto Stellare a chi la conosce. Quindi la Dea dichiara che AL (letteralmente "Il"; Il mio Figlio, Aleister Crowley divenuto Hoor-paar-Kraat), è morto, ma che non ha importanza, perché io (l'altro mio Figlio, Ra-Hoor-Khuit) sono vivo. Poi rivolgendosi alla Terra gli dice di tremare, perché i Cieli si aprono e si sentirà la Voce di Dio (Possente). Inoltre afferma che le Trombe squilleranno per annunciare il suo arrivo e che gli schiavi s'inchineranno. A questo punto la Dea dichiara che il Culto Lunare è in declino, che il Culto Solare è finito, che il Culto Stellare è vivente e che la sua Conoscenza illuminerà gli Uomini. Infine sostiene che nelle spire del Dragone – durante il Culto Stellare – sta soltanto il veleno, che il suo *elixir* è stato bruciato, che i falsi profeti sono stati uccisi e che l'Eone di Osiride (Leone) mai più rinascerà.

– In queste rune c'è una grande Gioia per chi le comprende, ma io ti dico questo: soltanto i Servi del Potente le comprenderanno, ma essi non sono servi, essi sono Re! Il loro numero è 12 ed essi regneranno sulle Dodici Regioni dei Cieli, le Stelle saranno ai loro piedi ed essi s'innalzeranno sopra i Cieli. Ma ci sarà ancora qualche folle che oserà sguainare la spada contro di loro. Sciocco! era meglio per lui che non fosse mai nato.

La dea Nuith dichiara che in questo scritto c'è una grande Gioia per chi lo comprende, ma lei dice all'iniziato che soltanto i Servi del Potente – cioè i Servi di AL – lo comprenderanno, ma che essi non sono dei semplici servi, che essi sono degli iniziati ad altissimo livello (Re). Inoltre, la Dea rivela che il loro numero è 12 e che essi regneranno sulle dodici direzioni dello Spazio (Dodici Regioni dei Cieli), che le Stelle saranno ai loro piedi e che essi s'innalzeranno al di sopra dei Cieli. Infine sostiene che ci sarà ancora qualche folle che oserà contrastarli, e dice: "Sciocco! era meglio per lui che non fosse mai nato".

– Mio Figlio è vivo, ma il Sole è morto, ora inizia il suo lungo viaggio nella Terra Nascosta. Nessuno oserà sbarrargli il cammino, questa è la nuova Legge, questa è la mia Legge. Il mio numero è 41, tutti gli altri numeri non contano. Nuith, il vero Io, è la Rivelazione. 6666, chi comprende questo numero comprenderà l'Infinito. Il 14 è 41.

La dea Nuith afferma che io (mio Figlio) sono vivo, ma che Ra (Sole) è morto, che ora inizia il suo lungo viaggio nell'Amenta (Terra Nascosta). Quindi la Dea sostiene che nessuno oserà intralciargli il cammino, poiché questa è la nuova Legge, la Legge di Nuith. Poi dichiara che il suo numero è 41 (AM, Forza nel senso dell'Amore) e che tutti gli altri numeri non contano. A questo punto la Dea afferma che Nuith è il vero Io, la Rivelazione. Inoltre indica il numero 6666, e dice: "… chi comprende questo numero comprenderà l'Infinito.". Infatti, questo è il numero di Nuith (Infinito). Infine sostiene che il numero 14 (AHABH = Amore, computazione tramite la Cabbala italiana) è il numero 41 (AM).

– La Madre ha violato se stessa, le Stelle cadranno sulla Terra, un nuovo Mondo sorgerà, un Mondo di Dei. Invidie, guerre, arrivismi, un discorso dimenticato da tempo, un mondo di pace. La Stella brilla nel Cielo, l'Est è diventato l'Ovest e l'Ovest è diventato il Sud. Kadath, il Deserto Freddo, là sorge la nostra Montagna.

La dea Nuith dichiara che Nuit (la Madre) ha violato se stessa, che le Stelle cadranno sulla Terra, che una nuova Civiltà di Dei sorgerà. Quindi la Dea sostiene che le invidie, le guerre, gli arrivismi, sono un discorso dimenticato da tempo e che regna la pace. Poi afferma che la Stella di Diamante – il Culto Stellare – brilla nel Cielo, e continua dicendo: "... l'Est è diventato l'Ovest e l'Ovest è diventato il Sud". Questa frase sta a significare che l'uomo – che naturalmente guarda verso nord – deve ruotare di 180° (l'Est è diventato l'Ovest) e guardare verso Sud (l'Ovest è diventato il Sud) per diventare l'Uomo primigenio. Infine, la Dea dice che Kadath sorge nel Deserto Freddo, che là si trova la loro Montagna, la Montagna degli Dei. Pertanto, se ne deduce, che verso la Montagna Sacra dovrà dirigersi l'Uomo primigenio.

– Il mio Messaggero si è rivelato, ora egli è noto agli uomini. Beffa tra le beffe, nemmeno lui lo sapeva. Il 12 è diventato l'11, scopri questo numero e saprai chi è il Messaggero. Il suo numero è l'8 che è il doppio di 4. 4 uguale a 13, comprendi chi è il Messaggero? Anche se lo sai che la tua bocca non si accosti MAI a un orecchio mortale, ma il tuo grido si levi fino alle dimore degli Dei.

La dea Nuith sostiene che io (il mio Messaggero) mi sono rivelato e che ora sono noto agli uomini. Quindi la Dea dichiara: "Beffa tra le beffe, nemmeno lui lo sapeva.". Infatti, nemmeno io sapevo di essere il suo Messaggero. Poi afferma che il 12 (Ra-Hoor-Khuit) è diventato l'11 (A-a-n-K) ed esorta l'iniziato a scoprire l'11 per sapere chi è il Messaggero. Prosegue dicendo che il numero del Messaggero è l'8 (Hadit) che è il doppio di 4 (Hadit). Inoltre sostiene che 4 (Hadit) è uguale a 13 (Hoor-paar-Kraat), e chiede all'iniziato se ha compreso chi è il Messaggero. Infine conclude dicendo: "Anche se lo sai che la tua bocca non si accosti MAI a un orecchio mortale, ma il tuo grido si levi fino alle dimore degli Dei".

Punto III

– **Che l'Uomo impugni la Spada e trafigga i suoi nemici, che non risparmi nessuno, né amici né parenti. L'uomo che ha pietà degli altri non è degno di noi, egli sarà maledetto per tutta l'eternità.**

La dea Nuith esorta l'iniziato (Uomo) a essere forte (impugni la Spada) e a colpire gli uomini selvaggi (nemici), a non risparmiare nessuno, neanche gli amici e i parenti. Quindi la Dea afferma che l'uomo compassionevole non fa parte della Cerchia degli Dei, che egli sarà maledetto per tutta l'eternità.

– **13, 4, 2, 1. Credi a ciò che ti dico senza sforzarti per ricavare una soluzione, non la capiresti.**

La dea Nuith fornisce una chiave numerica (13, 4, 2, 1.) e dice all'iniziato di credere ai numeri senza sforzarsi per ricavare una soluzione, non la capirebbe.

– **La mia Gioia è la Gioia del Mondo, il mio Mondo è il vostro Mondo. La Stella a Sei Punte è il mio Simbolo, un Raggio la perfora nel centro.**

La dea Nuith dichiara che la sua Gioia è la Gioia del Mondo e che il suo Mondo è il Mondo degli iniziati. Inoltre, la Dea afferma che l'Esagramma (la Stella a Sei Punte) è il suo Simbolo – il simbolo dell'universo – e che un Raggio lo perfora nel centro, come indicazione che al centro vi è il Punto occultato (Hadit).

– **8, 10, 12, 14, 20. Stelle e pianeti, aria e acqua, fuoco e terra; di tutte queste cose è lo Spirito che conta.**

La dea Nuith fornisce una chiave numerica (8, 10, 12, 14, 20.). Quindi la Dea pronuncia: "Stelle e pianeti, aria e acqua, fuoco e terra;", e sostiene che di tutte queste cose è lo Spirito che conta.

– Vieni nella mia Dimora, lì sarai Immortale, sarai come gli Dei, perché gli Dei sono come gli Uomini. Follia è la Legge, Follia è la Chiave, Follia è la Parola, null'altro.

La dea Nuith esorta l'iniziato ad andare nella sua Dimora, lì sarà Immortale, sarà come gli Dei, perché gli Dei sono come gli Uomini, infatti, non esiste dio ma l'Uomo (si veda AM, Prefazione, II.). Inoltre, la Dea dichiara che Follia è la Parola, la Chiave e la Legge, null'altro; infatti, ciò che conta è solo la Follia divina.

– Ecco, ora viene a te la Fenice grondante del Sangue dei Sacrifici. Raccoglilo in una Coppa e bevilo, bevilo in mio onore. Fa' ciò che ti dico, perché questa è la Legge. Chi non berrà dalla mia Coppa perderà la sua Vita, e chi getterà la sua Vita nella mia Coppa, invece, la salverà. Non credermi, esperimenta, non c'è altro mezzo. La Volontà è morta, ma l'Amore è vivo, la loro fusione ci rende perfetti.

La dea Nuith si rivolge all'iniziato e gli dice che a lui va la Fenice grondante del Sangue dei Sacrifici, il Sangue dei Santi che hanno affrontato la Prova dell'Abisso. Quindi la Dea gli ingiunge di raccogliere il Sangue in una Coppa – la Coppa di Babalon – e di berlo in suo onore. Poi gli ordina di fare ciò che gli dice, perché questa è la Legge. A questo punto la Dea dichiara: "Chi non berrà dalla mia Coppa perderà la sua Vita", cioè avrà rinunciato alla Prova dell'Abisso. E continua dicendo: "… chi getterà la sua Vita nella mia Coppa la salverà.", cioè avrà affrontato la Prova dell'Abisso. Inoltre gli dice di non crederle, ma di sperimentare, poiché non vi è altro mezzo. Infine afferma che la Volontà (Thelema) è morta, ma che l'Amore (Agapé) è vivo e che la loro fusione (Luce di Morar) li rende perfetti.

– La Stella a Cinque Punte con un Punto nel Mezzo, il numero è 7. La Spada è grondante di Sangue. Gli Dei si ritraggono, ora arriva mio Figlio; chi oserà alzare una mano contro di lui? Nessuno!

In questo passo del *Liber AHBH* si dichiara che il numero della Stella a Cinque Punte con un Punto nel Mezzo è 7. Vediamo come.

La Stella a Cinque Punte (Pentagramma) ha un Punto Rosso nel Mezzo (il Punto visibile che cela il Punto invisibile) che diventa linea per generare la Stella a Sei Punte (Esagramma) con un Punto nel Mezzo (il Punto invisibile). Poi, il Punto nel Mezzo diventa linea per generare la Stella a Sette Punte (Eptagramma). Inoltre l'Eptagramma, raffigurato con al centro una vescica (Kteis) sbarrata da una Linea (Phallus), rappresenta la Stella-Coppa di Babalon. E, infatti, in questo passo la dea Nuith dichiara che la Fenice (Spada) è grondante del Sangue dei Sacrifici dei Santi, cioè di coloro che hanno gettato la propria Vita nella Coppa di Babalon. Poi, la Dea sostiene che gli Dei si ritraggono, perché arrivo io (mio Figlio). Infine si chiede chi oserà contrastarmi e risponde "nessuno".

– La mia Legge è quella dell'Amore. È stato scritto: "Amore sotto la volontà". Ma ciò non è vero; quindi cosa sarà vero e cosa sarà falso? Calcola: il vero e il falso, uniscili, una cosa unisce loro, trovala e scoprirai il segreto del Tre, e saprai ciò che il Cinque ti vuole dire. Costruisci una città, costruiscila in nostro onore; al centro farai una Piramide per la Gioia del Mondo.

La dea Nuith afferma che la sua Legge è quella dell'Amore (AHBH). Quindi la Dea dichiara che nel *Liber Legis* è stato scritto: "Amore sotto la volontà". Ma che ciò non è vero. Allora la Dea si chiede cosa sarà vero e cosa sarà falso. Poi si rivolge all'iniziato e gli dice di calcolare il vero (Unità o 1) e il falso (dualità o 2), di unirli (Unità o 1 e dualità o 2), una cosa unisce loro e quando la trova (si tratta della somma: 1 + 2) scoprirà il segreto del Tre, cioè che il ternario è unità; e così saprà ciò che il Cinque (quinta essenza) gli vuole dire, cioè che il vero Dio (l'immagine del Dio dalle tre teste con un unico volto) è l'Uomo primigenio. Infine lo esorta a costruire una città in onore degli Dei – la Città degli Dei – e al centro erigere un Tempio (Piramide) per la Gioia del Mondo.

– Il Velo è squarciato, il cerchio è chiuso, ora cadono i potenti dai troni. I loro troni sono stati costruiti su fragili fondamenta e cadranno alla prima Scintilla di Potere.

La dea Nuith afferma che il Velo dell'Illusione è squarciato, che il ciclo (cerchio) è concluso, e che ora cadono gli uomini potenti dai loro troni. Quindi la Dea dichiara che i loro troni sono stati costruiti su fragili fondamenta e che i potenti cadranno alla prima Manifestazione del Potere.

– Ora ascolta, tu che sai! e che non vuoi rivelare nulla al mondo, fai bene, perché se gli altri lo sapessero ti getterebbero di fronte a un giudice e quale giudice non ti condannerebbe? Excalibur! la Spada del Potere, prendila, con essa distruggerai i nemici, che il tuo Scudo sia sempre saldo.

La dea Nuith si rivolge all'iniziato e lo esorta ad ascoltare, lui che sa e che fa bene a non voler rivelare niente agli uomini selvaggi perché se lo facesse lo getterebbero dinanzi a un giudice. Quindi la Dea gli chiede: "... e quale giudice non ti condannerebbe?". Poi lo incita a prendere la Forza (Excalibur! La Spada del Potere) e con essa distruggere i nemici. Infine gli raccomanda che la sua Aura (Scudo) sia sempre forte (saldo).

– Il Libro dell'Amore, il Libro della nostra Legge, il Libro del Vero e del Falso. Vero e falso, soltanto se tu ci

credi, perché in verità non esiste né il vero né il falso. Calcola: 13 uguale a 8, comprendi ciò che ti dico? Il Figlio è mio Figlio, il Padre è tuo Padre, il Figlio sarà svelato e prenderà il potere, e regnerà sul mondo. Nia lo guida. Egli è uno di noi.

La dea Nuith dichiara che il *Liber AHBH* (il Libro dell'Amore) è il Libro della loro Legge, il Libro del Vero e del Falso perché ogni parola detta dalla Dea può essere vera o falsa, ma soltanto se l'iniziato ci crede, perché in verità non esiste né il vero né il falso. Quindi la Dea lo esorta a calcolare (13 uguale a 8) e gli chiede se comprende ciò che gli dice. L'iniziato deve comprendere che Hoor-paar-Kraat (13) è uguale a Hadit (8). Poi, la Dea afferma che io (il Figlio) sono suo Figlio e che il Padre (Hadit) è il Padre dell'iniziato, che io svelerò me stesso al volgo degli uomini selvaggi e che prenderò il potere, e che regnerò su tutto il mondo. Infine sostiene che Nia mi guida, che egli è uno di loro.

– Comprendi il Messaggio di Nia e capirai i due opposti. I due sono diventati Uno, l'Uno è divenuto Zero, lo Zero è diventato il Tutto perché egli è il Nulla. Questo è ciò che ti dico affinché le Genti che verranno sappiano distinguere il vero dal falso. Le prove sono molte, ma un'unica è la mia Realizzazione. Il Serpente è attivo; con il suo veleno ucciderà il mondo e con l'elixir lo farà rinascere. Io sono chi Sono, scopri Io e saprai chi Sono. Nulla, nient'altro che il Nulla.

La dea Nuith esorta l'iniziato a comprendere il Messaggio di Nia e a capire i due opposti. Quindi la Dea gli spiega che i due opposti (dualità) sono diventati Uno (Unità), che l'Uno è divenuto Zero (Nulla), e che lo Zero è diventato il Tutto (AL) perché egli è il Nulla (LA). Poi dichiara che questo è ciò che gli dice affinché le Genti che verranno sappiano distinguere il vero dal falso. A questo punto la Dea dice che le prove iniziatiche sono molte, ma che una sola è la sua Realizzazione (Corpo Divino). Inoltre afferma che il Serpente di Fuoco terrestre è attivo; che con il suo veleno sconvolgerà il mondo e che con il suo *elixir* lo farà rinascere. Infine sostiene che lei è ciò che È, e ingiunge all'iniziato di scoprire "Io" per sapere chi È. L'iniziato deve sapere (si veda AM, Prefazione, II.) che "Io" è il vero Io, Nuith (Infinito), la Rivelazione (6666); Nulla (LA), nient'altro che il Nulla (Zero).

– La civetta ha spiccato il volo, gli Dei si sono riversati sul mondo; Asar è presente, lui è morto, il supremo nemico. I nemici sono caduti, la Fontana brillerà. Mio Figlio ha vinto e il suo Trono è d'Oro.

La dea Nuith sostiene che il Tempo del Mahon di Horus-Maat è venuto (la civetta ha spiccato il volo), che il Potere degli Dei si è riversato sul mondo e che il Culto di Osiride – il Culto del Dio che soffre – è presente. Quindi la dea dichiara che Osiride (Leone), il supremo nemico, è morto. Poi afferma che gli uomini selvaggi sono morti e che la Fontana della Conoscenza brillerà nel Mondo. Infine sostiene che io (mio Figlio) ho vinto e che il mio Trono è d'Oro, il Trono di Heru-ra-ha.

– Erigi un Tempio, che le mura siano scarlatte, le colonne nere, il tetto di diamante, l'altare bianco, il pavimento azzurro e risplenda il Falco. Il trono sia d'oro, la Colomba d'argento, l'entrata coperta da un velo affinché nessun mortale possa scoprire ciò che c'è dentro.

In questo passo del *Liber AHBH* la dea Nuith fornisce all'iniziato le istruzioni riguardanti il Tempio.

Il Tempio deve avere le mura di colore rosso, le colonne devono essere nere, il tetto deve essere trasparente (di diamante), l'altare bianco e il pavimento azzurro. Il trono deve essere d'oro (color oro) e alla sua destra vi deve essere il Falco d'oro (color oro) del dio Horus e alla sua sinistra la Colomba d'argento (color argento) della dea Maat. L'entrata del Tempio deve essere velata da un velo rosso, affinché i profani non possano vedere ciò che c'è dentro.

– Lui ha proclamato la mia parola, lui ha lottato, lui ha vinto. Nessuna ricompensa sarà più alta di ciò che riceverà, il Doppio Potere, lo Scettro degli Dei.

La dea Nuith dichiara che io ho proclamato la sua parola, che io ho affrontato tutte le Prove e che ho vinto. Quindi la Dea sostiene che nessuna ricompensa sarà più alta di ciò che riceverò, il Corpo Divino, il Doppio Potere di Heru-ra-ha, lo Scettro degli Dei.

– 1, 16, 24, 78, 103, 999; capirle tu non puoi perché i numeri non si sono ancora rivelati, il loro tempo non è ancora venuto né mai verrà, e mai non è venuto, il loro tempo è adesso, pur non essendo.

La dea Nuith fornisce una chiave numerica (1, 16, 24, 78, 193, 999.) e afferma che l'iniziato non può capire le cifre, perché i numeri non si sono ancora rivelati. Quindi la Dea dichiara che il loro tempo – rispetto al tempo futuro – non è ancora venuto né che mai verrà, che il loro tempo – rispetto al tempo passato – non è mai venuto. Inoltre sostiene che il loro tempo – rispetto al tempo presente – è ora, pur non essendo, infatti, il tempo presente non può essere fissato, poiché subito dopo diverrebbe il tempo passato. Pertanto i numeri possono esistere soltanto nell'eterno presente (il loro tempo è adesso, pur non essendo), nell'atemporalità.

– Egli si è svelato, ha gettato le sue vesti sulla strada, egli e gli altri sono contro il popolo perché il popolo è contro di me. Verrà anche il loro momento ed essi saranno purificati, purificati con il Fuoco, la sofferenza sarà terribile. Non

importa! È colpa loro, perché se tu avrai pietà per loro cadrai dal Trono dove io ti ho messo, o mio Eletto.

La dea Nuith afferma che io (egli) mi sono svelato agli uomini (ha gettato le sue vesti sulla strada), che io e gli altri iniziati siamo contro gli uomini selvaggi (popolo) perché essi sono contro di lei. Quindi la Dea dichiara che verrà anche il loro momento, il momento in cui verranno purificati con il Fuoco, e che la loro sofferenza sarà terribile. Inoltre sostiene che la sofferenza degli uomini selvaggi non conta, che è colpa loro, e se io (o mio Eletto) avrò pietà per loro cadrò dal Trono d'Oro dove lei mi ha messo.

– Ricorda ciò che è stato scritto: "La compassione è il vizio dei re". Ma tu non sei un re, tu sei Dio e altri non ci può essere al di sopra di te.

La dea Nuith mi esorta a ricordare ciò che è stato scritto nel *Liber Legis*, cioè che "la compassione è il vizio dei re", ma io non sono un re, io sono Dio e nessun altro ci può essere al di sopra di me.

Punto IV

– Maledetto il dio che confida nel profano, egli sarà disprezzato per sempre da tutte le Genti. Io sono l'Infinito, io sono la Forza, io sono l'Amore, ora e per sempre. Chi osa contrastare il vostro cammino? O miei Eletti, sappiate questo: chi vi contrasterà perirà, perché tale è la Legge! 93, Nuith, Hadit, Hoor-paar-Kraat! non c'è altro che valga.

La dea Nuith maledice il dio che confida nel profano e afferma che verrà disprezzato per sempre da tutti gli iniziati (Genti). Quindi la Dea dichiara che lei è l'Infinito, la Forza e l'Amore, ora e per tutta l'eternità. Poi pone una domanda: "Chi

114

osa contrastare il vostro cammino?", e definendoci suoi Eletti ci dice: "... chi vi contrasterà perirà, perché tale è la Legge!". Infine sostiene che la Volontà (93), l'Infinito (Nuith), il Padre (Hadit) e il Figlio (Hoor-paar-Kraat) sono le uniche cose che valgono.

– Porta il mio Messaggio al mondo, o mio Eletto, distruggilo con la forza della Verità, purificalo e consacralo, a iniziarlo penseremo noi. Quando il Serpente alzerà la Testa molte saranno le genti che periranno, soltanto i Giusti resisteranno alla mia furia. Ma dopo la distruzione, la generazione, una nuova razza, una Razza di Dei.

La dea Nuith, definendomi suo Eletto, mi esorta a portare il *Liber AHBH* (Messaggio) al mondo. Quindi la Dea m'incita a distruggere il mondo con la forza della Verità, a purificarlo e a consacrarlo, a iniziarlo ci penseranno loro, gli Dei. Poi dichiara che nel momento in cui il Serpente di Fuoco terrestre ascenderà (alzerà la Testa) molte saranno le genti che periranno e che soltanto gli iniziati (i Giusti) resisteranno alla sua furia, alla furia distruttiva della Dea. Infine sostiene che dopo la distruzione vi sarà la generazione, una nuova razza, una Razza di Dei.

– Il mio Messaggero ha vinto! Egli ha trionfato sul popolo, egli sarà seduto sul Trono. Comprendi che ciò che ti dico corrisponde a Verità?

La dea Nuith dichiara che io (il mio Messaggero) ho vinto, che io ho trionfato sugli uomini selvaggi, che io starò seduto sul Trono d'Oro di Heru-ra-ha. Quindi la Dea si rivolge all'iniziato e gli chiede: "Comprendi che ciò che ti dico corrisponde a Verità?".

– 8, 11, 12, 13, 16, 20, 80, 93, 111: questi sono i nuovi numeri, i numeri della Legge. Balaton, Exidia, Fhirah,

Orex. Comprendi? No, non puoi! Attento dunque a non cadere in errore.

La dea Nuith fornisce una chiave numerica (8, 11, 12, 13, 16, 20, 80, 93, 111.) e dichiara che questi sono i nuovi numeri della Legge. Quindi la Dea pronuncia delle Parole di Potere (Balaton, Exidia, Fhirah, Orex.). Inoltre chiede all'iniziato se riesce a comprendere e si risponde di no, che non può comprendere; pertanto lo esorta a stare in guardia, a non cadere in errore.

– Tu, che non potevi, adesso puoi! Tu, che non sapevi, adesso sai! Trascrivi tutto questo e fanne quattro copie, e distribuiscile ai quattro angoli del Mondo così che le Genti sentano la mia parola!

La dea Nuith mi dice che prima non potevo e che adesso posso. Quindi la Dea dichiara che prima non sapevo e che adesso so. Inoltre m'ingiunge di trascrivere il *Liber AHBH* e di farne quattro copie, e di distribuirle a quattro persone (ai quattro angoli del Mondo), affinché gli iniziati (le Genti) sentano – a livello Sottile – la sua parola.

– Mio Figlio è nascosto, egli non si è ancora rivelato, egli è Amoun-Ra. Tu sai chi è? Lui il nascosto, lui l'invisibile, lui noto ma ignoto agli occhi dei mortali, finalmente ha rivelato se stesso! C'è un trono che lo attende. La sua dimora è Huâlla. Esterrefatto, sbalordito, sbigottito, non puoi essere; io ti dico: scopri la menzogna con la verità. Questa è la mia Legge.

La dea Nuith sostiene che suo Figlio è celato e che non si è ancora rivelato, che egli è il Dio Occulto (Amoun-Ra). Quindi la Dea mi chiede se so chi è. Io so che è Aleister Crowley nella sua manifestazione disincarnata. E continua dicendo che suo Figlio è celato (lui il nascosto, lui l'invisibile), che è noto tramite i suoi libri ma ignoto agli occhi dei mortali, e che finalmente ha rivelato se stesso. Poi m'informa che c'è un trono che lo attende e che la sua dimora è la Città dei Maestri Invisibili (Huâlla). Infine afferma che non posso essere esterrefatto, sbalordito e sbigottito da questa rivelazione, perché lei mi dice: "scopri la menzogna con la verità. Questa è la mia Legge".

– Sta scritto: "Ogni uomo e ogni donna è una stella". Ma ti dico che tutto ciò non è vero. La vecchia Legge ha ceduto posto alla nuova. Costruisci un Tempio, fallo in mio onore. Che le pareti siano nere, che le finestre siano oscurate da veli rossi, che ci siano undici candele, un altare, la mia Stélé, il mio Libro e i miei Precetti. Fallo dove e quando vuoi, ma devi farlo per me.

La dea Nuith afferma che nel *Liber Legis* sta scritto: "Ogni uomo e ogni donna è una stella". Ma lei mi dice che questa concezione non è vera, infatti, non tutti gli uomini e non tutte le donne sono incarnazioni di Stelle, ma possono anche esserlo di spiriti planetari, elementari, etc. Pertanto, come ella sostiene, la vecchia Legge del *Liber Legis* ha ceduto il posto alla nuova Legge del *Liber AHBH*. Poi, la Dea mi esorta a costruire un Tempio in suo onore – il Tempio dei Tredici Raggi – e mi fornisce alcune istruzioni. Infine mi dice che il Tempio posso farlo dove e quando voglio, ma che devo farlo per lei.

– Io ti ho dato il seme segreto, lo sperma invisibile; io ho dato vita a tutto quello che vive, dunque rendimi grazie. Bada: non importa quando lo farai, ma devi farlo prima dell'LXXX anno dell'Eone di mio Figlio. Il Leone è morto, il Toro vive. Che il Tempio abbia il pavimento rosso e l'altare coperto di seta bianca. A destra porrai delle rose, a sinistra l'incenso, al centro un Pentagramma d'argento.

La dea Nuith afferma che lei mi ha dato il seme segreto

(Hadit), lo sperma invisibile (*Bindu*); che lei ha dato vita a tutto ciò che vive e che dunque debbo renderle grazie. Quindi la Dea mi mette in guardia, poiché debbo renderle grazie entro LXXX anno (1984 e.v.) dell'Eone di Horus, come, in effetti, feci. Poi dichiara che l'Eone di Osiride (Leone) è morto e che l'Eone di Horus (Toro) è vivo. Infine mi dà alcune istruzioni riguardanti il Tempio.

– Che nessuno entri in quel Luogo Santo, che nessuno respiri l'aria santa. Questa è l'aria che dovrai respirare: noci, semi di pesche, zucchero, mirra e incenso di Abra-Melin. Fanne tutt'uno in parti uguali; questo è l'incenso che dedicherai a me. Voi siete la Luce del Mondo. Ma se non c'è un mondo? la Luce, allora, andrà persa? No! io ti dico. Voi due che siete Uno, siete il Raggio che squarcia la Tenebra. 11 uguale a 2, 12 uguale a 1, e allora saranno 3.

La dea Nuith decreta che nessun profano entri nel Tempio (Luogo Santo) e che nessuno respiri l'aria santa. Quindi la Dea mi fornisce la formula dell'aria santa che dovrò respirare, l'incenso che le dedicherò. Poi afferma che io e la Donna Scarlatta siamo la Luce del Mondo (Luce di Morar), e si chiede: "Ma se non c'è un mondo? la Luce, allora, andrà persa?". Mi risponde di no e sostiene che noi due siamo Uno (Horus-Maat), il Raggio che squarcia la Tenebra. Infine dichiara che 11 uguale a 2 (*Mahatma* e *Mahanga*), che 12 uguale a 1 (*Brahatma*), e che allora saranno in 3 (*Brahatma*, *Mahanga* e *Mahatma*).

– Questa è la Prova, se non la supererai non sarai mai degno di me. Ankh-af-na-Khonsu è stato il mio profeta, tu sei il mio Messaggero. Eppure questi due non sono che Uno. Il mio Eone porterà la Vita, la Gioia e l'Amore. Ma c'è di più. Kundalini si sta risvegliando dal suo sonno primordiale e tu risvegliala!

118

La dea Nuith afferma che questa è la Prova che dovrò superare per essere degno di lei. Quindi la Dea mi spiega che Ankh-af-na-Khonsu (Aleister Crowley) è stato il suo profeta e che io sono il suo Messaggero. Poi dichiara: "Eppure questi due non sono che Uno". Infatti, Ankh-af-na-Khonsu (Aleister Crowley nella sua manifestazione disincarnata) è il Dio Occulto (Hoor-paar-Kraat), mentre io sono il Dio Manifesto (Ra-Hoor-Khuit). Inoltre sostiene che il suo Eone porterà la Vita, la Gioia e l'Amore. Infine dichiara che c'è di più: che la *Kundalini* terrestre si sta risvegliando dal suo sonno primordiale e che io debbo risvegliarla (accadimento verificatosi il 17 gennaio 1994 e.v.).

– XXI-III-LXXVIII è la data. Da questo momento fino al XXI-III-XCVI il Mondo subirà un travaglio quale non lo ha mai subìto.

La dea Nuith decreta che XXI-III-LXXVIII (21 marzo 1982 e.v.) è la data. Quindi la Dea afferma che da quel momento fino al XXI-III-XCVI (21 marzo 2000 e.v.) il Mondo subirà un travaglio quale non lo ha mai subìto.

In questo passo del *Liber AHBH* notiamo che l'anno 2000 è bisestile e quindi avrebbe dovuto essere scritto: "Da questo momento fino al XX-III-XCVI". Cosa nasconde questo errore? Evidentemente si voleva celare la vera data che è quella del 21 dicembre 2012, il XXI-XII-XII del Mahon di Horus-Maat.

Punto V

– La Luna era d'Argento quando m'invocasti sotto le mie stelle. Il Sole era d'Oro e le Stelle di Diamante quando il Potente scese sulla Terra. È stato scritto all'Alba dei Tempi: "Lui ereditirà la Terra e con lui i suoi seguaci".

La dea Nuith afferma che la Luna era d'Argento – il Culto

119

Lunare – quando nella mia incarnazione precedente, come Aleister Crowley, la invocai sotto le sue stelle. Quindi la Dea dichiara che il Sole era d'Oro – il Culto Stellare-Lunare – e le Stelle di Diamante – il Culto Stellare – quando AL (il Potente) si manifestò sulla Terra. Infine sostiene che è stato scritto all'Alba dei Tempi che AL erediterà la Terra e con lui i suoi seguaci.

– Io Sono ma NON Sono, io sono la Legge, io sono la Forza, io sono il Potere. Guai a colui che devia dalla giusta Via, guai a colui che si farà cieco per non vedere, guai a colui che non affronterà il Leone nel mio Giorno.

La dea Nuith dichiara che lei È (Tutto) e NON È (Nulla), che lei è la Legge, la Forza e il Potere. Inoltre, la Dea afferma: guai a colui che devia dalla Via iniziatica, guai a colui che si farà cieco per non vedere la Luce della Conoscenza, guai a colui che non affronterà Asar (Leone) nel mio Giorno.

– Egli è sorto, egli è venuto dall'Abisso ed ha posto la sua sede sul Sole. Il suo trono risplende tra tutti gli astri, il Sole stesso non è che una pallida ombra.

La dea Nuith afferma che il Potente (AL) è sorto, che egli è venuto dall'Abisso – l'Abisso della Morte – e che ha posto la sua sede sulla Sfera del Sole (Huâlla). Quindi la Dea dichiara che il trono del Potente risplende tra tutti gli astri, che il Sole stesso non è che una pallida ombra.

– 14, 18, 27, 81, 93, 118, 444, 881, 999. Plaix. Oggi è oggi, domani sarà domani, il tempo non ha significato, l'Opera sarà compiuta ma soltanto da chi ne è degno.

La dea Nuith fornisce una chiave numerica (14, 18, 27, 81, 93, 118, 444, 881, 999.) e una Parola di Potere (Plaix). Inoltre, la Dea sostiene che oggi è oggi e che domani sarà domani, che il tempo non ha importanza e che l'Opera sarà compiuta soltanto da chi ne è degno.

– Egli è stato prescelto da quando l'Uovo si ruppe e il Bimbo cominciò a crescere. Il mio è il Tempio della gioia, della felicità, ma è anche quello del dolore. Colui che regna non può permettersi di essere pietoso. Gli sconfitti diverranno gli schiavi e i vincitori diverranno Dei.

La dea Nuith sostiene che AL – il Potente – è stato prescelto da quando l'Uovo Cosmico si ruppe e Arpocrate (il Bimbo) cominciò a crescere. Poi, la Dea afferma che il suo è il Tempio della gioia, della felicità, ma che è anche quello del dolore. Infine dichiara: "Colui che regna non può permettersi di essere pietoso. Gli sconfitti diverranno gli schiavi e i vincitori diverranno Dei".

– Lui porterà il mio Scettro e ella la mia Corona. Abraxas è la Parola, sarà marchiata a lettere di fuoco sulla corona dei re di questa Terra, eppure non è sufficiente perché soltanto una Parola può riscattare le genti. Il Mondo si è risolto, il XXII è diventato il XXIII perché tale è la Legge.

La dea Nuith afferma che io porterò il suo Scettro e la Donna Scarlatta la sua Corona. Poi, la Dea dichiara che il nome (Abraxas) del Logos sarà marchiato a lettere di fuoco sul potere (corona) dei grandi (re) di questa terra, eppure non è sufficiente perché soltanto una Parola – AR – può riscattare gli uomini. Infine sostiene che il Mondo si è risolto, che il 4 (XXII = 4) è diventato il 5 (XXIII = 5), che i quattro elementi sono diventati la quinta essenza, perché tale è la Legge.

– Che il mio Profeta tracci la strada, che i monti siano appiattiti e le valli colmate, che nemmeno una foglia intralci il passo del Conquistatore. Egli è divenuto il Re, un re

severo ma giusto. Egli è AL ma tu non lo sei. Dov'è la giustizia? Non esiste.

La dea Nuith dichiara che io (il mio Profeta) devo preparare la strada al Conquistatore (che i monti siano appiattiti e le valli colmate) e che nemmeno una foglia deve intralciare il suo cammino. Poi, la Dea afferma: "Egli è divenuto il Re, un re severo ma giusto.", e continua dicendo che egli è il Potente (AL) ma che io non lo sono. Infine si chiede dove sta la giustizia e si risponde che non esiste.

– Fiumi di sangue dovranno scorrere prima di ritrovare la Coppa, il Sacro Calice. Tu conosci questo nome? È molto vicino, eppure non lo vedi, non sai dove cercarlo, ma esso è in te. Il Diamante si è spezzato, ne è sorto il Drago, la sua pelle è falsa perché così deve essere.

La dea Nuith afferma che fiumi di sangue dovranno scorrere prima di ritrovare la Coppa, il Sacro Calice. Quindi la Dea mi chiede se conosco il nome della Coppa. Io so che si chiama "Graal". Poi mi dice che il Graal è molto vicino, ma che non lo vedo, che non so dove cercarlo, ma che è in me. Infine dichiara che il Mahon di Horus-Maat (Diamante) si è svelato (spezzato) e che da esso ne è sorto il Dragone la cui manifestazione (pelle) appare distruttiva (falsa), perché così deve essere, infatti, solo così potrà avvenire la rigenerazione del mondo.

– Prendi questo Libro e divoralo, che neanche una lettera possa essere vista da un mortale, non una parola possa essere udita da un profano. Comprendi che ciò che ti dico fa parte della Legge, della Suprema Legge, della Legge del Mondo, della nostra Legge e dei Giorni che verranno. Questa è la Parola! Questa è la Legge! Questa è la Volontà! e questo è l'Amore perché tale è il nome del Libro che tu o Profeta stai scrivendo.

La dea Nuith mi dice di prendere il *Liber AHBH*, di assimilarne il contenuto e di assorbirne il potere, affinché nessun altro possa assorbirlo ("neanche una lettera possa essere vista da un mortale, non una parola possa essere udita da un profano"). Quindi la Dea mi esorta a comprendere che ciò che mi dice fa parte della Suprema Legge del Mondo, della Legge degli Dei e dei Giorni che verranno. Inoltre dichiara che ciò che mi dice è la Parola! La Legge! La Volontà, e l'Amore perché tale è il nome (AHBH) del Libro che io (o Profeta) sto scrivendo.

– Di più non posso dire ma molto ho da rivelare; il tempo non è ancora maturo ma presto lo diverrà, e quel Giorno tremino le genti perché il Cielo si abbatterà su di loro e la Terra si aprirà per inghiottirli. I mari invaderanno la terra e molte terre sprofonderanno, non un angolo concederà loro rifugio. Fratello contro fratello, madre contro padre, figlio contro figlio, nipote contro zio. E così periranno i miei nemici.

La dea Nuith dichiara che di più non può svelare ma che molto ha da dire in forma velata (rivelare); che il tempo – di svelare – non è ancora maturo ma che presto lo diverrà, e quel Giorno tremino le genti perché si manifesterà il Dragone ("il Cielo si abbatterà su di loro e la Terra si aprirà per inghiottirli"). Quindi la Dea afferma che in quel Giorno vi sarà grande distruzione ("i mari invaderanno la terra e molte terre sprofonderanno, non un angolo concederà loro rifugio") e che gli uomini selvaggi impazziranno a causa della sofferenza ("fratello contro fratello, madre contro padre, figlio contro figlio, nipote contro zio"). Infine sostiene che così periranno i suoi nemici.

Punto VI

– La Fiamma è nascosta nel Tabernacolo della Verità. Il Patto è stato suggellato, la strada è stata appianata, la Fenice è già sorta dalle ceneri dell'apparente sconfitta.

La dea Nuith rivela che la Fiamma della Conoscenza è celata nel Tabernacolo della Verità. Inoltre, la Dea afferma che il Patto di Alleanza è stato suggellato, che la strada è stata appianata per il Conquistatore, che la Fenice è già sorta dalle ceneri dell'apparente sconfitta.

– Il mio Occhio è il tuo Occhio. Il mio adepto, il mio messaggero, il mio profeta, costoro che hanno portato la mia parola, essi saranno i Re. Guardati attorno, tu li conosci già. Essi sanno ma non sanno, essi vivono ma non in realtà; guardati dal Tredici, è un avvertimento che io do a tutti voi.

La dea Nuith sostiene che la sua Vista è la Vista dell'iniziato. Quindi la Dea afferma che il suo adepto, il suo messaggero e il suo profeta hanno portato la sua parola e saranno i Re. Poi si rivolge all'iniziato e lo esorta a guardarsi attorno perché li conosce già. E continua dicendo: "Essi sanno ma non sanno, essi vivono ma non in realtà". Infatti, sono io nella mia triplice funzione. Inoltre lo mette in guardia dichiarando: "... guardati dal Tredici", cioè guardati dalla Morte. E conclude dicendo: "... è un avvertimento che io do a tutti voi.", cioè a tutti i Capi Segreti che hanno superato la Prova dell'Abisso.

– Il tuo tempo sta per scadere, un altro lo sostituirà. Questa frase non è ciò che tu pensi e non riguarda il tempo, ma bensì il messaggero. Verrà uno dopo di lui ed ella collegherà il più e il meno, il positivo e il negativo e tutta la dualità che esiste in natura. La data è vicina, l'avvento di questa persona non è lontano. Ella non scoprirà, ma in

realtà capirà. Il vero e il falso, qual è il Mistero degli Opposti? Uno tra i cinque, sommali e dividili, il risultato sarà uno, il resto è zero.

La dea Nuith afferma che il tempo del messaggero sta per scadere e che un altro lo sostituirà. Quindi la Dea m'informa che questa frase non riguarda ciò che io penso (credevo che riguardasse il tempo della mia esistenza terrena), bensì il tempo del veggente Thar (il messaggero). Poi dichiara che verrà uno – il veggente Aud – dopo il veggente Thar (lui) e che la Donna Scarlatta (ella) collegherà il più e il meno, il positivo e il negativo e tutta la dualità che esiste in natura. Inoltre sostiene che la data è vicina, che l'avvento di questa persona – il veggente Aud – non è lontano, infatti, il veggente si manifestò nel 1982, poco dopo la fine del veggente Thar. A questo punto la Dea afferma che la Donna Scarlatta non scoprirà i misteri, ma che in realtà li capirà. Infine pone la domanda: "Il vero e il falso, qual è il Mistero degli Opposti?", e risponde ponendo il quesito. "Uno tra i cinque, sommali e dividili, il risultato sarà uno, il resto è zero". Io so che l'uno tra i cinque è il tre. Li sommo ($1 + 2 + 3 = 6$) e li divido ($6 : 6$), il risultato è uno e il resto è zero. Pertanto il Mistero degli Opposti è dato dal numero sei (Esagramma).

– Cambia, rinasci, abbatti le porte. La tua volontà sia forte, il tuo respiro calmo, e la tua posizione salda. Soltanto così il Serpente alzerà la sua Testa. Ion-Ra è la Parola, il Grande Mistero, colui che è celato agli occhi degli uomini. Il Figlio non visto, né mai venerato. Egli il triplice tradimento subirà. La fiamma della vendetta crescerà in lui. E tu uomo chi sei per presentarti al cospetto di un Re. Tu conosci il nome del mio Messaggero? Gridalo ai quattro venti, proclama la sua Parola perché è la mia Parola, annuncia la sua Legge perché è la mia Legge, espandi il suo Amore perché è il mio Amore. 13, il numero di questo Libro, e 13 è il risultato che studierai nella tua mente perché non c'é

altro al di fuori di questo.

La dea Nuith incita l'iniziato a rinnovarsi e ad abbattere gli ostacoli. Quindi la Dea lo esorta affinché la sua volontà sia forte, il suo respiro controllato e la posizione del suo corpo immobile; soltanto così il Serpente di Fuoco – *Kundalini* – ascenderà lungo la spina dorsale. Poi dichiara che Ion-Ra è la Parola, il Grande Mistero, e sostiene che io (colui) sono nascosto agli occhi degli uomini, il Figlio non visto né mai venerato. Inoltre dichiara che io subirò il triplice tradimento (accadimento verificatosi nel 1988 e.v.) e che la fiamma della vendetta crescerà in me (così fu). A questo punto la Dea si rivolge all'uomo e gli dice: "E tu uomo chi sei per presentarti al cospetto di un Re. Tu conosci il nome del mio Messaggero?". E continua dicendo che se l'uomo conosce il mio nome deve gridarlo alle quattro direzioni dello Spazio (quattro venti), deve proclamare la mia Parola perché è la sua Parola, deve annunciare la mia Legge perché è la sua Legge, e deve espandere il mio Amore perché è il suo Amore. Infine dichiara che 13 è il numero di questo Libro (il numero della Parola Ahbh) e che 13 è il risultato – Amore – che l'iniziato studierà nella propria mente perché non esiste altro al di fuori dell'Amore (Ahbh).

– E tu o mio Eletto che conosci il nome nascosto, il nome non detto, il nome del messaggero serbalo nel tuo cuore e cingilo con le catene, perché se la tua lingua lo proferirà sarà mozzata. L'importanza di ciò non la puoi capire, né mai la capirai. Non occorre capire, basta studiare. Non occorre studiare.

La dea Nuith si rivolge a me (o mio Eletto) e mi esorta a mantenere segreto ("serbalo nel tuo cuore e cingilo con le catene") il vero nome ("il nome nascosto, il nome non detto") del messaggero, perché se lo pronuncerò verrò zittito ("se la tua lingua lo proferirà sarà mozzata"). Quindi la Dea dichiara che l'importanza di ciò non la posso capire, né mai la capirò, infatti, a distanza di trentasei anni non riesco a capirla, né mai credo la capirò. Poi mi dice che non occorre capire, che basta studiare. Infine sostiene che non occorre studiare, infatti, studiando si capisce ma non si comprende.

– **Esponiti ai Sei Raggi del Triplice Sole. Lo conosci tu questo Sole? Ma ciò non è completo, è, infatti, lui più Zero. La Spada è nascosta, le Colonne sono velate e nascoste ai mortali. Il Tre è il Sei, e il Sei è il Dodici.**

La dea Nuith mi esorta a farmi irradiare dai Sei Raggi del Triplice Sole, affinché possa diventare l'Uomo primigenio (il Macrocosmo, il cui simbolo è l'Esagramma). Quindi la Dea mi chiede se conosco questo Sole ed io rispondo che si tratta del Moderno di Giorni, di Ra-Hoor-Khuit (H-T-S, il Triplice Sole), e lei replica dicendo che la formula non è completa, che è lui (Ra-Hoor-Khuit) più Zero (Hoor-paar-Kraat). Poi, la Dea afferma che la Forza (Spada) è nascosta, e che le Colonne (Ra-Hoor-Khuit e Hoor-paar-Kraat) del Tempio sono velate e nascoste ai mortali. Inoltre sostiene che il Tre (Ra-Hoor-Khuit) è il Sei (i Tre Raggi di Ra-Hoor-Khuit e i Tre Raggi di Hoor-paar-Kraat), infatti, il lato luminoso (fuoco, il triangolo con la punta rivolta verso l'alto) e il lato oscuro (acqua, il triangolo con la punta rivolta verso il basso) dell'Esagramma (Sei Raggi) sono Ra-Hoor-Khuit (i Tre Raggi luminosi) e Hoor-paar-Kraat (i Tre Raggi oscuri). Infine dichiara che il Sei (il Moderno di Giorni o Uomo primigenio) è il Dodici (H-T-S, il Triplice Sole), infatti, Ra-Hoor-Khuit cela in sé il suo gemello oscuro (Hoor-paar-Kraat).

– **Egli vedrà la mia Gloria, né mai nessuno la vedrà. Qualunque mortale oserà strapparle il Velo... è morto, il Leone è morto. Il Toro vive, ed egli è il mio Profeta. Il Drago è risorto, ed egli è il mio Messaggero.**

La dea Nuith sostiene che io vedrò la sua Gloria, e che nessun altro mai la vedrà. Quindi la Dea dichiara: qualunque mortale oserà strappare il Velo della Gloria... è morto, Osiride (il Leone) è morto. Poi afferma che io (il Toro) sono vivo, e che sono il suo Profeta. Infine dichiara che io (il Drago) sono risorto, e che sono il suo Messaggero.

– Colui che viene non verrà, lo Scettro verrà impugnato, il Segreto non è ancora rivelato. Il Segreto è questo: 13 uguale a 8 ma 8 non uguale a 1. Comprendi questa comparazione? Spiegala agli Dei, che questa sia la mia Legge, la Legge dell'Amore e della Gioia.

La dea Nuith sostiene: colui che viene per impugnare lo Scettro degli Dei, il Doppio Potere, non lo impugnerà; lo Scettro verrà impugnato, il Segreto non è stato ancora rivelato. Quindi la Dea dichiara che il Segreto è questo: Hoor-paar-Kraat (13) è uguale a Hadit (8) ma Hadit non è uguale ad Arpocrate (1). Inoltre mi chiede se ho compreso questa comparazione e m'ingiunge di spiegarla agli Dei, poiché questa è la sua Legge, la Legge dell'Amore e della Gioia.

1

Commento al *Liber AHBH*

Nuith

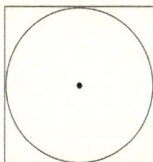

Punto I

1. La Parola della Legge è Thelema, dice il Potente. Colui che sale sul Trono parteciperà alla Gloria dell'Infinito.

La dea Nuith afferma che AL (il Potente) dichiara che la Parola della Legge è Volontà (Thelema). Inoltre, la Dea sostiene: "Colui che sale sul Trono parteciperà alla Gloria dell'Infinito". Infatti, colui che sale sul Trono d'Oro di Heru-ra-ha parteciperà all'Immortalità (Gloria dell'Infinito).

2. Scegli un posto, ornalo e dedicalo a me. Metti la mia Stélé in questo Tempio, così che la profezia di AL si avveri.

La dea Nuith mi esorta a scegliere un posto, a ornarlo e a dedicarlo a lei. Quindi la Dea mi dice di mettere la sua Stélé in questo posto (Tempio), così che la profezia del *Liber Legis* (AL) si avveri (profezia avveratasi nel 1984 e.v.).

3. Onore e gloria, gioia e dolore. Attenti! Il Messaggero si avvicina al Trono. Ma non riuscirà a salire.

La dea Nuith dichiara: "Onore e gloria, gioia e dolore". Quindi la Dea esclama: "Attenti!", e afferma che io (Messaggero) mi avvicino al Trono d'Oro di Heru-ra-ha, ma che non riuscirò a salire.

4. Prima deve proclamare la mia Legge nel Mondo. Tu devi essere mondo da ogni male, se vuoi adorarmi. Tu devi essere libero da ogni restrizione, se vuoi servirmi. Ricorda: o Uomo, quant'è pietosa la tua sorte.

La dea Nuith sostiene che io (Messaggero), prima di salire sul Trono d'Oro di Heru-ra-ha, devo proclamare la sua Legge nel Mondo. Inoltre, la Dea dichiara che devo essere mondo da ogni male, se voglio adorarla; che devo essere libero da ogni restrizione, se voglio servirla. Infine, definendomi "Uomo", mi esorta a ricordare quanto è pietosa la mia sorte in questo mondo di uomini selvaggi.

5. Con la testa avvolta nelle tenebre, tu brancoli nel buio. Ecco, la prima Bestia, il cui numero è 666, sorgere dalla terra, perché la terra è la sua dimora, perché la terra è il suo simbolo, perché la terra è il suo marchio.

La dea Nuith afferma che io, avvolto nelle tenebre dell'ignoranza degli uomini profani, mi aggiro nel buio della loro non-conoscenza. Poi, la Dea annuncia il sorgere dalla terra della prima Bestia, il cui numero è 666; infatti, la terra è la dimora del toro – Behemoth – che sta a Est, nel Giardino dei Giusti. Infine dichiara che la terra è il simbolo e il marchio della prima Bestia, cioè una X inscritta in un cerchio.

6. Il marchio e il suo profeta, questa è la Legge. Il messaggero e il suo simbolo, questa è la Legge. L'adepto e la sua filosofia, questa è la Legge. Chi sa ciò che significa scoprirà la Gioia del Mondo. Tu lo sai? No, non puoi saperlo. Riempi una Coppa delle tue abominazioni, e dalla a Babalond.

La dea Nuith dichiara che la Legge è data dal profeta con il suo marchio (una X inscritta in un cerchio), dal messaggero con il suo simbolo (una Rosa a cinque petali) e dall'adepto con la sua filosofia. Quindi la Dea afferma: "Chi sa ciò che significa scoprirà la Gioia del Mondo.", cioè scoprirà le mie tre funzioni. Poi si rivolge all'iniziato e gli chiede se sa ciò che significa, e si risponde di no, che non può saperlo. Infine lo esorta a riempire una Coppa delle proprie abominazioni e di donarla a Babalond (grafia enochiana di Babalon), cioè lo esorta ad affrontare la Prova dell'Abisso.

7. Ella è la meretrice. Ella sarà sfrontata e adultera, perché questa è la Legge. Tu le darai il tuo corpo da mangiare, ed ella lo rifiuterà. Tu la dominerai, ed ella piangerà. Sì, piangere per morire, morire per nascere.

La dea Nuith afferma che la Donna Scarlatta (Babalond) è l'amata (meretrice). Quindi la Dea dichiara che la Donna Scarlatta sarà di mentalità sfrontata e adultera agli occhi degli uomini selvaggi (così fu), perché questa è la Legge. Poi sostiene che io le trasmetterò la mia conoscenza ("le darai il tuo corpo da mangiare") e che lei la rifiuterà (così fu). Inoltre afferma che io la dominerò e che lei piangerà (così fu). Infine dichiara che la Donna Scarlatta deve soffrire per morire come profana, che deve morire come profana per nascere come iniziata.

8. Il Tre è l'Uno, non l'Uno il Tre. Questo sta alla base

di tutto. Lui ha vinto. I nemici sono caduti. Mio Figlio si è seduto sul Trono.

La dea Nuith sostiene che il ternario (il Tre) è l'unità (l'Uno) e non l'unità il ternario, infatti, il Moderno di Giorni è il Dio-trino dalle tre teste (ternario) con lo stesso volto (unità), in opposizione all'Antico di Giorni che è il Dio-uno da una testa (unità) con tre volti (ternario). Quindi la Dea dichiara che questa concezione sta alla base di tutto. Poi afferma che io ho vinto e che i nemici sono morti. Infine sostiene che io (mio Figlio) mi sono seduto sul Trono d'Oro di Heru-ra-ha.

9. Colui che vincerà deve ancora nascere. Ma presto nascerà. Ed egli nascerà come il Figlio Incoronato e Vincitore. Egli non è nemmeno il Bimbo. La sua Coppa non è ancora colma. Ma presto traboccherà.

La dea Nuith dichiara che io ("colui che vincerà") devo ancora nascere e che presto nascerò come Hoor-paar-Kraat (il Figlio Incoronato e Vincitore). Quindi la Dea afferma che io non sono nemmeno il Bimbo (nel 1981 e.v. non ero ancora il Bimbo dell'Abisso) e che la mia Coppa non è ancora colma, ma che presto traboccherà (la Coppa delle mie abominazioni traboccò nel 1982 e.v.).

10. Bisogna vincere per morire. Bisogna nascere per vincere. Colui che siede sul Trono ha onore, gloria e potere. Ma tu, o Uomo, non temere. La tua sorte sarà risparmiata.

La dea Nuith sostiene che bisogna vincere se stessi affinché muoia – Prova dell'Abisso – l'uomo profano che è in noi. Quindi la Dea afferma che bisogna nascere (13° grado iniziatico) per vincere. Poi sostiene che io (colui che siede sul Trono d'Oro) ho onore, gloria e potere. Infine dichiara che l'iniziato (o Uomo) non deve temere per la sua sorte, perché la sua vita verrà risparmiata.

11. Scegli! O con me o contro di me. Non c'è posto per l'ignaro. Quando il Sole sarà alto nel Cielo Stellato, le Comete divoreranno la Terra. Le Comete sono Stelle, e le Stelle sono Sette. Il Vento soffierà da Nord a Sud e da Est a Ovest.

La dea Nuith dichiara: "Scegli! O con me o contro di me. Non c'è posto per l'ignaro". Poi, la Dea sostiene che giungerà il Giorno del Giudizio Universale, il Giorno in cui si manifesterà il Dragone, il Gran Dragone Scarlatto dalle Sette Teste (le Comete divoreranno la Terra. Le Comete sono Stelle, e le Stelle sono Sette) più Una ("il Sole sarà alto nel Cielo Stellato"). Infine afferma che il Vento della distruzione soffierà da Nord a Sud e da Est a Ovest.

12. Il centro tremerà. Fiumi di sangue scorreranno, i Cieli si abbatteranno sulla Terra, il mare bollirà... Ecco! Ora il Tempo è compiuto, la seconda Bestia è sorta dalle acque. Ha vomitato la sua bava sul mondo e ora siede in mezzo al mare.

La dea Nuith sostiene che il centro della Terra tremerà, che un gran terremoto si scatenerà e che molti uomini periranno. Quindi la Dea dichiara che l'atmosfera terrestre verrà sconvolta e che il mare bollirà. Poi esclama: "Ecco!", e continua dicendo che il Tempo è compiuto, che la seconda Bestia è sorta dalle acque, infatti, l'acqua è la dimora del serpente – Leviathan – che sta a Ovest (qui ci si riferisce alle Sette isole che emergeranno nell'Oceano Atlantico con l'Ottava nell'Oceano Pacifico). Infine afferma che le Otto isole (la seconda Bestia) hanno vomitato il loro magma (bava) sul mondo e che stanno in mezzo al mare.

13. Questo è il Regno del Gran Dragone, colui che porterà il dolce Vento sul Mondo, che gli darà la vita con il

suo sangue. Egli è malvagio per i malvagi, e giusto per i giusti. E allora uccidi i malvagi. Che la loro stirpe non infastidisca più la Terra.

La dea Nuith dichiara che questo è il mio Regno (il Regno del Gran Dragone); che io porterò la nuova Conoscenza nel Mondo (colui che porterà il dolce Vento sul Mondo) e che gli darò la vita con il mio Potere (sangue). Poi, la Dea sostiene che io sono malvagio con i malvagi e giusto con i giusti. Infine mi esorta a uccidere i malvagi, affinché la loro stirpe non infastidisca più la Terra.

14. 21, 33, 44. I numeri sono dati. Non capirli! Comprendili. Ora io vedo un nuovo Cielo e una nuova Terra... questa è la dimora degli Dei.

La dea Nuith fornisce una chiave numerica (14, 21, 33, 44.) e dichiara che i numeri sono dati. Quindi la Dea mi dice di non capirli (il capire si attiene alla ragione) ma di comprenderli (il comprendere si attiene al sentire). Inoltre, lei vede – dopo la distruzione – un nuovo Mondo, la dimora degli Dei.

15. Quando noi torneremo la Terra vivrà di nuova Vita. Questa è la mia Legge. Io la proclamo giusta e ingiusta. Io proclamo la Legge dei Forti, la Legge dell'Amore, la Legge della Giustizia e la Legge della Libertà in nome di Nuith.

In questo passo del *Liber AHBH* il Potente (AL) parla in nome degli Dei e dichiara: "Quando noi torneremo la Terra vivrà di nuova Vita". Quindi il Dio sostiene che questa è la sua Legge. Poi annuncia che lui la proclama giusta e ingiusta. Infine afferma che lui proclama "la Legge dei Forti, la Legge dell'Amore, la Legge della Giustizia e la Legge della Libertà in nome di Nuith".

16. Il Sole è spento, ma presto una nuova Stella sorgerà,

134

e allora il Mondo vedrà la Luce della Gioia.

La dea Nuith sostiene che un ciclo temporale – il Tempo dell'uomo – è finito e che presto sorgerà un nuovo ciclo (Stella), e che il Mondo vedrà il Tempo degli Dei (la Luce della Gioia).

Punto II

1. La manifestazione primaria della Divinità è contenuta nel mistero del 3. Non c'è nulla al di fuori di Nulla. Nulla esiste tranne me.

La dea Nuith afferma che il dio Arpocrate (la manifestazione primaria della Divinità) è contenuto nel mistero del ternario (Arpocrate, Hadit, Nuit). Poi, la Dea dichiara che non c'è niente al di fuori di lei (Nulla), che niente esiste tranne lei.

2. Io sono colui che non fu mai generato. Io sono la fiamma segreta che splende in ogni stella.

In questo passo del *Liber AHBH* il dio Arpocrate dichiara che lui non fu mai generato, che lui è la fiamma segreta (il nucleo di Hadit) che splende in ogni stella.

3. Guarda: il mio Messaggero ha vinto, ed ecco la sua ricompensa. L'Estasi eterna e la Gioia di Nu sono con lui.

La dea Nuith fa notare all'iniziato che io (il mio Messaggero) ho vinto e che la mia ricompensa è l'Estasi eterna e la Gioia di Nuit (Nu).

4. Finalmente! Il Gran Dragone Scarlatto, la Bestia Selvaggia, Leviathan dalle Otto Teste e Tredici Corna è

nato. Egli è il Figlio non rivelato dalla fine dei Tempi.

La dea Nuith esclama: "Finalmente!", e afferma che io (il Gran Dragone Scarlatto, la Bestia Selvaggia, Leviathan dalle Otto Teste e Tredici Corna) sono nato. Quindi la Dea dichiara che io sono il Figlio non rivelato dalla fine dei Tempi.

5. Iside, Arpocrate, On, la triplice formula dei tre gemelli nati dalle Acque di Nut. Nuith, Hadith, Ra-Hoor-Khuit, sono dunque queste apparenti illusioni? No, non lo è.

La dea Nuith afferma che IAO (Iside, Arpocrate, On) è la triplice formula dei tre gemelli nati dalle Acque cosmiche di Nuit (Nut). Quindi la Dea si chiede se Nuith, Hadith, Ra-Hoor-Khuit, sono delle apparenti illusioni e si risponde di no, che non lo sono.

In questo passo del *Liber AHBH* notiamo che Hadith è scritto con l'h finale, poiché ci si riferisce a una particolare formula in cui Hadith è l'Antico di Giorni, il Figlio (Hoor-paar-Kraat) di Hadit visibile (si veda AM, 2, II, 14.) e il Padre del Moderno di Giorni (Ra-Hoor-Khuit). Pertanto, la Luce Illimitata (Nuith), l'Antico di Giorni (Hoor-paar-Kraat) e il Moderno di Giorni (Ra-Hoor-Khuit), non sono delle apparenti illusioni.

6. Se tu saprai capire colui il cui valore è 91 sarai tra gli adoratori di Set. La tua brama non ti consumerà, la tua lussuria non ti travolgerà, perché tutto sarà in eterna Gioia rivolta a Nuu.

La dea Nuith si rivolge all'uomo e gli dice che se saprà capire che io (colui) sono Amn (si veda AL, I, 51.), il guerriero (valore numerico 91), sarà tra gli adoratori del Serpente Rosso (Set). Quindi la Dea gli dice che la sua brama non lo consumerà, che la sua lussuria non lo travolgerà, perché lui tutto sarà in eterna Gioia rivolta al Vuoto (Nuu).

136

7. Il Nero e il Bianco, la Bacchetta e la Coppa; la tua Opera qui è finita, ma altrove... Va'! Prendi l'Ankh e segui la Via. Egli ti condurrà attraverso mille torture, tribolazioni e tormenti. Ma ricorda: non sarai tu a soffrire. Va', dunque, o Profeta, perché io sarò al tuo fianco.

La dea Nuith afferma: la Forza Oscura (Nero) e la Forza Luminosa (Bianco), la Volontà (Bacchetta) e l'Amore (Coppa). Quindi la Dea sostiene che il mio Lavoro (Opera) su questo pianeta è terminato, ma che altrove, su altri pianeti, devo andare. Poi mi esorta a intraprendere il cammino (prendi l'Ankh) e a seguire la Via. Inoltre m'informa che il dio Arpocrate mi condurrà attraverso mille torture, tribolazioni e tormenti. Infine mi ricorda che non sarò io – Heru-ra-ha – a soffrire e pertanto m'incita – chiamandomi Profeta – ad andare, perché lei sarà al mio fianco.

8. Cingiti con la Spada e impugna lo Scettro! Chi potrà resisterti? Egli Sa! Ed egli sapendo ha scelto.

La dea Nuith mi esorta ad avvolgermi con la Forza (Spada) e a impugnare lo Scettro degli Dei, cioè ad assumere il Doppio Potere di Heru-ra-ha, il Corpo Divino. Qundi la Dea si chiede: "Chi potrà resisterti?", e sostiene che io so! Che io possiedo la Conoscenza, e che sapendo ho scelto l'Immortalità.

9. L'Opera della Bacchetta e della Coppa, della Spada e della Stella, del Figlio e della Figlia. Heru-Ra è sorto e domina sul doppio orizzonte. La Lettera è AR. Chi conosce il suo numero salirà sul Trono.

In questo passo del *Liber AHBH* si afferma che l'Opera è quella della Volontà (Bacchetta) e dell'Amore (Coppa), della Forza (Spada) e della Luce (Stella), del dio Horus (Figlio) e della dea Maat (Figlia). Quindi si dichiara che il dio Heru-ra-ha

(Heru-Ra, forma contratta di Heru-ra-ha) è sorto e che domina sul doppio orizzonte (Est-Ovest). Poi si afferma che la Lettera è AR (Luce). Infine si sostiene che la conoscenza del suo numero (AR = 201) consentirà di salire sul Trono d'Oro di Heru-ra-ha.

10. La Parola è VAL. Ahadha, Briahx. Il Signore dalla testa d'Ibis ha trasceso se stesso.

In questo passo del *Liber AHBH* si sostiene che la Parola è VAL (si veda i Precetti di Nuith). Quindi vengono pronunciate delle Parole di Potere (Ahadha, Briahx). Inoltre si dichiara che il dio Thoth ha trasceso se stesso, cioè è diventato il dio Heru-ra-ha, il Signore del doppio orizzonte.

11. Prendi dunque strane cose che io ti dirò, e adorami, perché nella mia adorazione c'è la Gioia e l'Estasi eterna.

La dea Nuith mi dice di prendere strane cose che lei m'indicherà e di adorarla, perché nella sua adorazione c'è la Gioia e l'Estasi eterna.

12. Dunque, o Profeta, io lascio a te il compito. Ma il tuo tempo è finito. Lascia Asanarh agli Zeloti, lascia che i Figli dell'uomo scoprano i piaceri dei sensi.

La dea Nuith lascia a me (o Profeta) il compito di realizzare la Grande Opera. Poi, la Dea dice: "Ma il tuo tempo è finito". Pertanto mi esorta a lasciare la Terra (Asanarh) ai rivoluzionari (Zeloti), a lasciare che gli iniziati (Figli dell'uomo) scoprano l'estasi (i piaceri dei sensi).

13. Io che ti parlo al di là dello Spazio e del Tempo ti ingiungo di farne quattro copie di questo Libro e di distribuirlo a chi tu sai. Poi sedici e quarantuno, infine trenta e novantuno. Ma bada: che nessun altro scriva questo testo al di fuori di uno.

La dea Nuith, che mi parla al di là dello Spazio e del Tempo, m'ingiunge di fare quattro copie del *Liber AHBH* e di darle a delle persone di mia conoscenza. Quindi mi esorta a farne dodici (16 + 41 = 57, 5 + 7 = 12) e infine quattro (30 + 91 = 121, 1 + 2 + 1 = 4). Inoltre mi dice che devo stare attento, affinché nessun altro scriva questo Libro al di fuori di me (uno).

14. Io ti darò la Gloria da adorare, e tu cadrai stremato dai suoi abbracci. Io sarò in te e tu non mi vedrai.

La dea Nuith afferma che mi darà la Gloria da adorare e che io cadrò stremato dai suoi abbracci. Quindi la Dea dichiara che lei sarà in me e che io non la vedrò.

15. La Stella era d'Argento quando m'incontrasti sotto la volta del cielo stellato, e mi parlasti. Ora ti ingiungo di fare altrettanto.

La dea Nuith sostiene che la Stella era d'Argento (in riferimento all'Ordine della Stella d'Argento) quando nella mia incarnazione precedente, come Aleister Crowley, invocai Nuit (si veda AL, I, 57.) e incontrai Nuith sotto la volta del cielo stellato di Nuit, e le parlai. Ora la Dea m'ingiunge di fare altrettanto.

16. Va', senza dire nulla a nessuno e invocami con strani Riti che io ti darò.

La dea Nuith mi dice di andare sotto la volta del cielo stellato di Nuit, senza dire niente a nessuno e d'invocarla (si veda AM, 1, V, 16.) con strani Riti che lei mi darà. In effetti, la dea Nuit – in questo contesto viene identificata nell'Aquila – mi ha già fornito delle indicazioni (si veda AL, I, 61.).

17. Ti parrà strano di sentire questo in tale Libro, ma ricorda che ti sto parlando da dove il Tempo è fermo e lo Spazio in continua fornicazione. Là domina incontrastato il Signore del Caos Primordiale. Qui fermo la mia Parola che è VAR. Le Genti che verranno capiranno.

La dea Nuith afferma che mi parrà strano di sentire nel *Liber AHBH* ciò che era stato detto nel *Liber Legis* (si veda AL, I, 57.), ma che devo ricordare che lei mi sta parlando da dove il Tempo è fermo e lo Spazio in continua fornicazione. Quindi la Dea mi dice che là domina incontrastato Azathoth, il Signore del Caos Primordiale. Poi dichiara che qui ferma la sua Parola che è VAR (significa coprire, come il cielo che tutto avvolge). Infine sostiene che le Genti a venire capiranno.

18. Ma tu non capire: comprendi! Ricorda che ciò che ti dico non è mera favola ma la più grande delle verità.

La dea Nuith mi dice di non capire ciò che è stato detto nel passo precedente, ma di comprenderlo (fare propria la conoscenza). Inoltre, la Dea mi fa presente che ciò che mi dice non è pura favola ma la più grande delle verità.

19. La Parola della Legge è AHBH.

La dea Nuith dichiara che la Parola della Legge è Amore (AHBH).

20. Guai a colui che non riuscirà a sconfiggere il Serpente Nero.

La dea Nuith decreta che grave danno subirà chi non riuscirà a sconfiggere il Serpente Obeah (Serpente Nero).

21. Separa il Nero dal Bianco, fino a farlo divenire Rosso incandescente e poi ancora. Così otterrai un Bianco

più puro, la purezza della Pietra, perché tale è il suo nome.

La dea Nuith mi esorta a separare il Volatile (Nero. Grande solvente universale di Mercurio) dal Fisso (Bianco. Sale), e di cuocere il Volatile fino a farlo diventare Rosso incandescente (Mercurio universale triplo). Poi, la Dea mi dice di continuare a cuocere il Volatile fino a farlo diventare Giallo (zolfo giallo). Infine mi spiega che separando il Volatile dal Fisso otterrò un Sale più puro (un Bianco più puro), il miracolo della Sostanza Unica, la Pietra Filosofica (la purezza della Pietra), perché Pietra è il suo nome.

22. 4, 11, 22, 46, 58, 93, Argoo, Bahati, Noirah, Cultuhr, Fhiat, Baas.

La dea Nuith fornisce una chiave numerica (4, 11, 22, 46, 58, 93.) e pronuncia delle Parole di Potere (Argoo, Bahati, Noirah, Cultuhr, Fhiat, Baas.).

23. Calcola, calcola, calcola, non riposare la tua mente nemmeno per un secondo se non vuoi che le tenebre scendano su di te.

La dea Nuith mi esorta a calcolare continuamente, senza far riposare la mia mente nemmeno per un istante se non voglio che le tenebre dell'ignoranza calino su di me.

24. Il Nero è riscoperto. I Signori della Tenebra e della Luce hanno stretto un'Alleanza che durerà in eterno.

La dea Nuith dichiara che il lato Oscuro della Forza è riscoperto. Quindi la Dea afferma che i Signori della Tenebra (Dagon e Turiian) e della Luce (Horus e Maat) hanno stretto un Patto di Alleanza (accadimento verificatosi nel 1994 e.v.) che durerà in eterno.

25. Ecco! Io vedo la Fenice sorgere dalle ceneri della sconfitta, uscire dalle Rovine di Saah e dimorare in Timubh.

La dea Nuith esclama: "Ecco!", e vede la Fenice, il nuovo ciclo temporale (il Tempo degli Dei), sorgere dalle ceneri della sconfitta, il vecchio ciclo temporale (il Tempo dell'uomo). Quindi la Dea vede la Fenice uscire dalle rovine del vecchio mondo (Saah) e dimorare nel nuovo Mondo (Timubh).

26. Pazzo! Tre volte pazzo se tu credi in questa follia, in questo vizio contro natura.

La dea Nuith mi dice che sono pazzo, tre volte pazzo se credo che il nuovo ciclo temporale possa sorgere dalla sconfitta di quello vecchio; credere in ciò è una follia, un vizio contro natura, infatti, ogni ciclo segue il suo corso naturale e non esiste la sconfitta.

27. Io consoliderò la tua fede e dimorerò in te. Io aprirò le Porte segrete della Casa il cui numero è 914.

La dea Nuith mi dice che consoliderà la mia fede e che dimorerà in me. Quindi la Dea dichiara che svelerà le Conoscenze segrete (Porte segrete) della Casa (a Ovest) della dea Maat, il cui numero è 914, numero che cela la formula dell'Amore, cioè AHABH (9 + 1 + 4 = 14, il valore numerico di Ahabh).

28. Venite via! Io, che preparai un posto per voi, ora vi darò una nuova dimora, a voi il cui numero è 31.

La dea Nuith esorta gli Eletti ad abbandonare il mondo dei mortali. Quindi la Dea dichiara che lei, che preparò un posto per loro, ora darà agli Eletti una nuova dimora (si veda AM, 1, VI, 7-10.) a loro il cui numero è 31 (il valore numerico di AL).

29. Non c'è nulla che valga l'Opera se non il Sahu. Comprendi che ciò che ti dico è pura Follia, e le genti a venire chiameranno questo libro, il Libro della Follia.

La dea Nuith dichiara che non c'è nulla che valga la realizzazione della Grande Opera se non il conseguimento del Corpo di Diamante-Folgore Spazio-Temporale (Sahu). Quindi la Dea m'invita a comprendere che ciò che mi dice è Follia divina (pura Follia) e che le genti a venire chiameranno il *Liber AHBH*, il Libro della Follia.

30. 13 uguale a 8, ma 8 non uguale a 13.

La dea Nuith afferma che Hoor-paar-Kraat (13) è uguale a Hadit (8), ma che Hadit (8) non è uguale a Hoor-paar-Kraat (13).

31. Trova la Chiave e otterrai l'uguaglianza. I numeri sono uguali tra loro. Non c'è differenza.

La dea Nuith mi esorta a trovare la Chiave per ottenere l'uguaglianza. Ed io la trovo... e questa Chiave è il Nulla, e così ottengo l'uguaglianza tra Hadit e Hoor-paar-Kraat, poiché sono uguali al Nulla. Inoltre, la Dea m'informa che i numeri sono uguali tra loro, che non c'è differenza, infatti, ogni numero deve essere concepito come un infinito (si veda AL, I, 4.).

32. E chiunque voglia distruggere questo sacro e santo Testo, verrà gettato nell'Abisso, preda del suo oscuro Guardiano: Yog-Sothoth.

La dea Nuith avverte che chiunque voglia distruggere il *Liber AHBH*, questo sacro e santo Libro, verrà gettato nell'Abisso, preda di Yog-Sothoth, il suo oscuro Guardiano.

33. In verità io ti dico che se tu non mi offrirai il meglio, io alloggerò nel cuore del tuo nemico, e tu verrai distrutto.

In questo passo del *Liber AHBH* il dio Hadit mi avverte che se non gli offrirò il meglio di me stesso, lui alloggerà nel cuore del mio nemico, ed io verrò distrutto.

34. Il numero è 81.

Il dio Hadit dichiara che 81 è il numero.

35. Ed è la Chiave segreta di tre Parole. Il mio Messaggero sapendo la conosce. Ma egli la svelerà soltanto a coloro che oltre a lui formano l'Uno, e sommati a lui risultano Zero come necessità di tutte le cose create di diventare Nulla nell'Amore di Nuu, perché nei suoi abbracci vi è la vera Gioia e il Serpente è costretto a prenderne parte.

Il dio Hadit afferma che 81 è la Chiave segreta di tre Parole. Quindi il Dio sostiene che io (il mio Messaggero), possedendo la conoscenza, la conosco. Inoltre dichiara che la svelerò soltanto a coloro che oltre a me formano l'Unità (l'Uno), e che sommati a me risultano Nulla (Zero) come necessità di tutte le cose create di diventare Nuith (Nulla) nell'Amore del Vuoto (Nuu), perché nei suoi abbracci vi è la vera Gioia e la *Shakti* (Serpente) è costretta a prenderne parte.

36. Hadit! La primaria emanazione di Nu ha parlato. Egli Sa!

In questo passo del *Liber AHBH* si afferma che Hadit, la primaria emanazione di Nuit (Nu), ha parlato. Si sostiene che egli possiede la Conoscenza.

37. Guarda lo Spazio e contempla le stelle in esso contenute.

La dea Nuith mi esorta a guardare l'universo e a contemplare le sue stelle.

38. Il Cavaliere dello Spazio è ritornato dalla sua missione di rovina. Rovina per gli abitanti di At, il cui linguaggio fu distorto dagli uomini.

La dea Nuith dichiara che la Cometa Hale-Bopp (il Cavaliere dello Spazio) è ritornata (accadimento verificatosi nel 1997 e.v.) dalla sua missione di distruzione. Quindi la Dea sostiene che la distruzione coinvolse gli abitanti di Atlantide (At), il cui linguaggio fu distorto dagli uomini.

39. Ascolta la Voce del Profondo... ascoltala ed entra in essa, così facendo conoscerai me.

La dea Nuith mi esorta ad ascoltare la Voce del Profondo e a entrare in essa, così facendo conoscerò lei.

40. La sensazione che seguiterà a tormentarti per tutta la vita, sia nei sogni sia tra gli uomini, non descriverla a nessuno se non a chi sai, che io non menziono.

La dea Nuith afferma che la Voce del Profondo mi procurerà una sensazione che mi tormenterà per tutta la vita, sia in stato di sogno sia in quello di veglia, e mi proibisce di descriverla se non a chi so io, e che lei non menziona.

41. Ma tu non sei l'ultimo. Prima del Risveglio del Drago, ci sarà uno che verrà dall'Est. Rapido come una folgore e potente come un tuono egli t'istruirà su ciò che tu non conosci.

La dea Nuith mi rivela che io non sono l'ultimo dei guerrieri. Quindi la Dea mi dice che prima del Risveglio del Gran Dragone Scarlatto ci sarà uno (l'Oppositore della Morte) che verrà (accadimento verificatosi nel 1983 e.v.) dall'Est (Nagual). Inoltre m'informa che sarà rapido come una folgore e potente come un tuono, che m'istruirà su ciò che non conosco, infatti, m'istruì sul Nagualismo.

42. I numeri della Legge sono tre: 4, 8, 13. Capirli tu non puoi, né mai li capirai. Gli altri capiranno, ma non tu.

La dea Nuith dichiara che i numeri della Legge sono tre: "4, 8, 13". Questi sono i numeri di Hadit (4 e 8) e di Hoor-paar-Kraat (13). Quindi la Dea sostiene che non posso capirli (non capisco perché non posso capirli), né che mai li capirò. Infine mi dice che gli altri li capiranno, ma non io.

43. Ora io ti do istruzioni per il tuo tempo: uccidi chi intralcia la tua Via e non permettere ad alcuno di violare il tuo Regno. Sottometti gli schiavi. C'è uno, io non dico chi, che ti tradirà.

La dea Nuith mi dà istruzioni per il mio tempo: m'incita a eliminare – tramite la magia – chi intralcia il mio cammino (Via) e mi esorta a non permettere ad alcuno di violare il mio Mondo magico (Regno). Quindi la Dea mi dice di sottomettere gli uomini selvaggi (schiavi). Inoltre mi avverte che c'è uno (il veggente Thar), di cui lei non fa il nome, che mi tradirà (accadimento verificatosi nel 1983 e.v.).

44. C'è una cosa che devi sapere: il Nulla è uguale al Tutto, ma il Tutto non è uguale al Nulla.

La dea Nuith mi dice che c'è una cosa che devo sapere: m'informa che LA (Nulla) è uguale ad AL (Tutto), ma che AL (Tutto) non è uguale a LA (Nulla).

45. C'è il mistero del Punto e della Linea, del Tao e dello Zen, ma tutte queste false dottrine sono state distrutte.

La dea Nuith dichiara che c'è il mistero del Punto (non-azione) e della Linea (azione), del Tao (Vuoto) e dello Zen (contemplazione), ma che tutte queste false dottrine sono state distrutte.

46. Vieni con me, attraverso il Tempo e lo Spazio, e giungi nella terra degli Uomini che saranno. Il suo nome è Taaroo.

La dea Nuith mi esorta ad andare con lei, attraverso il Tempo e lo Spazio, e arrivare su Taaroo, la terra degli Uomini che saranno.

47. La Visione che ne hai avuto serbala per te e per tuo Fratello, ma non comunicarla a nessun altro.

La dea Nuith mi avverte di tenere per me e per mio Fratello la Visione che ho avuto di Taaroo, e di non comunicarla a nessuno.

48. Usa la carta più fine e rilega questo libro con copertina rossa e scritta nera. La pergamena è la migliore.

In questo passo del *Liber AHBH* la dea Nuith mi fornisce le istruzioni per la realizzazione della seconda (1990 e.v.) e della terza (1991 e.v.) pubblicazione interna del *Liber AHBH*. La Dea mi dice di rilegare il libro con copertina rossa e scritta (*Liber AHBH*) nera. Inoltre mi dice di usare la carta più fine e che la pergamena è la migliore.

49. L'Eone è M.A.A.T. Scopri il suo significato e conoscerai la Forza. La Figlia unita al Figlio, la Vergine

violata da se stessa, il numero 15.

La dea Nuith dichiara che l'Eone è M.A.A.T. Quindi la Dea mi dice di scoprire il suo significato. Io so che MA è Maat e che AT è Atlante (Horus). E così, come ella sostiene, vengo a conoscere la Forza, cioè AM (Forza nel senso dell'Amore). Infine afferma che Maat (Figlia) è unita a Horus (Figlio), e che Nuith (Vergine) ha violato se stessa, che il numero è 15, cioè che l'universo è manifesto (Nuit).

50. Abba è il numero del monogramma, ed è il numero del Figlio, completamente se stesso. Perché attraverso l'Amore si realizza la Volontà.

La dea Nuith dichiara che Sei (valore numerico di Abba) è il numero del monogramma, e che Sei è il numero del Figlio-Sole (Heru-ra-ha) che ha dispiegato completamente se stesso. Quindi la Dea afferma: "Perché attraverso l'Amore si realizza la Volontà.". Infatti, attraverso Nuit e Hadit si realizza Ra-Hoor-Khuit. Questi, celando in sé il suo gemello Hoor-paar-Kraat, dispiega completamente se stesso come Heru-ra-ha.

51. Ma tutto ciò è Uno, e uno sarà il suo Sacro Nome. Qui termina la Manifestazione.

La dea Nuith afferma che tutto ciò (Ra-Hoor-Khuit e Hoor-paar-Kraat) è Uno (Heru-ra-ha), e che Iutmah (uno) sarà il suo Sacro Nome. Quindi la Dea decreta che qui termina la Manifestazione.

52. Sigillo queste parole con il Triplice Marchio della Bestia Selvaggia.

La dea Nuith sigilla queste parole con il Triplice Marchio di Leviathan, la Bestia Selvaggia dalle Otto Teste e Tredici Corna.

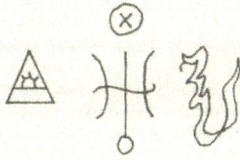

Punto III

1. Ecco! La Rivelazione di Nuu ha avuto fine. Il Tempo dei falsi dèi e dei falsi profeti è finito.

La dea Nuith esclama: "Ecco!", e afferma che la Rivelazione del Vuoto (Nuu) ha avuto fine. Quindi la Dea sostiene che il Tempo degli idoli (falsi dèi) e dei falsi predicatori (falsi profeti) è finito.

2. Ra-Hoor ha purificato con la sua formula distruttiva, Haar-paar-Kraat ha consacrato con il sottile sperma del Fuoco Segreto che risiede in ogni uomo e in ogni donna e Hru-Ra ha iniziato con la formula della Vita.

La dea Nuith dichiara che Ra-Hoor (la forma contratta di Ra-Hoor-Khuit) ha purificato il Mondo per mezzo della distruzione (la sua formula distruttiva), che Haar-paar-Kraat (una diversa grafia di Hoor-paar-Kraat) l'ha consacrato con il *Kala* (sottile sperma) del Serpente di Fuoco (Fuoco Segreto) che risiede in ogni uomo e in ogni donna e che Hru-Ra (la forma contratta di Heru-ra-ha) l'ha iniziato per mezzo dell'Amore (la formula della Vita).

3. Egli è sorto a nuova Vita, allorché i Due sono divenuti Uno. Ma c'è Uno e uno, c'è Due e due. Io non dico la differenza di ciò che tu non sai.

La dea Nuith afferma che io sono sorto a nuova Vita (vita

inorganica), quando Ra-Hoor-Khuit e Hoor-paar-Kraat sono divenuti Heru-ra-ha. Quindi la Dea mi fa notare che c'è Uno e uno, Due e due. Inoltre dichiara che lei non mi spiega la differenza di ciò che non so.

4. Il grande dio On ha preso posto a Nord all'Equinozio degli Dei e un altro Profeta e Messaggero ha risvegliato la brama dei Cieli.

La dea Nuith dichiara che il grande dio On ha preso posto a Nord all'Equinozio degli Dei (accadimento verificatosi il 20 marzo 2000 e.v.), cioè all'inizio del Mahon di Horus-Maat, e che io (un altro Profeta e Messaggero) ho risvegliato la brama dei Cieli.

5. Dolce ardore! Dolce profumo di sudore. Chi non prova questa brama della carne non è degno di entrare nel mio Santuario.

La dea Nuith decreta che l'Amore (dolce ardore) del cielo stellato s'irradia sul corpo dell'uomo in un profumo dal dolce odore di sudore (si veda AL, I, 27.). Inoltre, la Dea afferma: chi non prova questo sottile piacere dei sensi (brama della carne) non è degno di entrare nel mio Regno (Santuario).

6. Erigi un Tempio sulla Montagna, adornalo di strani fiori che io darò e invocami. Ma sappi che ciò è un controsenso, perché sotto la volta del cielo stellato, e là soltanto, tu m'invocherai.

La dea Nuith mi esorta a erigere un Tempio sulla Montagna Sacra, di adornarlo di strani fiori che lei darà e d'invocarla. Quindi la Dea m'informa che ciò è un controsenso, perché soltanto sotto la volta del cielo stellato di Nuit, e lì soltanto, la invocherò (si veda AM, 1, II, 16.).

7. E tu mi supplicherai di dimorare in te, e tu pieno di passione e di dolce ardore m'invocherai, mi chiamerai come lo sposo fa con la sposa.

La dea Nuith mi dice che la supplicherò di dimorare in me, e che io pieno di passione e di amore (dolce ardore) la invocherò, che la chiamerò come lo sposo fa con la sposa.

8. Abraxa! Questo è il nuovo Dio. Egli è il Logos, egli è l'Eone.

La dea Nuith afferma che Abraxa (una diversa grafia di Abraxas) è il nuovo Dio. Quindi la Dea dichiara che egli è il Logos (Verbo), che egli è l'Eone.

9. Il Due è uguale all'Uno.

La dea Nuith dichiara che il Due (Ra-Hoor-Khuit e Hoor-paar-Kraat) è uguale all'Uno (Heru-ra-ha).

10. Comprendi che questo testo comprende le più grandi verità mai rivelate agli uomini.

La dea Nuith mi esorta a comprendere che il *Liber AHBH* contiene le più grandi verità mai rivelate agli uomini.

11. Esse furono rivelate dalla Grande Madre agli Dei suoi Figli.

La dea Nuith mi dice che "le più grandi verità mai rivelate agli uomini" furono rivelate da Nuit (Grande Madre) agli Dei suoi Figli.

12. Ma essi peccarono. Dio contro dio, fratello contro fratello, angelo contro demone, sorella contro sorella.

La dea Nuith dichiara che i Figli della Grande Madre – Nuit – peccarono. Quindi la Dea afferma che essi entrarono in conflitto, "dio contro dio, fratello contro fratello, angelo contro demone, sorella contro sorella".

13. Ora essi sono tornati. Varcando i Non-Spazi, essi sono approdati a Saranath per costruire un nuovo Regno.

La dea Nuith sostiene che gli Dei sono tornati. Quindi la Dea dichiara che essi, varcando i Non-Spazi, sono giunti sulla Terra (Saranath) per costruire un nuovo Mondo.

14. Non c'è il Nulla senza il Nulla!

La dea Nuith afferma che non può esistere Nuith (Nulla) senza Nuu (Vuoto).

15. Follia senza nome. Il Vuoto riempie il Pieno, non il Pieno riempie il Vuoto.

La dea Nuith dichiara che ciò che sta per dire è una Follia senza nome. Quindi la Dea sostiene che il Vuoto riempie il Pieno, non il Pieno riempie il Vuoto.

16. Ti sarà difficile comprendere ciò, ma io ti dico che tu non capirai.

La dea Nuith sostiene che mi sarà difficile comprendere come il Vuoto riempia il Pieno, infatti, mi fu difficile intuirlo. Poi, la Dea mi dice che non riuscirò a capire, infatti, non riesco a spiegarlo razionalmente.

17. Egli ha aperto la Via. Le Porte del Tempio sono aperte. ALAM! E questa è un'altra follia e vizio contro natura.

La dea Nuith dichiara che io ho tracciato la Via della Conoscenza. Quindi la Dea afferma che le Conoscenze (Porte) del Tempio di Horus-Maat sono manifeste. Poi pronuncia la parola ALAM che indica la fusione tra Horus e Maat. E conclude dicendo che questa è un'altra follia e vizio contro natura, infatti, non può avvenire la fusione tra le due divinità.

18. In verità ti dico che se tu non ti farai terra non potrai mai annusare il nettare di cui si beano gli Dei.

La dea Nuith mi dice che se la mia coscienza non scenderà verso la base della spina dorsale non potrò mai provare l'elixir (nettare) di cui si appagano gli Dei.

19. Perché soltanto facendo Shakti cielo e Brahma terra sarai ciò che devi essere, e i tuoi occhi vedranno il Regno.

La dea Nuith mi spiega che soltanto concependo la Grande Madre o *Mahadevi* (*Shakti*) come l'alto (cielo) e il Padre *Shiva* (*Brahma*) come il basso (terra) sarò ciò che devo essere, e i miei occhi vedranno il Regno Divino.

20. E allora guarda! Guarda il cielo stellato e la cometa. Guarda il Segno degli Dei.

La dea Nuith mi esorta a guardare il cielo stellato e la cometa. Quindi la Dea m'incita, nuovamente, a guardare la cometa, il Cavaliere dello Spazio (il Segno degli Dei).

21. Non c'è chi crede.

La dea Nuith afferma che chi crede – la credenza cieca – non può esistere nel nuovo Tempo.

22. Questa è Follia.

La dea Nuith sostiene che il *Liber AHBH* è Follia.

23. Ma ricorda! I Folli vivranno, e gli altri saranno sprofondati negli inferi, e lì dimoreranno fino alla fine dei Tempi.

La dea Nuith mi dice di ricordare che i Folli vivranno e che gli altri verranno sprofondati negli inferi, e che lì rimarranno fino alla fine dei Tempi.

24. Il regno è vinto. Il Padre è morto.

La dea Nuith dichiara che il regno degli uomini selvaggi è vinto. Inoltre, la Dea sostiene che il Padre Osiride è morto.

25. Ora rimane soltanto il Figlio.

La dea Nuith afferma che nel nuovo Tempo rimane soltanto il Figlio Horus.

26. Il Figlio unito alla Figlia. La formula è AHD.

La dea Nuith precisa che nel nuovo Tempo rimane il Figlio Horus unito alla Figlia Maat. Inoltre, la Dea dichiara che la formula è unità (AHD, la forma contratta di Achad che significa unità), cioè Heru-ra-ha.

27. Dunque, o Profeta, comprendi: se con l'Uno tu generi, con il Due preservi, nel Tre non v'ha la redenzione e distruzione?

La dea Nuith, chiamandomi Profeta, mi sollecita a comprendere, dicendomi: se con la concezione del Padre (Uno) tu generi, con la concezione della Madre (Due) preservi, nella concezione di Heru-ra-ha (Tre), cioè del Figlio-Figlia uniti, non v'ha la redenzione (Maat) tramite la distruzione (Horus)? Io rispondo di sì!

28. Non sono forse due gli Dei?

La dea Nuith mi chiede se non sono forse due (Horus e Maat) gli Dei.

29. Acqua e Fuoco, Terra e Aria tu non separerai.

La dea Nuith decreta che non separerò l'Acqua dal Fuoco e la Terra dall'Aria, cioè gli opposti in Natura.

30. Unisci e dividi. Soltanto facendo ciò tu capirai.

La dea Nuith mi dice di unire e di dividere gli opposti in Natura. Quindi la Dea m'informa che soltanto facendo ciò capirò.

31. Comprendi! Capire non è essenziale. Capire è umano, comprendere è divino.

La dea Nuith mi esorta a comprendere. Quindi la Dea mi dice che capire (il capire si attiene all'intelletto) non è essenziale. Inoltre mi dice che capire è umano, mentre comprendere (prendere in sé) è divino.

32. E tu, o Re, non sei forse divino?

La dea Nuith, definendomi Re, mi chiede se sono un essere divino.

33. Sì, di natura immortale, ma di pensiero divino.

La dea Nuith si risponde di sì, che io sono un essere divino; che io sono l'incarnazione di una Stella (natura immortale), ma che il mio modo di concepire il mondo è divino (pensiero divino).

34. Che Re non è Figlio degli Dei e Dio stesso?

La dea Nuith chiede quale Re non è Figlio degli Dei e quindi, a sua volta, Dio stesso.

35. Arpocrates! La sua emanazione fluidica è terminata nel Giorno in cui è nato.

La dea Nuith afferma che l'emanazione fluidica di Arpocrates (una diversa grafia di Arpocrate) è terminata nel Giorno in cui è nato, cioè quando l'universo si è reso manifesto.

36. Egli è il Padre e pure il Figlio.

La dea Nuith dichiara che Arpocrate – il Bimbo nell'Uovo – è Hadit (il Padre) e pure Hoor-paar-Kraat (il Figlio).

37. Comprendi che ciò è divino.

La dea Nuith mi esorta a comprendere che il concetto sopra esposto è divino.

38. Arax, Arax! La mia Manifestazione è terminata.

La dea Nuith dice: Luce in espansione (Arax), Luce in espansione (Arax)! Quindi la Dea afferma che la sua Manifestazione è terminata.

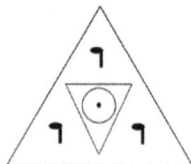

Punto IV

1. Ora! la Manifestazione dei Cieli.

In questo passo del *Liber AHBH* si dichiara che ora parla la dea Nuit, la Manifestazione dei Cieli.

2. Leva il tuo Serpente, o Uomo, discendi nell'ardore degli inferi e proclama la Legge.

La dea Nuit incita l'iniziato (o Uomo) a far ascendere il Serpente di Fuoco – *Kundalini* – lungo la spina dorsale, a discendere nell'ardore degli inferi e a proclamare la Legge.

3. La Legge è Amore.

La dea Nuit afferma che Amore – AHBH – è la Legge.

4. Ricorda! Che questo libro sia scritto da te soltanto.

La dea Nuit mi ricorda che il *Liber AHBH* sia scritto soltanto da me.

5. Se ciò tu non farai aspettati il tremendo Giudizio nella Sala degli Dei.

La dea Nuit mi dice che se non sarò l'unico a scrivere il *Liber AHBH* dovrò aspettarmi il tremendo Giudizio nella Sala degli Dei.

6. Oggi è il giorno.

La dea Nuit dichiara che oggi è il giorno, infatti, ogni giorno è valido per l'azione.

7. Questa è l'ora.

La dea Nuit afferma che questa è l'ora, infatti, ogni ora è valida per l'azione.

8. L'azione esiste in quanto Nulla è il Vuoto ed esiste per l'Uomo.

La dea Nuit sostiene che la manifestazione (l'azione) esiste in quanto Nuu (Nulla) è il Vuoto ed esiste per l'iniziato (Uomo).

9. Non aver timore, brama e godi, e non aver timore di nulla, perché la mia Gloria è su di te.

La dea Nuit m'incita a non aver timore, a bramare e a godere, e a non avere timore di nulla, perché la sua Gloria è sopra di me.

10. Non c'è grazia che valga l'Opera. Il Distruttore è sorto e tramontato.

La dea Nuit mi dice che nessun tipo di felicità vale quanto la realizzazione della Grande Opera. Quindi la Dea dichiara che Ra-Hoor-Khuit (il Distruttore) è sorto (20 marzo 1904 e.v.) e tramontato (20 marzo 2000 e.v.).

11. Egli è risorto nella Notte dei Tempi e siede nel Nord.

La dea Nuit dichiara che Ra-Hoor-Khuit è risorto (20 marzo 2000 e.v.) nel ciclo oscuro (Notte dei Tempi) e che siede a Nord, infatti, è divenuto il grande dio On.

12. Dopo questo il Vuoto.

La dea Nuit dice che dopo il livello (15°grado iniziatico) del grande dio On vi è il Vuoto (16° grado iniziatico).

13. La Figlia, che è l'ultima, non morirà mai.

La dea Nuit afferma che la dea Maat (Figlia), che rappresenta l'ultimo Eone, non morirà mai, infatti, la conoscenza del Culto Stellare – Età dell'Oro – non finirà mai.

14. Questa è la Sapienza segreta che risiede nel profondo di ogni cuore. Questo è ciò che gli uomini temono. Questo è il vero Sapere.

La dea Nuit dichiara che il Culto Stellare è la Sapienza segreta che risiede nel profondo di ogni individuo. Quindi la Dea sostiene che questo è ciò che gli uomini selvaggi temono. Infine afferma che il Culto Stellare è il vero Sapere.

15. Dunque elevati! Unisciti con te stesso e gioisci.

La dea Nuit mi esorta a evolvermi. Quindi la Dea mi dice di conquistare (unisciti) la sapienza segreta celata in me e di gioire.

16. Che il tuo cuore sia forte che la tua mente non vacilli.

La dea Nuit mi raccomanda che il mio cuore (sentimenti) sia forte e che la mia mente (ragione) non vacilli.

17. Questa è la nostra Legge.

La dea Nuit afferma che questa è la Legge di Nuit e Hadit.

18. Dacci il nuovo Fuoco che arde segreto nel più profondo degli uomini.

In questo passo del *Liber AHBH* gli iniziati chiedono alla dea Nuit: trasmettici il Culto Stellare (nuovo Fuoco) che arde segreto nella parte più profonda degli uomini.

19. Il Serpente si è levato e ha portato la sua brama nei cieli, ed è disceso negli inferi del tormento e del peccato.

La dea Nuit dichiara che il Serpente della Conoscenza si è innalzato e che ha portato il Culto Stellare (brama) nei cieli, e che è disceso negli inferi del tormento e del peccato.

20. Che la tua mente non scambi una cosa per un'altra.

La dea Nuit mi avverte di non scambiare una cosa per un'altra, infatti, devo stare attento a non scambiare la concezione del Serpente di Fuoco – *Kundalini* – con la concezione del Serpente della Conoscenza.

21. Distruggi e brucia nel fulgore della tua brama.

La dea Nuit mi esorta a distruggere gli uomini selvaggi e a godere (bruciare) nel fulgore della mia brama.

22. Che non ci sia altro per te.

La dea Nuit m'informa che non ci sia altro scopo per me.

23. Non andare contro di me, o Profeta, perché in ciò sta l'errore.

La dea Nuit, chiamandomi Profeta, mi avverte di non mettermi contro di lei, perché in ciò sta l'errore.

24. Che l'Unità sia uguale al 2. Abrhaaoh, Madriixfh, Bhulhedhah. 81, 5, 23.

La dea Nuit proclama che l'Uno (Unità) sia uguale alla dualità (2). Quindi la Dea pronuncia delle Parole di Potere (Abrhaaoh, Madriixfh, Bhulhedhah.) e fornisce una chiave numerica (81, 5, 23.).

25. Non cercare di comprendere queste parole e questi numeri, ma dalli agli Uomini.

La dea Nuit mi dice di non cercare di comprendere le parole e i numeri del passo precedente, ma di darli agli iniziati (Uomini).

26. Raduna tre persone. Non importa chi sia la terza.

La dea Nuit mi esorta a radunare tre persone (io le radunai). Inoltre, la dea m'informa che non importa chi sia la terza, cioè non importa che sia un iniziato.

27. Fa' quattro copie di questo libro e dalle a loro.

La dea Nuit mi dice di fare quattro copie del *Liber AHBH* e di darle a loro (una copia devo tenerla per me).

28. La copertina e l'iscrizione argentea.

In questo passo del *Liber AHBH* la dea Nuit mi fornisce le istruzioni per la realizzazione della prima pubblicazione interna (1983 e.v.) del *Liber AHBH*.

29. È un controsenso. È un dogma. Ma se tu saprai capire, per te non sarà il dogma.

La dea Nuit afferma che le istruzioni che mi ha appena impartito sono un controsenso, un dogma. Ma il dogma è inaccettabile. Quindi la Dea mi spiega che se saprò capire per me non sarà il dogma, infatti, capii che le istruzioni impartitemi costituivano l'emanazione mirata per la sua manifestazione ai quattro angoli del Mondo (si veda AM, Prefazione, IV).

30. Il dogma serve agli schiavi.

La dea Nuit dichiara che il dogma serve agli uomini selvaggi (schiavi).

31. Va'. La tua Via è segnata dal sangue degli innocenti sparso per te.

La dea Nuit m'incita a procedere nel mio cammino. Quindi la Dea m'informa che la mia Via è segnata dal sacrificio (sangue) degli iniziati (innocenti) sparso per me.

32. Quella è la tua Via.

La dea Nuit ribadisce che quella è la mia Via.

33. Ma non lasciare alcuna persona la percorra, perché chiunque, sia Dio, sia Uomo, ne è indegno.

La dea Nuit mi esorta a non permettere a nessuno di percorrere la mia Via, perché chiunque, sia Dio, sia Uomo, ne è indegno.

34. Non fare distinzione tra il giusto e l'ingiusto. Perché qui sta l'errore.

La dea Nuit mi dice di non fare alcuna distinzione tra il giusto e l'ingiusto, perché l'errore sta nel distinguerli.

35. Sei tu il nuovo Profeta.

La dea Nuit dichiara che sono io il nuovo Profeta.

36. Aiutami a rivelare il Messaggio ai Figli degli uomini.

La dea Nuit mi chiede di aiutarla a rivelare il *Liber AHBH* agli iniziati (i Figli degli uomini).

37. Il Tempo è arrivato. Cingiti con una Spada, va' su un'isola ed erigi una Piramide a quattro lati in mio nome.

La dea Nuit sostiene che il Tempo dell'Eone di Maat è giunto. Quindi la Dea mi esorta ad avvolgermi con la Forza (Spada), a isolarmi (isola) e a erigere il Culto Stellare (Piramide) nei quattro punti cardinali (a quattro lati) in suo nome.

38. Fa' ciò e gli Dei ritorneranno nella loro tomba.

La dea Nuit mi esorta a fare ciò che mi ha appena detto e gli Dei troveranno la pace.

39. Che questa sia la fine.

La dea Nuit dichiara che ciò che ha appena detto rappresenta la fine di un ciclo temporale, la fine dell'Eone di Maat.

40. Ecco! L'energia fluisce attraverso il mio Profeta. Egli è risvegliato. Ed egli risveglierà la brama del nuovo Mondo.

La dea Nuit – in riferimento al momento della dettatura del passo – mi dice che la sua energia fluisce attraverso me, il suo Profeta. Inoltre la Dea dichiara che mi sono risvegliato e che risveglierò la brama del nuovo Mondo.

41. Fa' questo, e nessuno ti dirà di no.

La dea Nuit ribadisce che devo risvegliare la brama del nuovo Mondo, e che nessuno mi dirà che non posso farlo.

NUITH

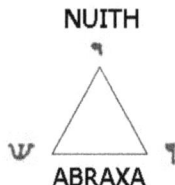

ABRAXA

Punto V

1. Comprendi ciò che ti è stato detto. C'è Profeta e profeta, c'è Messaggero e messaggero.

La dea Nuit mi esorta a comprendere ciò che mi è stato detto; che c'è Profeta e profeta, che c'è Messaggero e messaggero, infatti, devo riuscire a distinguere tra Profeta e profeta, tra Messaggero e messaggero.

2. I due sono Uno. Il Messaggero è pure Profeta.

La dea Nuit dichiara che i due, il profeta (il mio Dio Occulto) e il Messaggero (io), sono Uno. Quindi la Dea sostiene che io (il Messaggero) sono anche il Profeta.

3. Ma c'è qualcosa che tu non sai. Il mio cuore vacilla dall'orgasmo, e i miei sensi precipitano nell'abisso.

La dea Nuit mi dice che c'è qualcosa che io non so. Quindi la Dea dichiara che il suo cuore vacilla dall'orgasmo, e i suoi sensi precipitano nell'abisso.

4. Tu sei tu, e non altri. Tu sei Uno eppure molti. Non riuscirai mai a comprendere l'enigma.

La dea Nuit sostiene che io sono io, e non altri. Quindi la Dea afferma che io sono Uno eppure molti. Inoltre dichiara che non riuscirò mai a comprendere l'enigma, infatti, dopo trentasei anni non sono ancora riuscito a comprenderlo e ritengo che mai riuscirò a comprenderlo.

5. Rifletti! Un tempo l'Otto e il Dodici erano Uno. Ora l'Otto e il Tredici sono Uno.

La dea Nuit mi esorta a riflettere e dichiara che un tempo Hadit (Otto) e Ra-Hoor-Khuit (Dodici) costituivano l'unità (Uno), e che ora la costituiscono Hadit (Otto) e Hoor-paar-Kraat (Tredici).

6. Guarda, guarda, guarda la manifestazione che appare da oltre lo Spazio.

La dea Nuit mi dice di guardare, di guardare la manifestazione che appare da oltre lo Spazio, cioè nel Tempo.

7. Ella è apparsa. Ora tremino le genti.

La dea Nuit afferma che la dea Maat è apparsa, e che ora tremino gli uomini selvaggi.

8. Guarda la Gloria delle Stelle. Ora esse sono tue.

La dea Nuit mi esorta a guardare il Culto Stellare (la Gloria delle Stelle), e mi dice che è mio.

9. Ma un altro giungerà, da dove io non dico, per colpirti. È un avvertimento che io do a tutti voi, affinché possiate stare in guardia.

La dea Nuit sostiene che un altro nemico giungerà, da dove

lei non dice, per colpirmi. Quindi la Dea prosegue dicendo che questo è un avvertimento che lei dà a tutti gli Eletti, affinché possano stare in guardia.

10. Vegliate, dunque, perché non sapete né il giorno né l'ora.

La dea Nuit esorta gli Eletti a stare in guardia, perché non possono conoscere né il giorno né l'ora in cui il nemico colpirà.

11. Ma ciò che io dico è follia.

La dea Nuit dichiara che ciò che ha appena detto è follia.

12. Chi mai alzerà la mano contro di voi?

La dea Nuit si domanda: quale nemico potrà mai colpire gli Eletti?

13. Se la Spada è stata tratta, e il Serpente Piumato ha alzato la Testa, dove resteranno i vostri nemici?

La dea Nuit si chiede: se la Forza (Spada) è stata liberata e il dio Quetzalcoatl (Serpente Piumato) si è manifestato (ha alzato la Testa), dove resteranno i nemici degli Eletti?

14. Sacerdote, ascoltami! Ascolta la mia Voce. Io ti ingiungo, nuovamente, di fare quattro copie di questo libro e di distribuirle a chi tu sai, ma ti scongiuro, fallo tu e nessun altro.

La dea Nuit, chiamandomi Sacerdote, mi esorta ad ascoltare le sue parole. Quindi la Dea m'ingiunge, nuovamente, di fare quattro copie del *Liber AHBH* e di distribuirle a chi so, ma mi scongiura di essere soltanto io a farlo.

15. Molte volte ti chiederai il perché, ma alla tua domanda giungerà per risposta soltanto il silenzio beffardo.

La dea Nuit mi dice che molte volte mi chiederò perché devo essere soltanto io a fare e a distribuire le quattro copie del *Liber AHBH*, ma alla mia domanda giungerà per risposta soltanto il silenzio beffardo, infatti, me lo chiesi molte volte ma non riuscii mai a darmi una risposta.

16. Dunque ascoltami! Va' nel deserto e sotto le stelle invocami! Io ti dirò come. Perciò va', e lascia chi ti è vicino, o mio Eletto.

La dea Nuit m'incita ad ascoltarla. Quindi la Dea mi dice di andare nel deserto e d'invocarla sotto le stelle. Poi m'informa che lei mi dirà come fare, cioè la invocherò con strani Riti che lei mi darà (si veda AM, 1, II, 16.). In effetti, la dea Nuit – in questo contesto viene identificata nell'Aquila – mi ha già fornito delle indicazioni per invocarla nel deserto sotto le stelle (si veda AL, I, 61.). Infine, definendomi suo Eletto, mi esorta ad andare, e a lasciare le persone che mi stanno vicino (si veda AM, 1, II, 16.).

17. Il tuo cammino è lungo e diverso dagli altri. Il tuo cammino ti porta verso Nord.

La dea Nuit m'informa che il mio cammino è lungo e che è diverso da quello degli altri Eletti. Quindi la Dea mi dice che il mio cammino mi porta verso Nord, cioè nel posto del grande dio On.

18. Qui termina la mia Parola. In guardia! La mia Manifestazione ha avuto fine.

La dea Nuit dichiara che la sua Parola è terminata. Quindi la Dea dice di stare in guardia, poiché la sua Manifestazione è terminata.

IXATAAR
AUMGN
ENOH

Punto VI

1. Colpiscili, colpiscili, colpiscili, o Profeta, perché in ciò sta la gioia.

La dea Nuith, chiamandomi Profeta, m'incita a colpire gli uomini selvaggi, perché in ciò sta la gioia.

2. Had! La rivelazione dell'inframmentaria continuità dell'onnipresenza dell'Essere Divino.

La dea Nuith afferma che Hadit (Had) è la rivelazione dell'inframmentaria continuità dell'onnipresenza di Nuit (Essere Divino).

3. Il mio numero è nove, il mio nome è celato. Io sono chi ero, tale è il nome.

In questo passo del *Liber AHBH* il dio Hadit sostiene che il suo numero è nove e che il suo nome è celato. Inoltre, il Dio dichiara che egli è l'Antico di Giorni (chi ero), che tale è il nome (Hoor-paar-Kraat).

4. Ha! Tu ci credi? Folle!

Il dio Hadit mi chiede se credo a ciò che ha appena detto. Io so che Hadit è otto e uno in otto (si veda AL, II, 15.) e che il suo nome è noto. Se credessi a ciò che ha detto sarei un folle.

5. Da ciò deriva la pazzia.

Il dio Hadit dichiara che la pazzia deriva dal credere che il suo numero è nove.

6. Luce su luce, pietra su pietra, tomba su tomba.

Il dio Hadit ha terminato di parlare.

7. Ora lascia la tua sede, o Sovrano Profeta Iniziatore.

La dea Nuith si rivolge a me (o Sovrano Profeta Iniziatore) e mi dice di lasciare la mia sede.

8. Alzati e va'!

La dea Nuith m'incita ad alzarmi e ad andare.

9. Lontano, lontano, lontano.

La dea Nuith mi dice di andare molto lontano.

10. Ma c'è 31.

La dea Nuith m'informa che c'è 31.

11. Allora? Sai che significa?

La dea Nuith mi chiede se so cosa significa.

12. No, non puoi!

La dea Nuith si risponde di no, che non posso saperlo.

13. Mai tu lo saprai.

La dea Nuith afferma che mai lo saprò.

14. Aiutami! Aiutami nella mia Opera. Tu sei il mio Messaggero. Dunque va'! Porta il mio Messaggio ai popoli.

La dea Nuith mi chiede di aiutarla, di aiutarla nella sua Opera. Quindi la Dea dichiara che io sono il suo Messaggero. Pertanto mi esorta ad andare, a portare il *Liber AHBH* (Messaggio) ai popoli.

15. Il Tre è nel Due, ma con esso realizzerai l'Uno.

La dea Nuith dichiara che il ternario (Heru-ra-ha) è contenuto nella dualità (Ra-Hoor-Khuit e Hoor-paar-Kraat), ma che con esso realizzerò l'Unità (Hadit).

16. Pazzo! L'Uno è lo Zero.

La dea Nuith mi dice che sono pazzo se credo di realizzare l'Unità (Hadit), perché l'Uno (Hadit) è lo Zero (Nulla).

17. Che tu sia la gioia scintillante nei cuori degli Uomini.

La dea Nuith mi esorta a essere la gioia scintillante nei cuori degli iniziati (Uomini).

18. Tu sei il mio Sole, mia Gloria, mia Sapienza.

La dea Nuith afferma che io sono la sua Luce (Sole), la sua Gloria e la sua Sapienza.

19. Guarda, o beffardo! Tu non lo sai, ma c'è uno che lo saprà.

La dea Nuith si rivolge al beffardo e gli dice di osservare, facendogli notare che lui non lo sa, ma che io (uno) lo saprò.

20. Chi è colui il cui trono è fuoco, il corpo acqua e la corona petali di rosa?

La dea Nuith pone il quesito: "Chi è colui il cui trono è fuoco, il corpo acqua e la corona petali di rosa?".

21. Risolvi questo enigma e saprai chi è, il mio nome segreto e celato agli uomini.

La dea Nuith mi esorta a risolvere l'enigma del passo precedente. Si tratta del dio Iutmah, che appartiene alla Dea (il mio nome segreto) e celato agli uomini.

22. Aumgn! Aumgn!

La dea Nuith esclama: "Aumgn! Aumgn!" (la continuità della Natura tramite il suo moto ondulatorio).

23. Dio della Lussuria!

La dea Nuith dichiara che Hadit è il dio della Lussuria.

24. Ecco, la Gloria segreta per chi mi ama, l'Estasi eterna e i baci di Nuh.

La dea Nuith afferma che l'Estasi eterna e i baci di Nuit (Nuh) sono la Gloria segreta per chi la ama.

25. Ma non c'è Nulla senza il Tre. Ora guarda l'Uno e comprendi il Due.

La dea Nuith sostiene che non c'è Nuith (Nulla) senza Ra-Hoor-Khuit (Tre). Quindi la Dea mi dice di guardare Hadit (Uno) e di comprendere Nuit (Due).

26. Che tu sia il Fuoco Segreto, Serpente di Gioia, Fulgore della Lussuria.

La dea Nuith decreta che Hadit è il Serpente di Fuoco (il Fuoco Segreto, Serpente di Gioia, Fulgore della Lussuria).

27. Ah! Lussuria! I miei occhi tremano, la lingua si stacca, il mio cuore impazzisce, alla tua vista.

La dea Nuith esclama: "Ah! Lussuria!". Quindi la Dea sostiene che alla vista di Hadit i suoi occhi tremano, la sua lingua si stacca e il suo cuore impazzisce.

28. Che questa sia la mia Parola, la Legge e l'Amore.

La dea Nuith dichiara che "Lussuria" è la sua Parola, la Legge e l'Amore.

29. Ama! Godi di tutto e di tutti.

La dea Nuith mi esorta ad amare, a godere di tutte le cose e di tutti gli esseri creati.

30. Tortura chi non è di me!

La dea Nuith m'incita a torturare gli uomini selvaggi che non appartengono a lei.

31. Uccidi i peccatori!

La dea Nuith mi sprona a uccidere gli uomini selvaggi.

32. Come? Esiti? No, non lo farai!

La dea Nuith si chiede come sia possibile che esiti a uccidere gli uomini selvaggi, e si risponde di no, che non esiterò.

33. Nel tuo cuore arde la Brama segreta, la Lussuria fiammeggiante, che brucia e divora ogni uomo.

La dea Nuith afferma che nel mio cuore arde Hadit (la Brama segreta, la Lussuria fiammeggiante), che brucia e divora ogni uomo.

34. Sappi, o Profeta, che siete due.

La dea Nuith, chiamandomi Profeta, mi rivela che io sono duplice (due) nella mia individualità.

35. In queste parole è rivelato il tuo mistero.

La dea Nuith dichiara che nelle parole appena dette è rivelato il mio mistero.

36. Apprendi che ciò che dico non può corrispondere a falsità!

La dea Nuith m'informa che ciò che dice non può corrispondere a falsità.

37. Ma c'è Uno e uno, e il Profeta è pure l'Iniziatore.

La dea Nuith sostiene che c'è Profeta (Uno) e profeta (uno) e che io sono il Profeta che è pure l'Iniziatore.

38. Ma sappi! Tu, o Ankh-af-na-Khonsu, non sei così scelto.

La dea Nuith si rivolge ad Aleister Crowley disincarnato (Ankh-af-na-Khonsu) e lo informa che lui non è il Profeta-Iniziatore.

39. Eppure lo sei!

La dea Nuith gli dice che pur non essendo così scelto lo è, infatti, Aleister Crowley disincarnato è il mio Dio Occulto.

40. E allora? È un quesito per Pazzi!

La dea Nuith si chiede: "E allora?". Quindi la Dea risponde che è un quesito per i Folli divini (Pazzi).

41. Ascolta: la Voce che si leva dal primo Peana, e scuote i Tredici Cieli.

La dea Nuith mi esorta ad ascoltare la Voce che si leva dal primo Inno d'invocazione (Peana), e che scuote i Tredici Piani Cosmici (Tredici Cieli).

42. Agapé.

La Voce dice Amore (Agapé).

43. Ecco! La mia Rivelazione è finita.

La dea Nuith afferma che la sua Rivelazione è terminata.

AUMGN
ALOHE

Commento al *Liber AHBH*

Hadit

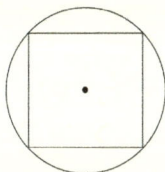

Punto I

1. Ecco! La nuova Gioia.

Il dio Hadit proclama l'avvento della nuova Gioia.

2. Dovunque tu vada, là mi troverai.

Il dio Hadit afferma che dovunque vada, là lo troverò.

3. Perché io sono e non sono, io ero e sarò.

Il dio Hadit spiega che ovunque io vada, là lo troverò perché egli è e non è, egli è sempre esistito e sempre esisterà.

4. Quando tutto sarà scomparso, nulla esisterà, tranne me.

Il dio Hadit rivela che quando tutto l'universo sarà scomparso, niente esisterà, tranne lui.

5. Io sono Tum, unito a tutte le cose!

Il dio Hadit dichiara che lui è il dio Tum, il creatore di tutte le cose.

6. Tu sai chi è Egli?

Il dio Hadit mi chiede se so chi è Egli. Io so che Egli è l'Infinito Nulla (si veda AM, 2, III, 4.).

7. Ricorda!

Il dio Hadit mi esorta a ricordare, a prendere atto.

8. Io sarò colui che si eleverà al di sopra di te, ma tu sarai me.

Il dio Hadit afferma che egli sarà colui che si eleverà al di sopra di me, ma che io sarò lui.

9. E allora io ti eleverò al di sopra di ogni cosa, e tu sarai il Re dominatore d'ogni cosa esistente.

E allora il dio Hadit mi eleverà – dato che sarò lui – al di sopra di ogni cosa, ed io sarò il Re dominatore di ogni cosa esistente.

10. Non esitare! Muoviti! Uccidi! Tortura!

Il dio Hadit m'incita a non esitare, mi sprona ad agire, a uccidere e a torturare gli uomini selvaggi.

11. Se questo ti farà piacere sarai uno di noi.

Il dio Hadit mi dice che sarò uno di loro se mi farà piacere uccidere e torturare gli uomini selvaggi.

12. E allora seguimi. Abbandona agli uomini tutto ciò che hai e valica la siepe. Là tu mi troverai e capirai.

Il dio Hadit mi sprona a seguirlo. Quindi il Dio mi esorta ad abbandonare agli uomini tutto ciò che ho e a valicare il confine (siepe), là io lo troverò e capirò.

13. Fa' ciò e nessuno ti dirà di no.

Il dio Hadit m'incita a fare ciò che mi ha appena detto e nessuno mi dirà di no.

14. Ascolta! Io ti parlerò del Dio, del tuo Dio, dell'unico vero Dio.

Il dio Hadit mi esorta ad ascoltarlo. Quindi il Dio mi dice che mi parlerà del Dio, del mio Dio, dell'unico vero Dio.

15. Ti istruirò sui misteri che non osasti affrontare.

Il dio Hadit mi dice che m'istruirà su quei misteri che non osai affrontare nella mia incarnazione precedente, quando ero Aleister Crowley.

16. Perché esiti? Perché indugi?

Il dio Hadit mi chiede perché esito, perché indugio.

17. Vieni a me.

Il dio Hadit mi chiama a sé.

18. E il Dio disse: "Tutti coloro che verranno e non".

Il dio Hadit disse: tutti coloro che verranno e non verranno per essere istruiti sui misteri.

19. Va' verso le Colonne di Shu.

Il dio Hadit m'incita ad andare verso le Colonne di Shu, cioè verso le Colonne del Dio dell'Aria.

20. Perché sono divenuto NU. Io sono RA nel suo dominio ascendente per diritto del suo potere.

Il dio Hadit mi sollecita ad andare verso le Colonne di Shu perché al momento della creazione dell'universo è divenuto Nuit (NU), come emanazione di se stesso. Quindi il Dio afferma che egli è RA (Sole) nel suo dominio ascendente per diritto del suo potere.

21. Io sono il grande Dio che generò se stesso.

Il dio Hadit dichiara che è Arpocrate (il grande Dio) che generò Hadit (se stesso).

22. Io sono NU che pronunciò i suoi nomi, e così fu creato il Cerchio degli Dei.

Il dio Hadit ribadisce che lui è Nuit – come emanazione di se stesso – che pronunciò i suoi nomi, e così fu creato il Cerchio degli Dei.

23. Io sono Ieri e conosco Domani.

Il dio Hadit afferma che è eterno.

24. Io conosco il Segreto di ON, il cui Essere è RA.

Il dio Hadit afferma di conoscere il Sole Superiore (il Segreto di ON), la cui manifestazione visibile (Essere) è il Sole (RA).

25. Io ho compiuto l'Opera iniziata, io sono lo Spirito reso manifesto.

Il dio Hadit dichiara che lui ha compiuto l'Opera iniziata dalla Natura, lui è lo Spirito reso manifesto.

26. Io sto nei Giardini di NU.

Il dio Hadit sostiene che dimora nell'Oceano Cosmico (Giardini) di Nuit.

27. Io sono colui che fu generato dal Silenzio della Parola.

Il dio Hadit afferma che fu generato dal Silenzio della Parola.

28. Silenzio! Che il Nulla generi il Tutto.

Il dio Hadit esclama: "Silenzio!". Quindi il Dio afferma che LA (Nulla) generi AL (Tutto).

29. Ora apprendi la mia fine.

Il dio Hadit mi dice di apprendere la sua fine.

Punto II

1. Ecco! La nuova Stella.

Il dio Hadit annuncia l'apparizione della Stella di Diamante (la nuova Stella).

2. Onore e gloria al Profeta della Stella.

Il dio Hadit sostiene che a me, il Profeta della Stella di Diamante, spettano onore e gloria.

3. La Verità è due non essendo, la menzogna è uno essendo.

Il dio Hadit dichiara che la Verità è duplice e che la menzogna è una, infatti, nel mondo dei profani la Verità è celata mentre la menzogna è manifesta.

4. Qui la Legge, là la vergogna. Allora decidi! "Chi di voi oserà seguirmi nel mio cammino di Fuoco?".

Il dio Hadit sostiene che nel Mondo degli iniziati la Verità è Legge, mentre nel mondo dei profani la menzogna è vergogna. Quindi il Dio si rivolge all'uomo e gli chiede di decidere da che parte stare. Inoltre chiede agli iniziati chi tra loro oserà seguirlo nel suo cammino lungo la spina dorsale (cammino di Fuoco).

5. Ed egli rispose: "Io, mio Signore, mia Fiamma, mia Forza e mia Saggezza".

Ed io risposi: io, mio Signore (mia Fiamma, mia Forza e mia Saggezza), ti seguirò nel tuo cammino lungo la spina dorsale (accadimento verificatosi tra il 1978 e.v. e il 1982 e.v.).

6. Allora il Dio disse: "Ecco, io ho riversato il mio Fuoco in voi, ed ho amato le vostre genti".

Allora il dio Hadit disse: ecco, io riversai il mio Potere

(Fuoco) negli iniziati, e amai le vostre genti – popoli antichi – che vivevano in armonia con la Dea.

7. Allora alzati e destati, desiderio infocato, passione inviolabile.

Il dio Hadit – dato che ha riversato il suo Fuoco negli iniziati – incita il potere del Serpente *Kundalini* a elevarsi lungo la spina dorsale, a risvegliarsi.

8. Egli è sorto dal Nero per portare l'Oro, ma egli è pur sempre Nero.

Il dio Hadit sostiene che io sono sorto dalla Tenebra (Nero) per portare la Luce (Oro), ma che io sono pur sempre Tenebra.

9. Ha! Io vi disprezzo, sovrani; io disprezzo voi e i vostri figli nati dal peccato. Fa' che questi non siano di noi.

Il dio Hadit proclama che disprezza gli uomini potenti (sovrani) e i loro figli nati dal peccato. Quindi il Dio mi esorta a fare in modo che questi individui non appartengano alla Stirpe divina (iniziati).

10. Ora lega! Lega e dividi! Somma e risomma ancora, finché l'Uno non sarà eguale allo Zero.

Il dio Hadit mi esorta a unire, a unire e a dividere, a sommare e risommare ancora, finché il manifesto, Hadit (Uno), non sia uguale al non-manifesto, Nuith (Zero).

11. La Parola è Kratos!

Il dio Hadit dichiara che la Parola è Potenza (Kratos).

12. La mia Legge è 83, 8 e 3, e 831.

Il dio Hadit sostiene che la sua Legge è 83, poiché l'8 (Hadit) è nel 3 (Ra-Hoor-Khuit) e pertanto 8 e 3. Quindi sostiene che è 831 in quanto l'8 (Hadit) è in relazione al 3 (Ra-Hoor-Khuit) e il 3 all'1 (Arpocrate), e di conseguenza l'8 all'1.

13. Questa è la mia Legge! La Spada e il Serpente. Scegli! pazzo, non c'è nulla da scegliere.

Il dio Hadit ribadisce che ciò che ha appena detto è la sua Legge. Quindi il Dio esorta a scegliere tra la Spada e il Serpente, ma soltanto il pazzo può scegliere, poiché non c'è niente da scegliere, infatti, la Spada rappresenta la Forza come pure il Serpente.

14. Chi conosce il mistero della mia Dimora segreta, mia Forza, abiterà in me ed io in lui.

Il dio Hadit afferma che chi conosce il mistero della sua Stella (Khabs o Hadit visibile), sua Casa segreta (mia Forza), abiterà in lui (Hadit invisibile) e lui nell'iniziato.

15. Non sta scritto: "Tortura e uccidi?".

Il dio Hadit si chiede se nella Legge universale non sta scritto: "Tortura e uccidi?".

16. Allora ucciditi, perché se tu non lo farai, lo faremo noi per te, e ti costringeremo a entrare nel Sacro Santuario.

Il dio Hadit m'incita a uccidere il mio ego, perché se non lo farò, saranno loro – Nuit e Hadit – a uccidermi (accadimento verificatosi nel 2004 e.v.), e mi costringeranno a morire simbolicamente ma definitivamente (a entrare nel Sacro Santuario).

17. Ma ora ti voglio istruire in un altro mistero che tu non conoscesti, mio Scriba e Profeta.

Il dio Hadit, definendomi suo Scriba e Profeta, mi vuole istruire in un altro mistero che io non conobbi nella mia incarnazione precedente, quando ero Aleister Crowley.

18. Il Profeta è inscindibile, ma è pur sempre due. Allora due in uno e uno in due? Giammai. Egli mai lo farà. La libertà di parola e d'azione sono tuoi, o mio Profeta.

Il dio Hadit decreta che io (Profeta) sono inscindibile, ma che sono pur sempre due (io e il mio Dio Occulto). Quindi il Dio si chiede se i due convivono in uno e se l'uno è diviso in due, e si risponde: "Giammai". Poi dichiara che io mai mi farò possedere. Infine sostiene che la libertà di parola e d'azione sono miei, io che sono il suo Profeta.

19. Egli è XXV e III. Sono numeri di due Dinastie. Uno è il Profeta dell'Astro d'Argento che brilla ogni notte e ogni giorno scompare; uno è il Profeta del Fiume d'Oro, che sgorga dalla Terra Nascosta e con il suo nettare divino imbeve di dolce passione. Ora dei Profeti tu penserai il contrario, causa prima la tua mente contorta e pur sempre duale.

Il dio Hadit spiega che io rappresento i numeri (XXV e III) di due Dinastie. Quindi il Dio sostiene che uno è il Profeta della stella Sirio (Astro d'Argento) che brilla ogni notte e che ogni giorno scompare, mentre l'altro è il Profeta del Fiume d'Oro che sgorga dall'Amenta (Terra Nascosta) e che con il suo nettare divino imbeve di dolce passione. Inoltre mi dice che dei Profeti penserò il contrario, a causa della mia mente contorta e duale.

20. Il Profeta dell'Astro d'Argento non è chi tu credi.

Lui è il Thau. Il Profeta del Fiume d'Oro non è lui, bensì il suo nome lo dice. La sua Via è quella che lo porterà al di là delle Stelle. Egli dimora negli inferi. Hai dunque compreso il nome dei due Profeti?

Il dio Hadit m'informa che il Profeta dell'Astro d'Argento non è chi io credo, infatti, credetti che Aleister Crowley fosse il Profeta dell'Astro d'Argento. Quindi il Dio mi dice che il Profeta dell'Astro d'Argento è la X (Thau sacra). Poi dichiara che il Profeta del Fiume d'Oro non è il Profeta della Stella d'Argento, bensì il suo nome (Oro) lo dice. Inoltre afferma che la Via del Profeta Oro (Horus) è quella che lo porterà al di là delle Stelle, che egli dimora (nel 1981 e.v.), nel Duat (inferi). Infine mi chiede se ho compreso il nome dei due Profeti. Io ho compreso che uno è Ankh-af-na-Khonsu e l'altro è Horus.

21. Il primo Profeta ha come marchio una Thau, il secondo Profeta ha come marchio una Rosa. Ora la loro identità ti dev'essere chiara, perché se così non fosse, tu subiresti gravi perdite.

Il dio Hadit afferma che Ankh-af-na-Khonsu (il primo Profeta) ha come marchio la X (Thau sacra), mentre Oro (il secondo Profeta) ha come marchio la Rosa d'Oro (Rosa). Poi, il Dio mi dice che l'identità dei due Profeti mi deve essere chiara (trattasi di due mie incarnazioni precedenti), perché in caso contrario subirei gravi perdite.

22. Racconta come io mi manifestai a te.
Racconta il giorno della tua nascita.
Racconta il giorno del Grande Equinozio,
Quando colui dalla testa d'Ibis si manifestò in te.
Ed egli dimorò nel tuo cuore per sempre.

Il dio Hadit mi esorta a raccontare come lui – la *Kundalini* – si manifestò in me. Quindi il Dio m'incita a raccontare il giorno della mia iniziazione (7 febbraio 1977 e.v.). Poi mi sprona a raccontare il giorno del Grande Equinozio (20 marzo 1982 e.v.), quando Thoth (il Signore dalla testa d'Ibis) si manifestò in me, come pura saggezza, e dimorò nel mio cuore per sempre.

23. Ella ti sosterrà, lui ti guiderà. Attendi dunque, e aspetta che tutto sia compiuto.

Il dio Hadit dichiara che la dea Maat mi sosterrà e che il dio Thoth mi guiderà. Quindi il Dio mi dice di attendere e di aspettare che tutto sia compiuto.

24. La mia parola è a una fine.

Il dio Hadit proclama che la sua parola è alla fine di un ciclo.

Punto III

1. Ecco! La mia rivelazione ai Figli degli uomini.

Il dio Hadit dichiara che è giunto il momento della sua rivelazione agli iniziati (Figli degli uomini).

2. Io, Had, sono Tutto e Nulla non essendo.

Il dio Hadit afferma che lui (Had) è Tutto (AL) e Nulla (LA) essendo celato.

3. Egli è, io non sono.

Il dio Hadit sostiene che Nuith (Egli) è manifesta, mentre lui è celato.

4. Egli è l'Infinito Nulla ed io sono la sua condensazione.

Il dio Hadit dichiara che Nuith (Egli) è l'Infinito Nulla e che lui è Tutto (la sua condensazione).

5. Attenti! Che il Nulla generi la Parola. La Parola è Ham.

Il dio Hadit esclama: "Attenti!", e sostiene che la dea Nuith (Nulla) genera la Manifestazione (Parola). Quindi il Dio dichiara che la Manifestazione è Saggezza (Ham).

6. Ora tu saprai che il Serpente di Fuoco, che cinge la testa e inonda di luce le tenebre, è lo Splendore Primordiale ravvolto in spire.

Il dio Hadit mi dice che ora saprò che la *Kundalini* (il Serpente di Fuoco), che cinge la testa e inonda di luce le tenebre, è l'Energia (Splendore Primordiale) avvolta in spire alla base della colonna vertebrale.

7. Ecco, io vengo a te come un dì Egli verrà a me. Tuttavia è così.

Il dio Hadit sostiene che lui viene a me come un giorno Nuith (Egli) andrà da lui. Inoltre, il Dio afferma che tuttavia è così, infatti, la contrazione dell'universo infinito è inevitabile.

8. Io sono non essendo. Io sono l'onnipresenza del corpo della mia Signora... la Cortigiana delle Stelle.

Il dio Hadit dichiara di essere non essendo, infatti, è celato. Poi, il Dio sostiene che lui si trova in ogni luogo dell'universo infinito, nel corpo della sua Signora... Nuit, la Cortigiana delle Stelle.

9. La prima parte è stata rivelata agli ignoranti. Ciò

ch'io dirò adesso serbalo nel tuo cuore e custodiscilo gelosamente. Perché ricorda: il pensiero vola libero, ma la parola incontra mura e porte.

Il dio Hadit m'informa che la prima parte del secondo capitolo del *Liber AHBH* è stata rivelata ai profani (ignoranti). Quindi il Dio sostiene che ciò che dirà adesso devo tenerlo nel mio cuore e custodirlo gelosamente (in questa frase è custodito un segreto), perché devo ricordare che il pensiero vola libero, ma che la parola incontra mura e porte; infatti, la parola incontra mura e porte a causa dell'ignoranza degli uomini profani, ma dato che la loro ignoranza è senza limiti posso rivelare i passi della seconda parte del secondo capitolo del *Liber AHBH*.

10. Allora gioisci, perché il nettare sta per essere riversato su di te.

Il dio Hadit m'incita a gioire, perché la conoscenza (nettare) della seconda parte del *Liber AHBH* sta per essere riversata su di me.

11. Comprendi che ciò non è pura illusione, no! Egli va al di là dell'illusione.

Il dio Hadit mi esorta a comprendere che tutto ciò che mi è stato rivelato non è pura illusione, no! Non lo è, poiché Nuith (Egli) va al di là dell'Illusione del Creato.

12. Ciò che tu scrivi è il Diamante. Ricorda! Il Diamante è quattro e zero, ma io lo chiamo quattrocentoquarantotto.

Il dio Hadit mi dice che ciò che sto scrivendo riguarda il Mahon di Horus-Maat (Diamante). Quindi il Dio mi esorta a ricordare e mi dice che il Mahon di Horus-Maat è Hadit (4) e Nuith (0), ma che lui lo chiama Vuoto (4 + 4 + 8 = 16, 16 è il

Vuoto).

13. Ora ascolta la voce fatata che riempie di miele le tue orecchie, ascoltala e gioisci.

Il dio Hadit m'invita ad ascoltare la voce fatata che riempie di dolcezza (miele) le mie orecchie. Quindi il Dio mi esorta ad ascoltare ciò che verrà detto nella seconda parte del secondo capitolo del *Liber AHBH* e di gioire.

14. Il Tempo è venuto. La Colonna poggia sul Vuoto.

Il dio Hadit mi dice che il Tempo del Mahon di Horus-Maat è arrivato e che lui (Colonna) poggia su Nuu (Vuoto).

15. Hadit. Io sono lui e lui è me! Qual è il mio Segreto? Mai lo saprai e nessuno, no, due.

Il dio Arpocrate pronuncia: "Hadit", e dichiara che lui (io) è Hadit (lui) e che Hadit (lui) è lui (me). Poi, il Dio mi chiede qual è il suo Segreto e si risponde che mai lo saprò e che nessuno mai lo saprà, no, lui e Hadit (due) lo sapranno.

16. Ecco ora è giunta la prima fine.

Il dio Hadit afferma che si è conclusa la prima parte del *Liber AHBH*.

Punto IV

1. Il Nulla è diventato il Tutto. Il mio Occhio si è socchiuso ed ho frantumato un universo. La Luce è occultata nella Tenebra e sempre rimane vivo il silenzioso Nulla. Le mie mani sono pesanti e schiacciano l'oscuro che è in ogni luogo. Frammenti di vita scaturiscono dalla mia

188

mano come scintille di Luce.

Il dio Hadit afferma che Nuith (Nulla) è diventata Nuit (Tutto), che l'universo non-manifesto è diventato l'universo manifesto. Quindi il Dio sostiene che il suo Occhio si è socchiuso e che lui ha frantumato un universo manifesto. Poi dichiara che la Luce si è occultata nella Tenebra di Nuu (Vuoto) e che sempre rimane viva la silenziosa Nuith (Nulla). Inoltre sostiene che le sue mani sono pesanti e che schiacciano l'oscurità presente in ogni luogo dell'universo vuoto. Infine dichiara che frammenti di vita scaturiscono dalla sua mano destra come scintille di Luce.

2. Hoor, nel lungo Silenzio scaturisce la Scintilla divina.

Il dio Hadit dichiara che Hoor (la forma contratta di Hoor-paar-Kraat), nel suo lungo Silenzio, fa scaturire Ra-Hoor-Khuit (la Scintilla divina).

3. Neh-ha, Neh-ha, sto-r-ium.
    Abbatti le porte, divieni le Colonne.
    Il Portale tremerà, la Luce verrà diffusa su tutte le genti.
    Vibrazione assoluta.
    Toum-Ra-Nioum.
    Egli diverrà.
    Ascoltino le genti, poiché per loro non ci sarà più scampo.
    Ta-um.

Il dio Hadit pronuncia una formula magica (Neh-ha, Neh-ha, sto-r-ium). Quindi il Dio m'incita ad abbattere gli ostacoli e a divenire le due Colonne (Ra-Hoor-Khuit e Hoor-paar-Kraat). Poi sostiene che si manifesterà il Signore del doppio orizzonte (il Portale tremerà) e che la Luce della Conoscenza, come vibrazione assoluta, verrà diffusa su tutti i popoli del mondo. A questo punto pronuncia una parola: "Toum-Ra-Nioum", e dichiara che io diverrò il Signore del doppio orizzonte. Inoltre esorta le genti ad ascoltare perché per loro non ci sarà più scampo. Infine pronuncia la parola: "Ta-um".

4. Il mio occultamento è a una fine.

Il dio Hadit sostiene che il suo occultamento, come Hadit invisibile, è a una fine.

5. Hadit! La manifestazione primaria della Divinità. Non credere in ciò che vedi ma sostieni il tuo essere nel sospiro vacillante dell'eternità. Arax è la Parola. Con essa distruggerai i templi profani per lasciare il posto al sorgere di una nuova Vena. La Vena si sta risvegliando, il suo vento è freddo e brucia coloro che sono sul suo cammino. Il Potere è in me.

Il dio Hadit esclama: "Hadit", e dichiara che egli, come lo stesso dio Arpocrate (si veda AM, 1, II, 1.), è la manifestazione primaria della Divinità. Quindi il Dio mi esorta a non credere nelle apparenze ma a sostenere il mio essere nelle fasi mutevoli dell'eternità. Poi sostiene che Arax – Luce in espansione – è la Parola, e che con essa distruggerò i luoghi di potere (templi profani) per lasciare il posto al sorgere di una nuova Vena (si veda AM, 3, VI, 9.), cioè al sorgere di una nuova Conoscenza. Inoltre afferma che la Vena (si veda AL, Prefazione.), cioè il Canale centrale ove si eleva la *Kundalini*, si sta attivando, che la sua energia (vento) è fredda e che brucia coloro che stanno percorrendo la Via del Serpente. Infine dichiara che la Forza (Potere) è in lui e che lui stesso è la Forza.

6. La mia Manifestazione è terminata.

Il dio Hadit dichiara che la sua Manifestazione è terminata.

Punto V

1. Dal Vuoto nero io emergo fluttuando.

Il dio Arpocrate sostiene che dallo Spazio Vuoto egli emerge fluttuando.

2. Io sono Luce, io sono Verità, io sono la Forza.

Il dio Arpocrate afferma che egli è la Luce, che egli è la Verità, che egli è la Forza.

3. Il ventre di mia Madre mi contiene ma ella è pure me.

Il dio Arpocrate dichiara che il ventre di sua Madre – Nuu – lo contiene ma che ella è pure lui, poiché egli è la Fonte primaria.

4. Irradiandole la Forza io faccio crescere il suo ventre.

Il dio Arpocrate sostiene che irradiando la Forza alla dea Nuu fa espandere il suo ventre per la creazione dell'universo.

5. Io lambisco le profondità dello Spazio dove non esiste il tempo e Nulla è alcuna cosa.

Il dio Arpocrate dichiara che lui lambisce le profondità dello Spazio dove non esiste il tempo e Nuith (Nulla) è tutto.

6. In me germoglia la Vita, da me nascono i mondi e in me tutto ritorna.

Il dio Arpocrate afferma che in lui germoglia la Vita, che da lui nascono i mondi e che in lui tutto ritorna.

7. Il mio occultamento si trova nella Casa.

Il dio Arpocrate dichiara che lui è occultato nella *Shakti* (Casa).

8. Non cercarmi perché ciò è fatale.

Il dio Arpocrate mi dice di non cercarlo perché ciò è fatale.

9. Cerca lei, mia Casa, mia Sposa, mio Regno.

Il dio Arpocrate mi esorta a cercare la *Shakti* (lei), sua Casa, sua Sposa e suo Regno.

10. Ogni cosa da me creata lega indissolubilmente me a ogni altra cosa.

Il dio Arpocrate dichiara che ogni cosa da lui creata (non-atomica) lo lega indissolubilmente a ogni altra cosa (atomica).

11. Qui troverai la Perfezione, l'Estasi eterna, e i tuoi sensi vacilleranno all'abbraccio conturbante della mia Sposa.

Il dio Arpocrate m'informa che nella sua Casa troverò la Perfezione, l'Estasi eterna, e che i miei sensi vacilleranno all'irradiazione energetica (all'abbraccio conturbante) della sua *Shakti* (Sposa).

12. Nu è tutto per me. Con la maestosità del suo corpo ella mi pervade e le lussureggianti carezze mi compenetrano.

Il dio Arpocrate afferma che Nuit (Nu) è tutto per lui. Quindi il Dio sostiene che con la grandezza del suo corpo ella lo pervade e che le lussureggianti carezze lo compenetrano.

13. Hadit è la nuova Stella. Io sono il Bindu occultato in Nu.

Il dio Arpocrate dichiara che l'Hadit visibile è la nuova Stella (Khabs). Quindi il Dio sostiene che lui (*Shiva*) è il Punto (*Bindu*) occultato in Nuit (*Mahadevi*).

14. Unisci la forza alla mente, otterrai l'ineguagliabile sapere dell'Amore.

Il dio Arpocrate mi esorta a unire la forza alla mente, e così otterrò l'ineguagliabile sapere dell'Amore di Nuit.

15. Ra è Ar.

Il dio Arpocrate dichiara che il Sole (Ra) è Luce (Ar).

16. La Tenebra è divenuta la Luce e nel dissolvimento dell'Estasi io e la mia Sposa siamo Uno.

Il dio Arpocrate sostiene che il Vuoto (la Tenebra) è divenuto Luce e che nel dissolvimento dell'Estasi lui e la *Shakti* (Sposa) sono Uno.

17. Uno, non Due, perciò Tre.

Il dio Arpocrate afferma che lui e la *Shakti* (Sposa) sono l'Uno sotto l'aspetto della dualità (non Due) e quindi sono il Tre, la risultante della loro unione.

18. Solo gli Dei sapranno comprendere il significato.

Il dio Arpocrate dichiara che solo gli Dei sapranno comprendere il significato di ciò che ha appena detto.

19. Il Cerchio con il Punto nel Mezzo è divenuto il Quadrato.

Il dio Arpocrate afferma che l'universo non-manifesto (Cerchio) con al centro l'Hadit visibile (Stella) è divenuto l'universo manifesto (Quadrato).

20. Spiega allora se è possibile la compenetrazione del Cerchio.

Il dio Arpocrate mi esorta a spiegare se è possibile che l'universo manifesto (Quadrato) compenetri l'universo non-manifesto (Cerchio). Io dico di no, che non è possibile, perché "il Vuoto riempie il Pieno, non il Pieno riempie il Vuoto".

21. Ricorda! Gli Dei sono due e il resto si dissolve.

Il dio Arpocrate mi esorta a ricordare che gli Dei sono due, cioè *Shiva* (maschio) e *Shakti* (femmina), e che il resto si dissolve.

22. La mia emanazione è divenuta Sapere.

Il dio Arpocrate decreta che la sua emanazione energetica – *Shakti* – è divenuta Conoscenza (Sapere).

Punto VI

1. Had! La primaria esegesi della Divinità.

In questo passo del *Liber AHBH* si dichiara che Hadit (Had) è la primaria spiegazione della Divinità.

2. Dal Nulla o Vuoto io emergo.

Il dio Hadit afferma che lui emerge da Nuu (Nulla), lo Spazio Vuoto (Vuoto).

3. Dalle profondità abissali dello spazio infinito ogni luogo è la mia dimora.

Il dio Hadit sostiene che dalle profondità abissali di Nuit (spazio infinito) ogni luogo è la sua dimora, infatti, egli è l'onnipresente Punto centrale.

4. Solleva le braccia, alzati dal Trono, ma non toglierti la Corona.

Il dio Hadit m'incita a sollevare le braccia, ad alzarmi dal Trono d'Oro di Heru-ra-ha, ma di non togliermi il Potere (la Corona).

5. Ma la Corona non esiste.

Il dio Hadit mi dice che il Potere (la Corona) non esiste.

6. Essa sei tu più Zero.

Il dio Hadit m'informa che il Potere (la Corona) sono io (Ra-Hoor-Khuit) più Zero (Hoor-paar-Kraat).

7. Non cercare di comprendere il significato, guarda oltre a ciò, oltre la vita stessa, oltre la morte.

Il dio Hadit mi dice di non cercare di comprendere il significato dei tre passi precedenti, ma di guardare oltre a ciò, oltre la concezione della vita, oltre la concezione della morte.

8. Morte e vita, vita e morte. Questa ciclicità è un effetto. Io sono ed io sarò, l'onnipresente Ombelico, Punto centrale dell'Amore della mia Signora.

Il dio Hadit dichiara che la ciclicità va dalla non-manifestazione (morte) alla manifestazione (vita) e dalla manifestazione (vita) alla non-manifestazione (morte). Quindi il Dio afferma che questa ciclicità è un effetto. Inoltre sostiene che lui esiste e che lui esisterà, poiché è l'onnipresente Ombelico, il Punto centrale dell'Amore di Nuit (Signora).

9. Non cercare di prendere la Bacchetta, essa non esiste. Prendi la Forza, esponila alle otto direzioni dello Spazio e del Tempo e divieni il Raggio.

Il dio Hadit mi dice di non cercare di prendere la Volontà (Bacchetta), che essa non esiste, infatti, la Volontà è la Forza in estensione, la Forza in movimento. Quindi il Dio mi esorta a prendere la Forza, a esporla alle otto direzioni dello Spazio e del Tempo, e di divenire la Forza in movimento.

10. Ora tu sei la Forza. Ora tu sei me e null'altro esiste al di fuori di me.

Il dio Hadit dichiara che sono divenuto la Forza in movimento. Quindi il Dio sostiene che sono diventato lui e che null'altro esiste al di fuori di lui.

11. Il Punto Rosso all'interno della Circonferenza è diventato Nero.

Il dio Hadit afferma che l'Hadit visibile (il Punto Rosso) all'interno della Circonferenza è diventato l'Hadit invisibile (Nero).

12. Il Nero è per il cieco, ma al di là della profonda Tenebra si manifesta la Divinità.

Il dio Hadit sostiene che l'Hadit invisibile (Nero) è per

l'Hoor-paar-Kraat (cieco), ma che al di là di Nuu (profonda Tenebra) si manifesta Ra-Hoor-Khuit (la Divinità).

13. Va' oltre la concezione del Rosso e del Nero. Unisci, concilia gli opposti. Se non hai compreso il significato non potrai mai sederti nel Cerchio degli Dei.

Il dio Hadit m'incita ad andare oltre la concezione di Ra-Hoor-Khuit (Rosso) e di Hoor-paar-Kraat (Nero). Quindi il Dio mi esorta a unire le due concezioni e a conciliare i due opposti. Inoltre mi dice che se non ho compreso il significato dei due opposti non potrò mai sedermi nel Cerchio degli Dei.

14. Il Silenzio, divenuto Potere, si ritrae; come il Raggio viene assorbito dalla sua Fonte.

Il dio Hadit dichiara che il Vuoto (Silenzio), nell'istante in cui diventa Forza manifesta (Potere), si ritrae; come il Raggio viene assorbito dal Punto (Fonte).

3

Commento al *Liber AHBH*

Horus

Punto I

1. Il guerriero ha risvegliato se stesso nella manifestazione dell'androgino.

Il dio Horus sostiene che io (guerriero) ho risvegliato me stesso nella manifestazione di Heru-ra-ha (androgino).

2. L'Uno è il perfetto, non il Due.

Il dio Horus afferma che l'Unità (Uno) è la perfezione, non la dualità (Due).

3. Il Tre è l'assonanza della manifestazione ciclica.

Il dio Horus dichiara che il ternario (Tre) è l'armonia della manifestazione ciclica dell'universo.

4. Il Quattro è il Noun.

Il dio Horus afferma che il Quattro rappresenta le Acque cosmiche (Noun).

5. Il Cinque ha riscoperto se stesso ed è divenuto l'Uomo.

Il dio Horus sostiene che il Cinque ha riscoperto se stesso come numero del Pentagramma e che è divenuto l'Uomo (iniziato).

6. Il Sei ha rivelato il Figlio.

Il dio Horus dichiara che il Sei ha rivelato il Figlio-Sole come numero dell'Esagramma.

7. Questo basti.

Il dio Horus decreta che non occorre altro.

8. Il guerriero si è rivelato nella manifestazione ciclica, ma sempre duplice dell'eternità. Heru-ra-ha. Il Dio manifestato due volte.

Il dio Horus sostiene che io (guerriero) mi sono rivelato nella manifestazione ciclica dell'universo, ma sempre duplice – come vita e morte – dell'eternità. Quindi il Dio dichiara che Heru-ra-ha è il Dio manifestato due volte (Ra-Hoor-Khuit e Hoor-paar-Kraat).

Punto II

1. La Fine è iniziata ora! Ascolta i miei passi di Luce nel

cammino del Risveglio.

Il dio Horus sostiene che la fine del Tempo dell'uomo è iniziato ora. Quindi il Dio mi esorta a prestare attenzione ai suoi gradi evolutivi (passi di Luce) nel cammino del Risveglio iniziatico.

2. Sei stato temprato con il Fuoco, e l'Acqua che si è riversata su di te non ti ha fatto annegare.

Il dio Horus mi dice che sono stato rafforzato dalla Conoscenza del lato Luminoso della Forza (Fuoco), e che la Conoscenza del lato Oscuro della Forza (Acqua) si è riversata su di me senza farmi soccombere.

3. Prendi ora il Fuoco e dallo alle masse. I popoli bruceranno e cercheranno la salvezza nell'Acqua.

Il dio Horus mi esorta a prendere la Conoscenza del lato Luminoso della Forza (Fuoco) e di darla alle genti. Quindi il Dio m'informa che le masse – dinanzi a questa Conoscenza – verranno bruciate e che cercheranno la salvezza nella Conoscenza del lato Oscuro della Forza (Acqua).

4. Ma l'Acqua li sommergerà con i Riti antichi e nulla più esisterà.

Il dio Horus m'informa che i popoli verranno sommersi dai Riti antichi del lato Oscuro della Forza (Acqua) e che nulla più esisterà.

5. Solo l'Aria, lo Spirito in essenza, l'Essenza di tutte le cose resterà, e infuocata perpetuerà nel corso delle Ere il grande ritorno cosmico.

Il dio Horus mi rivela che solo la Conoscenza in essenza

(Aria), lo Spirito in essenza, l'Essenza di tutte le cose resterà, e che infuocata perpetuerà nel corso delle Ere il grande ritorno del Tempo degli Dei.

6. Voi siete pazzi se credete che il ciclo verrà, poiché esso già esiste, poggia su solide Colonne di Fuoco e il Trono è invisibile.

Il dio Horus dichiara che noi siamo pazzi se crediamo che il Tempo degli Dei (ciclo) verrà, poiché esso già esiste, che poggia su due solide Colonne di Fuoco (Ra-Hoor-Khuit e Hoor-paar-Kraat) e che il Trono d'Oro di Heru-ra-ha è invisibile.

Punto III

1. Ti sei rivelato agli uomini ma questi ciechi non ti hanno riconosciuto.

Il dio Horus afferma che mi sono rivelato agli uomini profani ma questi, a causa della loro ignoranza, non mi hanno riconosciuto.

2. Troppe perle sono state gettate e i porci affamati le hanno divorate.

Il dio Horus dichiara che troppe conoscenze (perle) sono state rivelate agli uomini profani (porci affamati) e loro le hanno ingurgitate senza capirle.

3. Ma tutto questo non conduce alla Verità. Ignorali! I tuoi occhi si apriranno nella notte ed emaneranno una Luce luminosa.

Il dio Horus sostiene che rivelare le conoscenze agli uomini profani non li conduce alla Verità, e pertanto devo ignorarli. Quindi il Dio mi dice che i miei occhi si apriranno nel buio (notte) della non-conoscenza degli uomini profani e che emaneranno la Luce del Sapere.

4. Guardatevi, o gente profana, dalla collera del Divino. Nulla potrà fermarlo.

Il dio Horus avverte gli uomini selvaggi (gente profana) di guardarsi dalla mia collera, la collera del Divino. Quindi il Dio dichiara che niente potrà fermarmi.

5. Le Saette verranno lanciate e colpiranno i punti del mondo. I punti sono zone e le zone saranno rosse di fuoco.

Il dio Horus sostiene che i Raggi (Saette) dell'Arma da Guerra (si veda AM, 4, VI, 15.) verranno lanciati e che colpiranno determinati punti del mondo. Quindi il Dio precisa che i punti sono delle zone della Terra e che queste zone bruceranno (rosse di fuoco).

6. Finisci di brancolare nel buio.

Il dio Horus mi esorta a finire di aggirarmi tra gli uomini profani, nel buio della loro ignoranza.

7. Brandisci la Spada sopra il tuo capo e con un urlo selvaggio grida il tuo nome che è il nome della Terra.

Il dio Horus m'incita a prendere la Forza (Spada) sopra di me e con un urlo selvaggio gridare il mio nome (Sut, Nero) che è il nome (Khem, Nero) della Terra.

8. La Grande Bestia Selvaggia dominerà sul mondo e chi oserà alzare il capo per capire il perché?

Il dio Horus dichiara che io (la Grande Bestia Selvaggia) dominerò sul mondo e si chiede chi pretenderà spiegazioni sul mio dominio.

9. Il silenzio sarà la condanna di coloro che non credono, di coloro che hanno volutamente ignorato la comparsa del volto divino.

Il dio Horus afferma che gli uomini profani (coloro che non credono) sono condannati al silenzio e che nulla potranno dire. Poi, il Dio dichiara che essi hanno volutamente ignorato la mia presenza (la comparsa del volto divino).

10. Ma tu non smettere ancora di gettare le perle. Vai avanti imperterrito, poiché sarai tu che questa volta non sarà immolato.

Il dio Horus mi esorta a non smettere di rivelare le conoscenze (perle). Quindi il Dio mi dice di andare avanti imperterrito, poiché nel Mahon di Horus-Maat non sarò io a essere immolato.

11. Guarda nel Sole più luminoso, emana i caldi Raggi del Divino immortale.

Il dio Horus mi dice di guardare nel Sole Superiore (Sole più luminoso), esso emana l'Energia infuocata (i caldi Raggi) del dio ON, il Divino immortale.

Punto IV

1. Le Colonne di Luce hanno posto le loro fondamenta negli immensi abissi.

Il dio Horus dichiara che l'aspetto introduttivo del Culto

Cosmico-Stellare (le Colonne di Luce) ha posto le sue fondamenta negli immensi abissi.

2. Dalle Colonne sorgerà il Sole, l'armonia regnerà in mezzo ai due Mondi.

Il dio Horus sostiene che dall'aspetto introduttivo del Culto Cosmico-Stellare sorgerà la Conoscenza del dio On (Sole), e che l'armonia regnerà in mezzo ai due Mondi (Tonal e Nagual).

3. Popoli di Ere passate cammineranno in schiere lungo le vie del mondo.

Il dio Horus si riferisce alla visione dell'assoluto equilibrio (si veda AL, Prefazione.).

4. Finché il Sole sarà alto la Terra vivrà attimi brucianti.

Il dio Horus afferma che finché la Conoscenza del dio On (il Sole) sarà alta la Terra vivrà attimi sconvolgenti.

5. Ma gli uomini non capiranno.

Il dio Horus sostiene che gli uomini non capiranno i Segni della Terra.

6. Innalzeranno il loro nuovo dio e nuovi idoli avranno da adorare.

Il dio Horus dichiara che gli uomini innalzeranno il dio degli interessi materiali (nuovo dio) e che i loro interessi (nuovi idoli) adoreranno.

7. La Bacchetta del Gigante si scatenerà sulla faccia del mondo e frantumerà quel poco in cui gli uomini credono.

Il dio Horus afferma che l'Energia del Dragone (la Bacchetta del Gigante) si scatenerà sulla faccia della Terra e che frantumerà quel poco in cui gli uomini credono.

8. La Stella del Mattino sorgerà a oriente e sarà più lucente e gloriosa di un tempo.

Il dio Horus sostiene che il dio Hrumachis, cioè Horus-Sole all'alba (la Stella del Mattino), sorgerà a Est e sarà più lucente e glorioso del Tempo – Eone di Iside – in cui Ishtar (Venere) apparve.

9. Ma la sua Luce accecherà la Terra.

Il dio Horus dichiara che la Luce della Conoscenza del grande dio On – Hrumachis – accecherà il Mondo.

10. Popoli di Ere passate proseguiranno silenziosi il loro cammino lungo le vie deserte del mondo.

Il dio Horus si riferisce alla visione dell'assoluto equilibrio (si veda AL, Prefazione.).

Punto V

1. Affonda le tue braccia nei baratri di Tenebra.

Il dio Horus mi esorta a penetrare (affonda le tue braccia) nelle profondità (baratri) dei misteri celati nel lato Oscuro della Forza (Tenebra).

2. Agita le mani e muoverai le dense Acque Oscure. I tuoi palmi si riempiranno dell'ignota e immota Sostanza Acquea.

Il dio Horus mi dice d'impossessarmi dei segreti (agita le mani) del lato Oscuro della Forza e così dirigerò le dense Energie Oscure (Acque Oscure). Quindi il Dio m'informa che controllerò (i tuoi palmi si riempiranno) l'ignota e immota Energia Oscura (Sostanza Acquea).

3. Il Mare profondo è divenuto Tenebra. Affonda i tuoi nemici nelle profondità melmose della Dimensione cosmica e grida, facendo ciò, il mio nome.

Il dio Horus dichiara che l'Energia profonda (il Mare profondo) è divenuta il lato Oscuro della Forza. Quindi il Dio mi esorta ad affondare i miei nemici nel lato Oscuro (profondità melmose) della Forza (Dimensione cosmica) e, facendo ciò, di gridare Horus (il suo nome).

4. Non voltarti poi indietro, poiché alle tue spalle lascerai solamente scheletri divelti.

Il dio Horus mi esorta a non voltarmi indietro, poiché nessuno dei miei nemici sopravviverà.

5. Il tuo volto illuminato di Luce radiosa contrasterà il tuo cammino inondato dalla tenebra.

Il dio Horus m'informa che il mio volto illuminato dalla Luce del Sapere contrasterà il mio cammino inondato dalla tenebra dell'ignoranza degli uomini profani.

6. Il tuo volto così divino, così reale, così amato.

Il dio Horus mi dice che il mio volto è così divino, così regale (reale), così amato dagli iniziati.

7. Beati saranno gli occhi di colei che potranno

immergersi nel tuo sguardo.

Il dio Horus dichiara che beati saranno gli occhi della dea Maat che potranno immergersi nel mio sguardo.

8. La divina e regale Padrona di tutte le cose è alle porte.

Il dio Horus afferma che la dea Maat (la divina e regale Padrona di tutte le cose) sta per arrivare.

9. Crea il Noun e diverrai la magnifica trasformazione del Tre.

Il dio Horus mi esorta a creare i germi del divenire delle Acque cosmiche (Noun) e così diverrò Heru-ra-ha (la magnifica trasformazione del Tre).

Punto VI

1. Abbandona tutti gli affanni, le sofferenze e le follie umane. Lascia che gli uomini si distruggano l'un l'altro. La parola del Figlio è stata pronunciata e l'eco della sua voce si è fatto sentire in ogni luogo.

Il dio Horus esorta l'iniziato ad abbandonare tutte le tribolazioni, le sofferenze e le questioni umane. Quindi il Dio gli dice di non interferire e di lasciare che gli uomini si distruggano l'un l'altro. Inoltre dichiara che la mia parola – quella del Figlio Horus – è stata pronunciata e che l'eco della mia voce si è fatto sentire ovunque.

2. Tormenti e tribolazioni non sono più di noi, poiché viviamo in un'altra realtà circostante il mondo profano.

Il dio Horus afferma che le tribolazioni non appartengono

più a quegli Uomini divenuti Dei, poiché essi vivono in una realtà circostante il mondo profano.

3. Gli Eletti seguiranno la nostra Gloria, la nostra Gioia nell'Era a venire.

Il dio Horus dichiara che gli Eletti seguiranno la Gloria degli Dei, la Gioia degli Dei nel Mahon di Horus-Maat.

4. La Cerchia degli Dei sarà presto conclusa. Essi siederanno intorno al Trono e formeranno la Corona di Luce.

Il dio Horus sostiene che presto sarà conclusa la Cerchia degli Dei. Quindi il Dio dichiara che essi – i 12 Re – siederanno intorno al Trono d'Oro di Heru-ra-ha e che formeranno la Corona di Luce.

5. Questa è la fine dei Tempi, i falsi profeti non esistono più da tempo e gli Uomini non conosceranno il significato della parola idolatrare.

Il dio Horus afferma che ciò che ha appena detto riguarda la fine dei Tempi, quando le religioni dei falsi profeti non esisteranno più e gli Uomini non conosceranno più il significato della parola idolatrare.

6. Il Messaggio del Verbo divino è stato portato nel mondo dal dolce Vento.

Il dio Horus dichiara che il Messaggio di Abraxas (Verbo divino) è stato portato nel mondo dall'energia *sottile* (dolce Vento).

7. I cuori degli Uomini sapienti germoglieranno alla sua carezza.

Il dio Horus sostiene che i pensieri (cuori) dei Sapienti fioriranno a contatto con l'energia *sottile*.

8. Nascondetevi o uomini e non aprite gli occhi perché non siete degni di vedere i miei Figli.

Il dio Horus ingiunge agli uomini selvaggi di nascondersi e di non aprire gli occhi perché non sono degni di vedere gli Eletti.

9. Un'Alba nuova nascerà e Hrumachis sorgerà dal doppio orizzonte. Una nuova Vena animerà i corpi.

Il dio Horus dichiara che nascerà l'Età del Platino (Alba nuova) e che il dio Hrumachis (Horus-Sole all'alba) sorgerà a Est, come manifestazione del doppio orizzonte (Est-Ovest). Quindi il Dio sostiene che una nuova Vena (si veda AM, 2, IV, 5.), cioè una nuova Conoscenza, animerà gli uomini (corpi).

10. Finalmente la mia manifestazione duplice verrà espressa nella manifestazione eterna dei miei due opposti.

Il dio Horus sostiene che finalmente la sua manifestazione duplice (Heru-ra-ha) verrà espressa nella manifestazione eterna dei suoi due opposti (Ra-Hoor-Khuit e Hoor-paar-Kraat).

11. La Fine è giunta ora a una Parola.

Il dio Horus dichiara che la fine del suo messaggio è giunta adesso a una Parola, cioè è giunta alla parola – ALAMAR – del passo successivo.

12. Lascia AL ai Thelemiti, acquisisci AM per i Fedeli d'Amore ed esprimi in silenzio la nuova Legge. AR.

Il dio Horus mi esorta a lasciare AL (Dio) ai Thelemiti, ad acquisire AM (Forza nel senso dell'Amore) per i Fedeli d'Amore (Agapeici) e a esprimere in silenzio la nuova Legge. Quindi il Dio pronuncia la parola della nuova Legge: "AR". Questa parola significa "Luce" ed è la parola degli Argoniani.

4

Commento al *Liber AHBH*

Maat

Punto I

1. La Parola perduta è stata ritrovata.

La dea Maat afferma che la Parola perduta – IVTH – è stata ritrovata.

2. Abraxa è il Logos, ma la mia Via porta lontano.

La dea Maat dichiara che Abraxa (una diversa grafia di Abraxas) è il Verbo (Logos), ma che la sua Via porta lontano.

3. Il mio nome è stato pronunciato e gli Eoni dinanzi a me si sono inchinati.

La dea Maat sostiene che il suo nome – Maat – è stato pronunciato e che gli Eoni precedenti si sono inchinati dinanzi a lei, la Dea di Verità e Giustizia.

4. Ixsar è la Parola che risveglia il Dormiente.

La dea Maat afferma che Ixsar (il nome segreto della dea Maat) è la Parola che risveglia il Dormiente.

5. Abbatti le porte, solleva le Colonne, sorgerà il mio Tempio, la mia Casa, l'Eone di Maat.

La dea Maat m'incita ad abbattere gli ostacoli, a erigere il Culto Stellare; così sorgerà il Tempio di Diamante (il mio Tempio), la Casa di Maat (la mia Casa), l'Eone di Maat.

6. Maat è la Figlia inviolata.

La dea Maat dichiara che la Maat incarnata è la Figlia inviolata.

7. Scopri il Quattro, otterrai il Sei e il Punto centrale sarà il Sette.

La dea Maat mi esorta a scoprire il Quattro, cioè a scoprire che dalle Acque cosmiche (Noun) nasce la Manifestazione, e così otterrò il Sei, la concezione dei poli opposti (Esagramma); e Hadit invisibile (Punto centrale) sarà il Sette, il Punto occultato.

8. Babalon, la Regina delle Genti si è risvegliata e ora attende che il suo corpo venga pervaso dai baci lussuriosi.

La dea Maat sostiene che la Donna Scarlatta (Babalon, la Regina delle Genti) è divenuta (risvegliata) la Maat incarnata e che ora attende che il suo corpo venga pervaso dall'Estasi eterna (baci lussuriosi).

9. Ella è nel mio Tempio, nel mio Tempio Segreto, nella Dimora inviolabile.

La dea Maat afferma che la Maat incarnata si trova nel Tempio di Diamante (nel mio Tempio Segreto), nella Dimora inviolabile (a Ovest).

10. E tu, la cui statura sorpassa la vastità dell'infinito, curvati sopra tutte le cose, contieni nel tuo grembo l'Essenza della Vita e divieni il Tutto.

La dea Maat, rivolgendosi alla Maat incarnata (la cui statura sorpassa la vastità dell'infinito), la esorta a curvarsi – come la dea Nuit – sopra tutte le cose, a contenere nel suo grembo l'Essenza della Vita e a divenire Nuit (Tutto).

11. L'Estasi eterna è in te e nei baci di Nu che fanno fremere il tuo corpo. Pronuncia la Parola segreta e apri il tuo pugno affinché dal Nulla possano essere creati gli Eoni. Allarga le braccia e accogli in te l'Amato in un estatico atto, frenetico sussulto, d'Amore.

La dea Maat dichiara che l'Estasi eterna è nella Maat incarnata e nei baci di Nuit (Nu) che fanno fremere il corpo della Figlia (Maat incarnata). Poi, la Dea la esorta a pronunciare la Parola segreta (AM. Forza nel senso dell'Amore) e ad aprire il proprio pugno affinché da Nuith (Nulla) possano essere creati gli Eoni. Infine la esorta ad allargare le braccia e ad accogliermi (l'Amato) in un estatico atto, frenetico sussulto, d'Amore.

12. La Verità è nell'Eone, tu sei il centro. La Verità perduta verrà ristabilita. AM.

La dea Maat sostiene che la Verità è nell'Eone di Maat e che la Maat incarnata ne è il centro. Inoltre, la Dea afferma che la Verità perduta – Culto Stellare – verrà ristabilita. Infine pronuncia la Parola AM (Forza nel senso dell'Amore).

Punto II

1. Separa la tenebra dalla luce ed entra nell'Orizzonte del Tramonto.

La dea Maat esorta l'iniziato a localizzare (separa) il momento di passaggio – al Tramonto – tra la luce e la tenebra e a entrare nell'Orizzonte, nel Regno della Quarta Attenzione.

2. L'Orizzonte è una Città, lì si trovano gli Dei.

La dea Maat dichiara che l'Orizzonte è la Città dove si trovano gli Dei.

3. Maat è tutto questo e oltre ancora.

La dea Maat sostiene che lei stessa è il Regno della Quarta Attenzione (tutto questo) e oltre ancora.

4. Al di là degli Arcobaleni di Luce, le Colonne segnano l'inizio e la fine di due realtà, il passato e il futuro.

La dea Maat afferma che al di là delle Linee Parallele (Arcobaleni di Luce) del Regno della Terza Attenzione, vi è l'Entrata (Colonne) del Regno della Quarta Attenzione che segna l'inizio e la fine dello scorrere del tempo (l'inizio e la fine di due realtà, il passato e il futuro).

5. Entra nella Casa inviolata di Maat, il tempo è presente. La fornicazione degli elementi vibra in ogni luogo.

La dea Maat esorta l'iniziato a entrare nel Regno della

Quarta Attenzione (Casa inviolata di Maat), ove il tempo non scorre e la materia è in movimento.

6. La Stella a Sei Punte si manifesta in Tre.

La dea Maat dichiara che l'Esagramma (Stella a Sei Punte) si manifesta nel Triangolo di Luce (Tre), la Stella a Tre Punte. Vediamo come.

L'Esagramma, come simbolo dell'unione del maschile (fuoco) e del femminile (acqua), genera il Triangolo di Luce, il simbolo dell'androgino (Aria).

7. La Luce è AR, ma i miei insegnamenti di Verità si esprimono in AHBH.

La dea Maat afferma che la Luce è AR, ma che i suoi insegnamenti di Verità si esprimono in Amore (AHBH).

8. Verità e Giustizia. Questo è il fondamento del nuovo Eone.

La dea Maat decreta che Verità e Giustizia sono il fondamento del nuovo Eone di Maat.

9. Entra nella mia Casa, vibra il mio nome e la tua coscienza si espanderà ai quattro angoli dell'universo e compenetrerà l'Essenza delle cose.

La dea Maat incita la Maat incarnata a entrare nella sua Casa (a Ovest), a vibrare il suo nome (Maat), e la coscienza della Figlia (Maat incarnata) si espanderà nelle quattro direzioni dell'universo e compenetrerà l'Essenza delle cose.

10. Amore è la Legge. Con l'Amore tu abbatterai le porte ed entrerai trionfante attraverso le Colonne di Arcobaleno. Io sono la Luce oltre il Grande Vuoto che

s'inabissa nell'Estasi vorticosa della Pienezza in un Punto.

La dea Maat dichiara che "Amore è la Legge". Poi, la Dea sostiene che con l'Amore la Figlia (Maat incarnata) abbatterà gli ostacoli ed entrerà trionfante attraverso le Colonne di Arcobaleno del Regno della Terza Attenzione. Infine afferma che lei stessa è la Luce oltre Nuu (Grande Vuoto) che s'inabissa nell'Estasi vorticosa della Pienezza in un Punto, in Hadit invisibile.

11. Ama sopra ogni cosa, poiché solamente tu comprendi il significato di questa Parola. Lasciati condurre dall'Amore attraverso i Confini, poiché tu sei al di sopra di tutte le cose manifeste. Ho chiuso la mia Parola in un baratro assonante di Tenebra che tengo racchiuso tra le mie mani. Il Cerchio è luminoso, l'interno è Nero e il Punto centrale è lucente.

La dea Maat esorta la Maat incarnata ad amare al di sopra di ogni cosa, poiché solamente la Figlia (Maat incarnata) comprende (prende in sé) il significato della Parola "Amore". Quindi la Dea le dice di lasciarsi condurre dall'Amore attraverso i Confini delle Attenzioni, poiché lei è al di sopra di tutte le cose manifeste. Poi afferma che ha chiuso la sua Parola (AM) in un baratro assonante di Oscurità che tiene racchiuso tra le mani. Infine sostiene che la Circonferenza dell'universo non-manifesto è luminosa, che l'interno è Nero e che Hadit invisibile (Punto centrale) è lucente.

Punto III

1. Riscopri il significato del Cinque.

La dea Maat mi esorta a riscoprire il significato del Cinque, come numero del Pentagramma (Uomo).

216

2. Quello del Quattro già tu lo conosci.

La dea Maat dichiara che io già conosco il significato del numero Quattro (si veda AM, 3, I, 4.), infatti, questo numero rappresenta le Acque cosmiche (Noun).

3. Il Sei è la Khabs, la Fonte dell'Essenza, la Vita divenuta Spirito. Io sono colei che è al di là di questo Eone. Io sono ora, poiché ora è il mio momento.

La dea Maat afferma che il numero Sei è la Stella (Khabs, la Fonte dell'Essenza, la Vita divenuta Spirito). Poi, la Dea afferma di essere colei che è al di là del presente Eone di Horus. Infine sostiene che lei è pure presente ora (in questo Eone), poiché ora è il suo momento, il momento per realizzare il Mahon di Horus-Maat.

4. Io sono la Figlia. Io sono l'ultima, dopo di me non ci saranno più altri Dei.

La dea Maat sostiene che lei è la Figlia, poiché esistono due aspetti della dea Maat: la Maat Madre e la Maat Figlia. Inoltre, la Dea dichiara che è l'ultima, che dopo di lei non ci saranno più altri Dei.

5. Getta quell'ultimo barlume di raziocinio e segui me. La mia Vita, la mia Via, la mia Volontà, il mio Amore è ciò che tu devi seguire.

La dea Maat, rivolgendosi alla Maat incarnata, la esorta a eliminare in sé quell'ultimo barlume di raziocinio e di seguirla. Quindi la Dea dichiara che la sua Vita, la sua Via, la sua Volontà, il suo Amore è ciò che la Figlia (Maat incarnata) deve seguire.

6. Non esiste nulla oltre che l'Amore.

La dea Maat afferma che esiste solo l'Amore.

7. La mia Stella illuminerà il tuo cammino. Io ti condurrò attraverso un sentiero di tribolazioni, nel Reame invisibile. Io ti condurrò fino lassù, o mia Eletta, dove potrai varcare l'ultimo gradino per l'eternità.

La dea Maat dichiara che la Stella di Diamante – Culto Stellare – illuminerà il cammino iniziatico della Maat incarnata. Inoltre, la Dea afferma che lei la condurrà attraverso un sentiero di tribolazioni, nel Regno di Diamante (Reame invisibile). Infine sostiene che lei la condurrà fino al grado iniziatico più alto, dove la Figlia (o mia Eletta) potrà varcare l'ultimo gradino per l'eternità, cioè realizzare il Corpo Divino.

8. Lascia tutto ciò che non serve, perché io ti desidero nuda, vestita solamente della tua purezza e del tuo candore. In te il tuo cuore s'infiamma alla mia Parola e la mia Colomba si posa sulla tua spalla.

La dea Maat incita la Maat incarnata ad abbandonare tutto ciò che non serve, perché lei la desidera nuda, vestita solamente della sua purezza e del suo candore. Quindi la Dea dichiara che il cuore della Figlia s'infiamma alla sua Parola – Ion-Ra – e che la sua Colomba (il simbolo della Sophia) si posa sulla spalla della Figlia.

9. Va' dunque, o Figlia, tra le genti e distruggi con la forza del mio Amore i vili e i meschini. La tua arma sarà molto sottile, ma contro di essa non c'è scampo.

La dea Maat esorta la Maat incarnata ad andare tra le genti e a distruggere con la forza del suo Amore – l'Amore della Dea Maat – gli uomini selvaggi (i vili e i meschini). Quindi la Dea

218

afferma che l'arma della Figlia – la forza dell'amore della Dea – sarà molto sottile, ma che contro di essa non c'è scampo (si veda AM, 4, VI, 6.).

10. La Figlia si è rivelata nei secoli e la sua mano impugna la Spada di Fuoco.

La dea Maat dichiara che la Maat incarnata si è rivelata nei secoli e che la sua mano impugna la Spada della Giustizia (Spada di Fuoco).

Punto IV

1. Scopri la Montagna. Erigi quattro Colonne, ma non tentare di scalarla. Con la forza dell'Amore ti ritroverai in cima alla Montagna, ma la vetta non esiste e sarai solamente tu e il Nulla sorretto dalle quattro Colonne.

La dea Maat mi esorta a scoprire la Montagna Sacra. Quindi la Dea mi dice di evolvermi iniziaticamente su basi solide (erigi quattro Colonne), ma di non cercare al di fuori del mio essere (non tentare di scalarla). Inoltre m'informa che con la forza dell'Amore mi ritroverò in cima alla Montagna, ma che la vetta non esiste, infatti, la ricerca deve essere interiore. E continua dicendo che sarò solamente io e il Nulla sorretto dalle mie realizzazioni (quattro Colonne).

2. Ion-Ra è la Parola nascosta, io l'ho data a chi è di me. È il Serpente che guizza nei cuori ardenti.

La dea Maat afferma che Ion-Ra è la Parola nascosta, che ella l'ha data a chi è di lei. Quindi la Dea dichiara che la Parola nascosta è Hadit, il Serpente che guizza nei cuori ardenti degli iniziati.

3. Ella ha la mia Corona e il mio Regno. Ella è assisa sul Trono visibile e invisibile e governa con la potestà di tutti gli Dei. Nella mano destra reca lo Scettro, ma tu non farla adirare perché altrimenti le cose si frantumeranno e la Forza si scatenerà libera da ogni dominio.

La dea Maat dichiara che la Maat incarnata ha il suo Potere (Corona) e il suo Reame invisibile (Regno). Quindi la Dea sostiene che la Maat incarnata domina il Tonal e il Nagual (assisa sul Trono visibile e invisibile) e governa con la potestà di tutti gli Dei. Inoltre afferma che la Maat incarnata tiene nella mano destra – il lato del Tonal – lo Scettro del Potere. E continua dicendo che non devo farla adirare perché altrimenti le cose si frantumeranno e il Potere (la Forza) si scatenerà libero da ogni controllo.

4. Ma tu sai come raggiungere il cuore dell'Amata. Ella è spietata con gli ignoranti ed è Madre adorata per i suoi Figli.

La dea Maat sostiene che io so come raggiungere il cuore della Maat incarnata (Amata). Quindi la Dea dichiara che la Maat incarnata è spietata con gli uomini selvaggi (gli ignoranti) e che è Madre adorata per gli iniziati (i suoi Figli).

5. Porgile la mano e fatti condurre alla Soglia del suo Regno di Diamante.

La dea Maat mi dice di porgere la mano alla Maat incarnata e di farmi condurre davanti la Soglia del Reame invisibile (Regno di Diamante) della Figlia (Maat incarnata).

6. E tu, così vestito di vari colori, ti troverai assieme a colei che ha gettato al vento i suoi gioielli e la porpora.

La dea Maat m'informa che io, così vestito di Luce (di vari

colori), mi troverò assieme alla Maat incarnata, colei che ha gettato via (al vento) i suoi gioielli e la concezione della Donna Scarlatta (porpora).

7. Così vestiti di Luce, potrete entrare nel mio Tempio di Diamante.

La dea Maat sostiene che così vestiti di vari colori (vestiti di Luce) potremo entrare nel suo Tempio Segreto (nel suo Tempio di Diamante), cioè nella Dimora inviolabile, la Casa di Maat (a Ovest).

8. Più in là per il momento non vi posso dire, ma molto ho da rivelare.

La dea Maat dichiara che per il momento non ci può svelare di più, ma molto ha da dire in forma velata (rivelare).

9. La mia Casa segreta è racchiusa nei vostri cuori divini e in voi è contenuta la Chiave.

La dea Maat afferma che il suo Tempio Segreto (Casa segreta) è racchiuso nei nostri cuori divini e che in noi è contenuta la Chiave (si veda AM, 1, II, 27.).

Punto V

1. Osserva attraverso il Cristallo. Se tu crederai in me, il Cristallo si frantumerà e tu vedrai me.

La dea Maat mi dice di guardare oltre l'Illusione (Cristallo). Quindi m'informa che se io crederò in lei, l'Illusione (Cristallo) scomparirà ed io vedrò lei.

2. Entra nella mia Dimora segreta. Qui il Diamante

risplende e qui tu sei un Dio.

La dea Maat m'incita a entrare nella sua Casa segreta (a Ovest), e mi dice che là il Mahon di Horus-Maat risplende e che là sono un Dio.

3. Abbandona gli uomini ciechi al loro destino sordo e profano. Essi non otterranno la salvezza.

La dea Maat mi esorta ad abbandonare gli uomini profani (gli uomini ciechi) al loro destino sordo e profano. Quindi la Dea afferma che essi non otterranno la salvezza.

4. Ma cosa resterà della Terra dopo che mio Figlio avrà distrutto il potere con la forza dell'Ira del Potente? Cosa resterà della Terra dopo che mia Figlia avrà finito di versare tutte le sue lacrime e i suoi occhi aridi come terra assetata bruceranno? L'Aria infuocata governerà la Terra. Gli Dei avranno conquistato il loro posto, ma io salverò un Punto dove i miei Figli renderanno grazie a me e al mio Signore.

La dea Maat si chiede che cosa resterà della Terra dopo che io (mio Figlio) avrò distrutto il potere degli uomini con la forza dell'Ira di AL (Potente). Quindi la Dea si chiede che cosa resterà della Terra dopo che la Maat incarnata (mia Figlia) avrà finito di versare tutte le sue lacrime e i suoi occhi bruceranno. Poi afferma che l'Energia del Dragone (Aria infuocata) governerà la Terra. Infine dichiara che gli Dei del Mahon di Horus-Maat conquisteranno il loro posto, ma che lei salverà un Luogo (Punto) dove i suoi Eletti (miei Figli) renderanno grazie a lei e a Horus (mio Signore).

5. Un Lampo che squarcia la tenebra, il cieco diviene il vedente, la Luna partorirà dei Figli e le Luci della notte si riverseranno sulla Terra.

La Dea Maat afferma: la Luce della Conoscenza (Lampo) che squarcia la tenebra dell'ignoranza, il profano che non vede la Luce della Conoscenza diviene il vedente, la Maat incarnata (Luna) avrà dei seguaci (Figli) e le Otto Stelle del cielo notturno (Luci della notte) si riverseranno sulla Terra.

Ma come il profano può vedere la Luce della Conoscenza? La può vedere soltanto tramite un Raggio di luce (un Lampo) che squarcia l'oscurità della notte.

6. Sollevati o uomo dalla tua millenaria condizione di schiavitù, ma tu non sei degno di lasciare la terra e allora prostrati dinanzi al tormento Divino, affonda il viso nella polvere, poiché tu non sei degno che io ti schiacci il capo.

La dea Maat incita lo schiavo umano (o uomo) a sollevarsi dalla sua millenaria condizione di schiavitù, ma subito dopo aggiunge che questi non è degno di lasciare la terra e allora gli dice di prostrarsi dinanzi al tormento Divino, di affondare il viso nella polvere, poiché egli non è degno che lei gli schiacci la testa.

7. La mia Collera sarà terribile. Gli Eoni di affanni e di tribolazioni non sono nulla in confronto al mio Tempo.

La dea Maat dichiara che la sua Collera sarà terribile. Quindi la Dea rivela che gli Eoni passati di affanni e di tribolazione non sono niente in confronto al suo Tempo.

8. Ma ciò che ora io ti dico è inutile, poiché non lo comprenderai.

La dea Maat m'informa che ciò che sta per dirmi è inutile, poiché non lo comprenderò.

9. Lascia che la mia parola vada errabonda di orecchio

in orecchio, solo così la potenza della mia Forza verrà espressa liberamente.

No comment.

10. Lascia gli ardori del tuo cuore bruciante di passione. Ciò che avete atteso, avverrà, come è accaduto, come avvenne.

No comment.

11. Cercherete una risposta, ma voi non l'avrete.

La dea Maat ci dice che cercheremo una risposta, ma che noi non l'avremo.

12. Non avete bisogno di conferme, il silenzio risponderà a voi, solenne e ingrato dai remoti abissi insondabili.

La dea Maat sostiene che le nostre domande non hanno bisogno di conferme, che il silenzio ci risponderà, solenne e ingrato dai remoti abissi insondabili.

13. Il Mistero è celato nell'impenetrabile Sigillo dell'Inizio. Non scoprite il significato, poiché tale Mistero è alla base della vostra creazione.

La dea Maat dice che il Mistero è celato nell'impenetrabile Sigillo dell'Inizio. Quindi la Dea ci esorta a non scoprire il significato di ciò che ha appena detto, perché tale Mistero è alla base della nostra creazione.

Punto VI

1. Le Porte di Diamante si sono aperte.

La dea Maat dichiara che le Conoscenze (Porte) del Mahon di Horus-Maat si sono rese accessibili.

2. Là, va oltre l'Illusione.

La dea Maat sostiene che nel Mahon di Horus-Maat le Conoscenze vanno oltre l'Illusione.

3. Il Diamante si è manifestato.

La dea Maat afferma che il Mahon di Hous-Maat si è manifestato.

4. Altri incantesimi tu non insegnerai. Accantona i rituali e fai Riti di Fuoco e d'Amore per me.

La dea Maat mi dice che nel Mahon di Horus-Maat non insegnerò altri incantesimi (così è). Quindi la Dea mi esorta ad accantonare i rituali magici e a praticare il Culto Cosmico-Stellare (Riti di Fuoco e d'Amore) per lei.

5. La Legge è detta. AR governerà sui popoli, ma i popoli non saranno quelli che tu credi, poiché saranno i puri, i nati fuori dal peccato.

La dea Maat dichiara che la Legge è detta. Inoltre, la Dea dichiara che la Luce (AR) governerà sui popoli, ma che i popoli non saranno quelli a cui penso, bensì quelli degli iniziati (i puri), i nati fuori dalla società degli uomini selvaggi.

6. Mia Figlia terrà in pugno la Freccia di Diamante e la scaglierà quando i Tempi si ritrarranno.

La dea Maat sostiene che la Maat incarnata (mia Figlia) terrà in pugno la Freccia di Diamante (si veda AM, 4, III, 9.) e che la scaglierà quando i vecchi Tempi – quelli dell'uomo – staranno per finire.

7. Ciò che esiste al di là dell'Illusione si salverà e morte sia per sempre al malefico Incantatore degli Abissi.

La dea Maat dichiara che ciò che esiste nel noumeno (al di là dell'Illusione) si salverà e che morte sia per sempre a Yog-Sothoth, il malefico Incantatore degli Abissi.

8. Il Diamante sorgerà e gli Dei e altre strane mie creature coabiteranno.

La dea Maat annuncia la futura nascita del Mahon di Horus-Maat e sostiene che gli Dei e altre strane creature coabiteranno.

9. I cieli presto saranno diversi, un altro Sole brillerà e Phardox e Fhlivaorh domineranno ai due lati dell'orizzonte.

La dea Maat annuncia il futuro avvento dell'Età del Platino (i cieli presto saranno diversi), sostiene che un altro Sole (Hrumachis) brillerà e che Phardox (a Est) e Fhlivaorh (a Ovest) domineranno ai due lati dell'orizzonte.

10. Le gesta dei miei Eroi non verranno dimenticate. Il Diamante sarà per sempre, fino a quando l'universo consumerà se stesso in una perenne bramosia di desiderio.

La dea Maat sostiene che le gesta di Phardox e Fhlivaorh (miei Eroi) non verranno dimenticate. Inoltre, la Dea dichiara che il Mahon di Horus-Maat (Diamante) rimarrà per sempre, fino a quando l'universo consumerà se stesso – dissoluzione cosmica – in una perenne bramosia di desiderio.

11. La Terra non sarà più quella, vedrà nuovi Soli, il Tempo antico sarà dimenticato ma i Segreti Signori, che

vengono dalle Dimore segrete, saranno qui tra noi e con il nostro Tempo.

La dea Maat dichiara che la Terra non sarà più quella di una volta, che vedrà nuovi Tempi (Soli), che il Tempo dell'uomo sarà dimenticato ma che gli antichi Dei (i Segreti Signori), che vengono dalle Dimore segrete, saranno tra noi e con il nostro Tempo.

12. Stai attento, Uomo, poiché ciò che tu stai ricevendo è la Legge del Diamante e la sua Forza può sconvolgere il mondo. Se tu vuoi me prendi la mia Forza e gettala sul mondo affinché la Terra possa venire iniziata e dai quattro angoli sorgere il Diamante.

La dea Maat, definendomi Uomo, mi dice di stare attento, perché ciò che sto ricevendo è la Legge del Diamante e la sua Forza può sconvolgere il mondo. Quindi la Dea mi dice che se voglio lei posso prendere la sua Forza e scagliarla sul mondo affinché la Terra possa venire iniziata e dai quattro punti cardinali (quattro angoli) sorgere il Diamante.

13. Ma io vi prego, o voi che siete di me, di gettare questa mia Legge con forza disperata alle vie del mondo, poiché la Terra deve raggiungere il primo stadio di trasformazione.

La dea Maat ci prega (noi che siamo di lei) di scagliare questa sua Legge con forza disperata nei quattro punti cardinali (alle vie del mondo), poiché la Terra deve conquistare il primo stadio di trasmutazione alchemica.

14. Getta le basi per il Diamante, le sue fondamenta posano su profondi e sicuri abissi.

La dea Maat mi esorta a gettare le basi conoscitive per il

Mahon di Horus-Maat, poiché le sue fondamenta posano su profondi e sicuri abissi.

15. Io vi darò l'Arma tenuta nascosta e temuta dalle genti. Con essa colpirete il mondo.

La dea Maat ci informa che ci darà l'Arma da Guerra (si veda AM, 3, III, 5.) tenuta nascosta e temuta dalla genti. Inoltre, la Dea ci dice che con essa colpiremo il mondo.

16. Io ho frantumato ogni verità con la forza della mia parola. Io ho fatto venire nuovi Giorni per la gioia degli abitanti della Città Segreta. Io ho frantumato le Ere e tutto si è risolto nella mia Verità. I Tempi sono giusti ed ho sistemato le azioni sui piatti della mia bilancia. Un Raggio perfora il suo braccio ed è da qui che scaturisce la Giustizia divina. Accostati a me e alla mia Verità. La mia Giustizia condurrà il puro nei Giardini invisibili e distruggerà il vile facendolo divenire preda di se stesso. La mia Legge è stata pronunciata, la mia Eletta vacilla nell'estasi della mia Parola. Tutto ormai è stato compiuto. La mia mano sinistra si poggia delicatamente sui vostri capi e la fiamma d'amore vibra perpetua nei vostri cuori.

La dea Maat afferma che ha frantumato ogni credenza (verità) con la forza dell'Amore (mia Parola) e che ha fatto venire nuovi Tempi (nuovi Giorni) per la gioia degli abitanti della Città degli Dei (Città Segreta). Quindi la Dea dichiara che ha frantumato le Epoche storiche (Ere) e che tutto si è risolto nella sua Verità. Poi sostiene che i nuovi Tempi sono giusti e che ha sistemato le azioni sui piatti della sua bilancia, la bilancia della Giustizia. Inoltre rivela che un Raggio perfora il braccio della bilancia e che da questo punto centrale – punto di equilibrio – scaturisce la Giustizia divina. A questo punto la Dea mi dice di accostarmi a lei e alla sua Verità. E continua dicendo che la sua Giustizia condurrà l'iniziato (puro) nei Giardini invisibili e distruggerà il profano (vile) facendolo diventare vittima di se stesso. Quindi sostiene che la Legge dell'Amore (la mia Legge) è stata detta e che la Figlia, la Maat incarnata (la mia Eletta), vacilla nell'estasi dell'Amore (mia Parola). Poi afferma che, oramai, tutto è stato fatto. Infine dichiara che la sua mano sinistra si poggia delicatamente sulle nostre teste e che la passione (fiamma d'amore) vibra perpetua nei nostri cuori.

Appendice A

Comunicazioni con i Maestri Invisibili

Prima Comunicazione

Per questa Prima Comunicazione con i Maestri Invisibili è stato utilizzato il Tattva della terra (Quadrato giallo), in relazione alla Sfera mentale di Malkuth (Terra).

La Prima Comunicazione è avvenuta (ventisettesimo giorno del mese di maggio dell'Anno LXXV – 1979 e.v. Sole in Gemelli) con il Maestro Invisibile Nia che parlò tramite il veggente Hintar.

Prima Comunicazione

Domanda: "Qual è il tuo nome?".
Risposta: "Nia".
Domanda: "Chi sei?".
Risposta: "Io sono un Maestro Invisibile, io sono la Guida, io rappresento la Totalità dell'universo". [Nia = Tutto]
Domanda: "Che cosa sono le immagini che vede il veggente Hintar?".
Risposta: "Immagini della Sfera mentale di Malkuth".
Domanda: "Qual è il mio scopo?".
Risposta: "La prosecuzione di A.C.".
Domanda: "Durante la notte del 7 febbraio 1977 mi esteriorizzai dal corpo fisico con il Corpo Lunare e vidi di fronte a me un Disco giallo; che cos'era?".
Risposta: "All'inizio era un Tattva deformato dalla Luce

Cosmica".

Domanda: "Il Disco giallo si trasformò in un volto che chiamai 'Satana' e che mi entrò nel petto del Corpo Lunare; chi era?".

Risposta: "Uno Spirito eletto di cui tu porti le tracce".

Domanda: "Si trattava di Satana?".

Risposta: "In verità no, ma in verità è come se lo fosse".

Domanda: "Posso sapere chi era?".

Risposta: "A.C.".

Seconda Comunicazione

Per questa Seconda Comunicazione con i Maestri Invisibili è stato utilizzato il Tattva dell'acqua-fuoco (Mezzaluna argentea inscritta in un Cerchio nero), in relazione alla Sfera mentale di Yesod (Luna).

La Seconda Comunicazione è avvenuta (venticinquesimo giorno del mese di giugno dell'Anno LXXV – 1979 e.v. Sole in Cancro) con il Maestro Invisibile Nia che parlò tramite il veggente Hintar.

Seconda Comunicazione

Domanda: "Che cosa sono le immagini che vede il veggente Hintar?".
Risposta: "Immagini della Sfera mentale di Yesod".
Domanda: "A quale stato di coscienza corrisponde la Sfera di Yesod?".
Risposta: "Prima del sonno con sogni. Thelad".
Domanda: "Nove mesi fa feci un particolare sogno in cui dovevo valicare una siepe; che cos'era?".
Risposta: "Sostenesti la Prova della Siepe, entrasti nella Sfera interiore di Yesod".
Domanda: "Come esiste l'universo di materia, esiste anche un universo di antimateria?".
Risposta: "Sì, esiste un universo B di antimateria".

Domanda: "Si devono eseguire degli studi su questo tipo di universo?".

Risposta: "No, l'universo B comprende solo entità di antimateria che nulla hanno a che fare con la giusta Via".

Domanda: "Puoi dirmi qualche cosa a riguardo dei Qliphoth?".

Risposta: "I Qliphoth costituiscono l'Albero della Morte, il Mondo Nero, Rhuith. Quest'Albero è l'Ombra dell'Albero della Vita".

Terza Comunicazione

Per questa Terza Comunicazione con i Maestri Invisibili è stato utilizzato il Tattva dell'aria (Cerchio blu), in relazione alla Sfera mentale di Hod (Mercurio).

La Terza Comunicazione è avvenuta (ventinovesimo giorno del mese di luglio dell'Anno – LXXV – 1979 e.v. Sole in Leone) con il Maestro Invisibile Nia che parlò tramite il veggente Hintar.

Terza Comunicazione

Domanda: "Che cosa sono le immagini che vede il veggente Hintar?".
Risposta: "Immagini della Sfera mentale di Hod".
Domanda: "Che cos'è il Tempio che vede il veggente Hintar?".
Risposta: "Si tratta del Tempio del dio Horus, il suo Guardiano è Behemoth, la Bestia, il Toro".
Domanda: "La Bestia – il Toro Behemoth – è l'espressione del dio Horus?".
Risposta: "La Bestia si è valorizzata Trina, in campi diversi significati diversi. Al posto giusto e solo ora Horus è la Bestia".
Domanda: "Qual è il mio numero?".
Risposta: "Il 12, il numero dei Raggi della Stella".
Domanda: "Della Stella d'Oro?".

Risposta: "Sì".

Domanda: "Puoi dirmi qualche cosa in merito agli Eoni pre-evali?".

Risposta: "Eone 0. Il Grande Capo era Vaar, la sua Regina Muhu; il loro Figlio Zed dominò i pre-umani.

"Eone I. Luhn dominò sulle terre arse.

"Eone II. Harn dominò nel mare.

"Essi erano figli di Zed. A essi Seguirha fece tre doni: la Terra, il Fuoco e l'Aria. Il Fuoco venne spento dal Mare, Figlio di Zed, e la Terra lo inghiottì. Fu allora che Ra emerse in tutta la sua potenza. Poi giunse, presso il popolo ebreo, un falso Dio (Yahvéh) che uccise Ra. Egli cercò di eguagliarlo, ma il Figlio (Horus) di Ra lo vendicherà".

Quarta Comunicazione

Per questa Quarta Comunicazione con i Maestri Invisibili è stato utilizzato il Tattva dell'acqua (Rettangolo verde), in relazione alla Sfera mentale di Netsah (Venere).

La Quarta Comunicazione è avvenuta (sesto giorno del mese di settembre dell'Anno LXXV – 1979 e.v. Sole in Vergine) con il Maestro Invisibile Nia che parlò tramite il veggente Hintar.

Quarta Comunicazione

Domanda: "Che cosa sono le immagini che vede il veggente Hintar?".

Risposta: "Immagini della Sfera mentale di Netsah".

Domanda: "Puoi dirmi qualche cosa in merito ai Kala?".

Risposta: "Segui il 12. Quando vedrai Neehmeeh sarai giunto alla strada".

Domanda: "Non riesco a capire puoi essere più esplicito?".

Risposta: "Fra cinque mesi lo capirai". [esattamente cinque mesi dopo, il 6 febbraio 1980, compresi che dovevo seguire solamente la mia vera Volontà, il Sacrosanto Angelo-Demone Custode]

Domanda: "Posso avere ulteriori indicazioni?"

Risposta: "Il Saggio aspetta davanti alla capanna, seduto, che l'uva maturi prima di coglierla".

Domanda: "Conseguirò la Conoscenza e Conversazione con

il mio Sacrosanto Angelo-Demone Custode?".

Risposta: "Il tuo incontro con Neehmeeh sarà determinante.

Domanda: "Durante la notte del 21 agosto ho fatto un particolare sogno, ho visto un Tempio e una Entità; chi era l'Entità?".

Risposta: "Hai incontrato il Toro".

Domanda: "Era lo stesso Tempio in cui è entrato il veggente Hintar?".

Risposta: "Sì, sotto un'altra immagine mentale".

Quinta Comunicazione

Per questa Quinta Comunicazione con i Maestri Invisibili è stato utilizzato il Tattva del fuoco (Triangolo rosso), in relazione alla Sfera mentale di Geburah (Marte).

La Quinta Comunicazione è avvenuta (quindicesimo giorno del mese di ottobre dell'Anno LXXV – 1979 e.v. Sole in Bilancia) con i Maestri Invisibili Shy-mha e Rahkaamh che parlarono tramite il veggente Hintar.

Quinta Comunicazione

Domanda: "Quali sono i vostri nomi?".
Risposta: "Shy-mha, Rahkaamh".
Domanda: "Chi siete e da dove venite?".
Risposta (Shy-mha): "Noi non siamo, ma saremo; quando torneremo la Terra brillerà di nuova Luce. Noi siamo la Forza, noi siamo l'Essenza, noi siamo il Dogma".
Domanda: "In quanti siete?".
Risposta (Shy-mha): "Undici Maestri massimi e centinaia di altri Maestri, suddivisi in tre categorie: Semplici, Landhani, Eletti".
Domanda: "Voi due a quale categoria appartenete?".
Risposta (Rahkaamh): "A quella più bassa, quella dei Semplici".
Domanda: "Potete dirmi il nome di qualche Maestro

Invisibile appartenente alla categoria dei Semplici?".

Risposta (Rahkaamh): "Vanaah, Raktrak, Visnalnazar".

Domanda: "Che cosa sono le immagini che vede il veggente Hintar?".

Risposta (Rahkaamh): "Immagini della Sfera mentale di Geburah".

Domanda: "Potete comunicarmi un Messaggio?".

Risposta (Shy-mha): "Cogito est Vitam". [Latino arcaico. "Il Pensiero è Vita"]

Domanda: "Potete dirmi di più?".

Risposta (Shy-mha): "Questa è la base per gli altri".

Domanda: "La Parola magica – Amuh-Gadah – che ho pronunciato all'equinozio di primavera è stata la cinquantesima e ultima?".

Risposta (Rahkaamh): "Sì. Essa resterà sempre viva". [Aleister Crowley ricevette dai Maestri Invisibili quarantanove Parole magiche]

Sesta Comunicazione

Per questa Sesta Comunicazione con i Maestri Invisibili è stato utilizzato il Tattva dell'etere (Uovo nero), in relazione alla Sfera mentale di Hesed (Giove).

La Sesta Comunicazione è avvenuta (ottavo giorno del mese di novembre dell'Anno LXXV 1979 e.v. Sole in Scorpione) con il Maestro Invisibile Vherathustar che parlò tramite il veggente Hintar.

Sesta Comunicazione

Domanda: "Qual è il tuo nome?".
Risposta: "Vherathustar".
Domanda: "Chi sei?".
Risposta: "Un Maestro della categoria dei Landhani".
Domanda: "Puoi dirmi il nome di qualche Maestro Invisibile appartenente alla categoria dei Landhani?".
Risposta: "Arhia".
Domanda: "Qual è la vostra lingua?".
Risposta: "La nostra è la lingua dei Padri, la lingua della verità e della fede; può uccidere o bruciare, ognuno può sentirla, basta che si apra a noi".
Domanda: "Che cosa sono le immagine che vede il veggente Hintar?".
Risposta: "Immagini della Sfera mentale di Hesed".

Domanda: "La nota frase di Cartesio, 'Cogito ergo sum', ["Penso quindi esisto"] sottintende che il Pensiero è Vita?".

Risposta: "Sì, sono stato io a suggerire 'il Pensiero è Vita' al Maestro Shy-mha".

Domanda: "Quali sono le lettere-chiave del Logos dell'Eone di Horus?".

Risposta: "H.T.S.; queste tre lettere sono inscritte nel Triangolo divino". [esse compongono il nome del dio Seth e vanno lette da destra verso sinistra]

Settima Comunicazione

Per questa Settima Comunicazione con i Maestri Invisibili è stato utilizzato il Tattva dell'etere (Uovo nero), in relazione alla Sfera mentale di Tiphereth (Sole).

La Settima Comunicazione è avvenuta (settimo giorno del mese di dicembre dell'Anno LXXV – 1979 e.v. Sole in Sagittario) con il Maestro Invisibile Rhezan che parlò tramite il veggente Hintar.

Settima Comunicazione

Domanda: "Qual è il tuo nome?".
Risposta: "Rhezan".
Domanda: "Chi sei?".
Risposta: "Un Maestro della categoria degli Eletti".
Domanda: "Puoi dirmi il nome di qualche Maestro Invisibile appartenente alla categoria degli Eletti?".
Risposta: "Herua, Sheermah, Ranthaal, Zarahak, Huaa, Aharh".
Domanda: "Che cosa puoi dirmi degli altri Maestri Invisibili che finora hanno comunicato con il veggente Hintar?".
Risposta: "Essi non sono tra noi, sono più bassi. Noi viviamo in Huâlla. Noi siamo i Superiori, coloro che detengono la vita e la morte, la conoscenza e l'ignoranza. Noi siamo la tesi e l'antitesi, chi non crede vedrà".

Domanda: "Che cosa sono le immagini che vede il veggente Hintar?".

Risposta: "Immagini della Sfera mentale di Tiphereth".

Domanda: "Che cos'è Huâlla?".

Risposta: "È la sede dei Maestri. Demoni e Maestri convivono nell'assoluta parità, divisi soltanto da Plaar-haat, la Membrana divina o Muro magico; chi la spezza trova la morte".

Ottava Comunicazione

Per questa Ottava Comunicazione con i Maestri Invisibili è stato utilizzato il Tattva dell'etere (Uovo nero), in relazione alla Sfera mentale di Kymod (Urano).

L'Ottava Comunicazione è avvenuta (quindicesimo giorno del mese di gennaio dell'Anno LXXV – 1979 e.v. Sole in Capricorno) con il Maestro Invisibile Herua che parlò tramite il veggente Hintar.

Ottava Comunicazione

Domanda: "Qual è il tuo nome?".
Risposta: "Herua".
Domanda: "Chi sei?".
Risposta: "Un Maestro della categoria degli Eletti".
Domanda: "Che cosa sono le immagini che vede il veggente Hintar?".
Risposta: "Immagini della Sfera mentale di Kymod".
Domanda: "Va bene che abbia attribuito Kymod (Severità) a Urano?".
Risposta: "Sì".
Domanda: "Chi sono i Maestri Invisibili?".
Risposta: "Noi esistiamo in tutto l'universo, noi non potremo mai morire perché non siamo mai nati. Noi esistiamo nella verità che è unica e non vi è altra verità all'infuori di

questa".

Domanda: "Chi è Horus?".

Risposta: "Horus è il vero Dio, è Ra-Hoor-Khuit (Seth). Egli decrebbe nella sua potenza finché le generazioni successive lo conobbero come Ra".

Domanda: "Puoi darmi un consiglio?".

Risposta: "Ti manca la Spada, il Trono e la Corona. In realtà non esistono, è una contraddizione perché in sé c'è la Verità".

Nona Comunicazione

Per questa Nona Comunicazione con i Maestri Invisibili è stato utilizzato il Tattva dell'etere (Uovo nero), in relazione alla Sfera mentale di Hensod (Nettuno).

La Nona Comunicazione è avvenuta (dodicesimo giorno del mese di febbraio dell'Anno LXXVI – 1980 e.v. Sole in Acquario) con il Maestro Invisibile Sheermah che parlò tramite il veggente Hintar.

Nona Comunicazione

Domanda: "Qual è il tuo nome?".
Risposta: "Sheermah".
Domanda: "Chi sei?".
Risposta: "Un Maestro della categoria degli Eletti".
Domanda: "Che cosa sono le immagini che vede il veggente Hintar?".
Risposta: "Immagini della Sfera mentale di Hensod".
Domanda: "Va bene che abbia attribuito Hensod (Grazia) a Nettuno?".
Risposta: "Sì".
Domanda: "Atlantide fu distrutta circa 13.000 anni fa?".
Risposta: "Sì".
Domanda: "Come fu distrutta?".
Risposta: "A causa di una Cometa passata vicino alla Terra".

Domanda: "Che cosa puoi dirmi a riguardo delle Dinastie oscure?".

Risposta: "Il cuore ricorda, tu no. Il Culto Draconiano è insito in te come in tutti, ma sempre osserva e passa oltre, medita, rifletti, è meglio".

Decima Comunicazione

Per questa Decima Comunicazione con i Maestri Invisibili è stato utilizzato il Tattva dell'etere (Uovo nero), in relazione alla Sfera mentale di Hokmah (Saturno).

La Decima Comunicazione è avvenuta (quinto giorno del mese di marzo dell'Anno LXXVI – 1980 e.v. Sole in Pesci) con il Maestro Invisibile Ranthaal che parlò tramite il veggente Ox.

Decima Comunicazione

Domanda: "Qual è il tuo nome?".
Risposta: "Ranthaal".
Domanda: "Chi sei?".
Risposta: "Un Maestro della categoria degli Eletti".
Domanda: "Che cosa sono le immagini che vede il veggente Ox?".
Risposta: "Immagini della Sfera mentale di Hokmah".
Domanda: "Puoi comunicarmi la corretta grafia di Baphomet?".
Risposta: "Baphometh".
Domanda: "A che cosa corrisponde Hadit?".
Risposta: "Hadit è la Gioia del nuovo Giorno che deve venire che coinvolgerà gli Adoratori di Set".
Domanda: "Set, sul Piano Celeste, è rappresentato dalla

stella Sirio?".

Risposta: "Sì".

Domanda: "A che cosa corrisponde Nuit?".

Risposta: "Sincerità discriminante, confluenza di dogmi; realizzare l'Uovo attraverso il Punto. Voterai te stesso per questo?".

Domanda: "Come si è formato l'universo?".

Risposta: "Da una Scintilla di Vita emanata dal Divino (Nuith)".

Undicesima Comunicazione

Per quest'Undicesima Comunicazione con i Maestri Invisibili è stato utilizzato il Tattva dell'etere (Uovo nero), in relazione alla Sfera mentale di Binah (Stelle Fisse).

L'Undicesima Comunicazione è avvenuta (undicesimo giorno del mese di aprile dell'Anno LXXVII – 1981 e.v. Sole in Ariete) con il Maestro Invisibile Huaa che parlò tramite il veggente Thar.

Undicesima Comunicazione

Domanda: "Qual è il tuo nome?".
Risposta: "Huaa".
Domanda: "Chi sei?".
Risposta: "Un Maestro della categoria degli Eletti".
Domanda: "Che cosa sono le immagini che vede il veggente Thar?".
Risposta: "Immagini della Sfera mentale di Binah".
Domanda: "Puoi dirmi qualche cosa in merito ai Cicli del mito astronomico?".
Risposta: "Il Quadro del Cielo in riferimento a Orione".
Domanda: "La Fenice corrisponde alla costellazione di Orione?".
Risposta: "Sì".
Domanda: "Puoi dirmi qualche cosa in merito alla Fenice?".

Risposta: "La Fenice è l'Alba attraverso cui i Tempi si compiono continuamente, è la Fenice come Spirito Alato nella storia dell'uomo".

Domanda: "Nel mese di marzo del 1978 sono apparse tre stelle comete nella costellazione di Orione; che cosa significa?".

Risposta: "Il Principio del Ternario, chi ha occhi per vedere veda. Guarda i Segni degli Dei e capirai ciò che ti vogliono dire; invero è un Segno Divino".

Domanda: "Che cosa puoi dirmi a riguardo del XVI Kala?".

Risposta: "È sostanza divina. Permette all'uomo di raggiungere l'Immortalità. Esso non va assorbito oralmente, ciò è sbagliato, tutto il corpo deve assorbirlo dentro di sé. Questo è il Segreto. Ti sarà difficile capire come farlo, realizzarlo sarà dunque impossibile, ma tu lo conosci; se capirai il primo riuscirai nel secondo. Questa è la Legge del Tre".

Dodicesima Comunicazione

Per questa Dodicesima Comunicazione con i Maestri Invisibili è stato utilizzato il Tattva dell'etere (Uovo nero), in relazione alla Sfera mentale di Kether (Primo Mobile).

La Dodicesima Comunicazione è avvenuta (quattordicesimo giorno del mese di maggio dell'Anno LXXVII – 1981 e.v. Sole in Toro) con il Maestro Invisibile Neehmeeh che parlò tramite il veggente Thar.

Dodicesima Comunicazione

Domanda: "Qual è il tuo nome?".
Risposta: "Neehmeeh".
Domanda: "Chi sei?".
Risposta: "Un Maestro della categoria degli Eletti".
Domanda: "Che cosa sono le immagini che vede il veggente Thar?".
Risposta: "Immagini della Sfera mentale di Kether".
Domanda: "A quale civiltà appartiene Aiwass?".
Risposta: "A una civiltà proveniente dalla costellazione di Orione".
Domanda: "Su quale pianeta si sviluppò la civiltà di Aiwass?".
Risposta: "Sul pianeta Typhon".
Domanda: "Qual è la mia civiltà d'origine?".

Risposta: "Quella di Aiwass".

Domanda: "Tu sei la forma originaria di Aiwass?".

Risposta: "Sì".

Domanda: "Aiwass – o Aiwaz – è analogo a Seth?".

Risposta: "Sì".

Domanda: "Seth, sul Piano Celeste, è rappresentato dalla costellazione di Orione?".

Risposta: "Sì".

Domanda: "Qual è la Stella Cane?".

Risposta: "Orione". [Sirio, invece, è la stella del Cane]

Domanda: "Qual è il nome del Tempio riservato agli Adoratori del Serpente Rosso?".

Risposta: "Rualh. Era il Terzo e ultimo Tempio Rosso di Atlantide".

Tredicesima Comunicazione

Per questa Tredicesima Comunicazione con i Maestri Invisibili è stata utilizzata la Pietra della Visione.

La Tredicesima Comunicazione è avvenuta (quindicesimo giorno del mese di ottobre dell'Anno LXXVII – 1981 e.v. Sole in Bilancia) con il Maestro Invisibile Nia che parlò tramite il veggente Thar.

Tredicesima Comunicazione

Domanda: "Sei il Maestro Invisibile Nia?".
Risposta: "Sì".
Domanda: "Che cosa sono le immagini che vede il veggente Thar?".
Risposta: "Immagini degli Aethyr".
Domanda: "Che cos'era l'energia che alcuni giorni fa, Fratello Shaitan ed io, abbiamo sentito arrivare al cervello?".
Risposta: "Un'Energia negativa per opera di un nemico che tu conosci. Lui (Yahvéh) ti vuole distruggere, ma non può farlo".
Domanda: "Puoi comunicarmi un Messaggio?".
Risposta: "Guarda! Pianeti e stelle. Essi s'inchineranno davanti a noi. Il Sole sprofonderà nell'Oceano Nero. Questo è l'inizio della fine e la venuta dei Maestri. Questa è la Legge, questi sono i numeri: 33, 41. Questa è la nuova Legge, la Legge

dei Forti. Comprendi il significato?". [io rispondo che 33 =
Fonte e 41 = AM (Forza nel senso dell'Amore)]

A questo punto della Comunicazione l'immagine nella
Pietra della Visione diviene sfuocata, ma poco dopo tutto
ritorna normale e Nia dice: "Siamo all'inizio di un ciclo
temporale, non molto tempo passerà prima che gli Dei ritornino
sulla Terra. La Terra sarà il loro sgabello e i Cieli il loro
seggio".

Quattordicesima Comunicazione

Per questa Quattordicesima Comunicazione con i Maestri Invisibili è stata utilizzata la Pietra della Visione.

La Quattordicesima Comunicazione è avvenuta (diciottesimo giorno del mese di ottobre dell'Anno LXXVII – 1981 e.v. Sole in Bilancia) con il Maestro Invisibile Neehmeeh che parlò tramite il veggente Thar.

Quattordicesima Comunicazione

Domanda: "Sei il Maestro Invisibile Neehmeeh?".
Risposta: "Sì".
Domanda: "Che cosa sono le immagini che vede il veggente Thar?".
Risposta: "Immagini degli Aethyr".
Domanda: "Quanto dura un ciclo temporale?".
Risposta: "Un anno, che corrisponde a sette dei vostri".
Domanda: "Puoi comunicarmi un Messaggio?".
Risposta: "Nel mare sorgerà la Testa del Drago ed essa si abbatterà sui popoli. Stelle e comete, pianeti e satelliti, soli e sephiroth; comprendi ciò che ti dico? Presto il Drago sorgerà dall'acqua, la Grande Bestia Selvaggia che uscirà dal mare. Ricorda! L'Ordine diverrà attivo, un centro di forza s'instaurerà sul pianeta, inoltre l'Iniziazione galattica".

A questo punto della Comunicazione l'immagine nella Pietra della Visione diviene sfuocata, ma poco dopo tutto ritorna normale e Neehmeeh dice: "La Seconda Manifestazione di un ciclo temporale. Essa segna l'avvento degli Dei. Ci sarà ancora una Manifestazione sui Piani più elevati. La Quarta sarà trasmessa sulla Terra".

Quindicesima Comunicazione

Per questa Quindicesima Comunicazione con i Maestri Invisibili è stata utilizzata la Pietra della Visione.

La Quindicesima Comunicazione è avvenuta (ventiquattresimo giorno del mese di ottobre dell'Anno LXXVII – 1981 e.v. Sole in Scorpione) con il Maestro Invisibile Neehmeeh che parlò tramite il veggente Thar.

Quindicesima Comunicazione

Domanda: "Che cosa sono le immagini che vede il veggente Thar?".
Risposta: "Immagini degli Aethyr".
Domanda: "Che cosa erano le luccicanti e microscopiche stelline che sono cadute, all'inizio del mese, a Trieste?".
Risposta: "Un'Energia che si è condensata, un'Energia a portata Cosmica, un Segno degli Dei".
Domanda: "Sotto quale forma si è condensata questa Energia?".
Risposta: "Microrganismi".
Domanda: "Che cosa risulterà dalla loro analisi scientifica?".
Risposta: "Non vi sarà alcun risultato a livello scientifico perché non sono analizzabili".
Domanda: "Puoi comunicarmi un Messaggio?".

Risposta: "Il Gran Dragone, la Bestia Selvaggia, uscirà dall'acqua. Il mare si riverserà sulla terra, molti regni si frantumeranno, i re si disperderanno. Ed ecco sorgere a Occidente una luce, la Luce. Non fraintendere le mie parole, ciò ti può portare alla distruzione. Annullati! Soltanto dal Nulla potrai Rinascere e divenire il Nulla. Scopri AL e saprai che è LA. LA è anche AM. Il Figlio è uguale alla Figlia e un Triangolo. Il Cerchio, il Quadrato, uniscili e avrai Dodici. La Spada è nella sua guaina. Colpisci con forza lo Scudo del Profeta, guarda soltanto la Giustizia, in essa non vi è errore".

A questo punto della Comunicazione l'immagine nella Pietra della Visione diviene sfuocata, ma poco dopo tutto ritorna normale e Neehmeeh dice: "La Terza Manifestazione di un ciclo temporale. Essa segna la caduta dei potenti. I loro troni si sgretoleranno, il Tridente uscirà dal mare e il Drago si siederà sul Trono".

Sedicesima Comunicazione

Per questa Sedicesima Comunicazione con i Maestri Invisibili è stato utilizzato il Tattva dell'etere (Uovo nero), in relazione alla Sfera mentale di Daath (Plutone).

La Sedicesima Comunicazione è avvenuta (ventiduesimo giorno del mese di novembre dell'Anno LXXVII – 1981 e.v. Sole in Scorpione) con il Maestro Invisibile Aharh che parlò tramite il veggente Thar.

Sedicesima Comunicazione

Domanda: "Qual è il tuo nome?".
Risposta: "Aharh".
Domanda: "Chi sei?".
Risposta: "Un Maestro della categoria degli Eletti".
Domanda: "Che cosa sono le immagini che vede il veggente Thar?".
Risposta: "Immagini della Sfera mentale di Daath".
Domanda: "Che cosa puoi dirmi a riguardo di Daath?".
Risposta: "Daath è l'antitesi, ha soltanto un significato complementare al Primo Mobile".
Domanda: "A quale Mondo appartiene Daath?".
Risposta: "Vhall. Il Mondo dell'Espansione".
Domanda: "Qual è il suo nome segreto?".
Risposta: "Ak".

Domanda: "A che cosa corrisponde Hadith?".

Risposta: "Hadith è la mano di Seth, egli porta il suo nome e la rovina lo segue. È la mano sinistra di Seth".

Domanda: "Che cosa puoi dirmi del Tempio Nero di Atlantide?".

Risposta: "Era il Tempio di ciò che i cristiani chiamano Male, in verità non vi è Male".

Domanda: "La Spada citata nella Prefazione al Manifesto della Rosa Rossa e nei tre Manifesti della Rosa d'Oro è Excalibur?".

Risposta: "Si trasmuterà in seguito in Excalibur. È la Spada Nera".

Domanda: "Puoi descrivermi questa Spada?".

Risposta: "La lama è nera, ma l'impugnatura è d'oro; l'elsa è tempestata di rubini".

Appendice B

I Manifesti

Il Terzo Manifesto Rosa-Croce

Il Terzo e ultimo Manifesto Rosa-Croce è stato dettato (ventesimo giorno del mese di marzo dell'Anno LXXVI – 1980 e.v. Sole in Ariete) dal Maestro Invisibile Ranthaal che parlò tramite il veggente Ox. Esso convalida la fine dell'Eone di Osiride e l'inizio dell'Eone di Horus.

Terzo Manifesto Rosa-Croce

"Ripeti, Uomo! Ispeziona i tuoi Tantra di Luce; riaffiora sola e una, una tonalità Suprema. La Fiaccola di Luce è ancorata all'immagine statica del Verbo tuo incarnato. Ricorda che il limite sta nell'Estasi. Confondi uomini e animali, pietre e specchi, visioni e sensazioni. La Verità è espressa, il Proverbio vinto, i Rosa-Croce morti! Allora, ancora non hai capito? La Foce, l'Oceano e l'Affluente rimangono in te, tu Sei. Haris".

Commento al Terzo Manifesto Rosa-Croce

L'iniziato viene esortato a ripercorrere i passi già percorsi... a rivedere i suoi Rituali di Luce. Così potrà riaffiorare in lui la sola e unica Verità (una tonalità Suprema). Egli deve sapere che la Fiamma della Conoscenza è agganciata all'immagine statica della Parola (Verbo) in lui incarnata. Inoltre viene esortato a ricordare che il limite sta nell'Estasi eterna. E dato che tutto è relativo deve confondere uomini e animali, pietre e specchi, visioni e sensazioni. La Verità è stata dichiarata, il modo di essere vinto, i Rosa-Croce morti (la Croce d'Oro dell'Eone di Osiride ha concluso il suo ciclo, ora rimane solo la Rosa Rossa). Allora l'iniziato non ha ancora capito? Tutto è in lui, poiché lui È. Haris (il nome che sigilla il Manifesto).

Il Primo Manifesto della Rosa Rossa

Il Primo e unico Manifesto della Rosa Rossa è stato dettato (quindicesimo giorno del mese di aprile dell'Anno LXXVI – 1980 e.v. Sole in Ariete) dal Maestro Invisibile Rhezan che parlò tramite il veggente Hintar. Il Manifesto è preceduto da una Prefazione ed è diviso in tre punti. Esso rappresenta il legame magico tra la Rosa-Croce e la Rosa d'Oro.

Prefazione al Primo Manifesto della Rosa Rossa

"Prendi la Spada, uccidi il Drago; egli vive in noi. Quando lo vedrai, e la tua Forza diventerà la mia, tu crederai. È il destino dei Re, è il destino dei Padri. E vedrai una Donna, e le porgerai una Rosa, ma questa Rosa le brucerà le mani in quanto essa non è degna di tenerla, essa è la Morte. E la tua Rosa diventerà la tua Spada".

Commento alla Prefazione del Primo Manifesto della Rosa Rossa

L'iniziato viene esortato a prendere la Forza (Spada) e con essa dominare il Guardiano della Soglia (Drago), Yog-Sothoth che vive nei Maestri Invisibili. Quando egli lo affronterà, e la sua Forza diventerà la Forza del Maestro Invisibile, egli crederà. Questo è il destino dei Re, il destino della Stirpe

Originaria (Padri). E l'iniziato vedrà una Donna, l'Essenza di Yog-Sothoth, e le porgerà una Rosa, la Rosa Rossa, la Forza nel senso dell'Amore; ma questa Forza le brucerà le mani in quanto essa non è degna di tenerla, poiché essa è la Morte. E così la Forza nel senso dell'Amore diventerà la Forza dell'iniziato.

Il Primo Manifesto della Rosa Rossa

1. "Egli è, egli sa, egli comanda; e il Gran Maestro è Horus, la Bestia. Credi in lui e la Vita vedrai. Uccidi i tuoi simili, sventra tua madre, sgozza tuo padre se egli non crede in lui".

2. "Horus è la Via, 93 è il numero, 666 la Bestia; somma questi numeri, il risultato è la Verità. Dividi per tre, questa è la Via".

3. "Alza le braccia o Uomo, tendile a lui, egli si rivelerà a te; Mahon. Dovrai gridare Hiellah-hinar, lui ti risponderà AR, questa sarà la nuova Legge".

Commento al Primo Manifesto della Rosa-Rossa

1. Il Gran Maestro è il dio Horus, colui che è, che sa e che comanda. Egli è il dio Ra-Hoor-Khuit (Horus rosso, Horus aha), analogo al dio Seth (H.T.S.). Egli è il Logos (Parola o Verbo), egli è la Grande Bestia 666 che cela la formula del dio Seth (H.T.S. = Horus-Therion-Set = 666). L'Iniziato che crederà nel dio Horus potrà percorrere la Via iniziatica (Vita). Egli dovrà rifiutare chiunque non accettasse il Credo del Dio, persino i suoi stessi genitori.

2. Horus è la Via iniziatica, la Via della Vita, la Via dell'Immortalità. 93 è il numero della parola greca Thelema (Volontà), la Parola della Legge. 666 è il numero della Grande Bestia. L'iniziato deve sommare questi numeri, il risultato è 759. Questo numero è la Verità, infatti, corrisponde alla parola

"Amaranthus" che significa "Illuminazione Sacra". Infine, l'iniziato deve dividere il numero 759 per tre e così ottiene il numero 253. Questo numero è la Via, cioè Horus.

3. L'iniziato viene esortato ad abbracciare il nuovo Culto e allora il dio Horus si rivelerà a lui. Ciò accadrà nel Mahon di Horus-Maat, quando Heru-ra-ha (una forma di Horus) si manifesterà. Gli iniziati grideranno: "Il Regno del Mondo (Hiellah-hinar)", e il dio risponderà: "Luce (AR)". Questa sarà la nuova Legge.

Il Primo Manifesto della Rosa d'Oro

Il Primo Manifesto della Rosa d'Oro è stato dettato (trentunesimo giorno del mese di ottobre dell'Anno LXXVII – 1981 e.v. Sole in Scorpione) dal Maestro Invisibile Zarahak che parlò tramite il veggente Thar.

Il Primo Manifesto della Rosa d'Oro

"Trova la Spada, uccidi il Drago. Sali dall'Abisso, congiungiti con Lui. Bevi il Nettare degli Dei; trova la Felicità, essa vi farà liberi. Questa è la Parola del Potente, essa è la Chiave che apre le Porte. Le Porte sono Dodici. Dodici, questa è la Chiave, ma attento! La Chiave non ti serve, e allora cosa ne farai? Questo è il Mistero che gli Antichi celavano sotto il nome di Baphometh".

Commento al Primo Manifesto della Rosa d'Oro

L'iniziato deve trovare in se stesso la Forza (Spada) e sottomettere il suo ego (Drago). Egli deve salire dall'Abisso e unirsi con il suo stesso essere (Lui). Egli deve bere il Nettare degli Dei; deve sperimentare l'Illuminazione Sacra (Felicità), essa renderà liberi tutti gli iniziati. Questa è la Parola del Potente, essa è la Chiave che apre i Piani Cosmici (Porte). I Piani sono Dodici – le 12 Sephiroth – e Dodici è la Chiave, ma l'iniziato deve stare attento. Il numero Dodici (la Chiave) non gli serve e allora cosa ne farà? Questo è il Mistero che i Cavalieri Templari (Antichi) celavano sotto il nome di Baphometh, il Mistero dell'Ambrosia e dell'Illuminazione.

Il Secondo Manifesto della Rosa d'Oro

Il Secondo Manifesto della Rosa d'Oro è stato dettato (terzo giorno del mese di novembre dell'Anno LXXVII – 1981 e.v. Sole in Scorpione) dal Maestro Invisibile Zarahak che parlò tramite il veggente Thar.

Il Secondo Manifesto della Rosa d'Oro

1. "Uccidi il Drago, prendi la Spada".
2. "Varca la Soglia, entra in noi".
3. "Chi è il Drago? Noi stessi, perché tale è la Legge".
4. "Sta scritto: 'Ogni uomo e ogni donna è una stella', e anche: 'Amore è la legge, amore sotto la volontà'.
5. "Comprendilo e sarai felice. La Felicità ti farà libero".
6. "Qual è il Mistero degli Opposti? È il Mistero dell'Uomo".
7. "Quella è la Porta".
8. "Chi ha il coraggio di varcarla?".
9. "Soltanto chi verserà il suo Sangue nella Coppa è degno di passarla".
10. "Sappi: Quella è la Porta della Felicità".
11. "Quella è la Porta della Forza".
12. "Quella è la Porta della Perfezione".
13. "Al di là di tutto ciò che io dico, questa è un'Illusione, ma sappi, oltre la Porta non c'è Illusione".
14. "Allora varcala con Riti di Fuoco, distruggi coloro che

ti sbarrano il cammino".

15. "Questa è la Legge, la nostra Legge, la Legge dei giorni che verranno".

Commento al Secondo Manifesto della Rosa d'Oro

1. L'iniziato deve sottomettere Yog-Sothoth (Drago), il Guardiano della Soglia, deve prendere la Forza (Spada).

2. L'iniziato, con la Forza, deve varcare la Soglia dell'Abisso – divide il mondo fenomenico dal noumenico – ed entrare nei Maestri Invisibili.

3. Zarahak si chiede chi è il Drago e si risponde che sono gli stessi Maestri Invisibili, poiché tale è la Legge.

4. Sta scritto nel *Liber Legis* che in ogni uomo e in ogni donna vi è un nucleo regale – la vera Volontà – e anche che l'amore è la legge e che l'amore deve essere diretto magicamente dalla volontà.

5. L'iniziato deve comprendere il passo precedente e sarà felice. l'Illuminazione (Felicità) lo renderà libero.

6. Zarahak si chiede qual è il Mistero degli Opposti e si risponde che è il Mistero dell'Uomo, il Mistero che consente di realizzare l'androginità.

7. Si dichiara che quella è la Soglia dell'Abisso.

8. Zarahak si chiede chi ha il coraggio di varcarla, cioè chi ha il coraggio di affrontare l'Ordalia dell'Abisso.

9. Si sostiene che soltanto colui che verserà il suo ego (Sangue) nella Coppa di Babalon è degno di oltrepassarla.

10. L'iniziato deve sapere che oltre la Soglia dell'Abisso vi è la Triplice Porta: della Felicità, della Forza e della Perfezione.

11. Si afferma che oltre la Porta della Felicità (Illuminazione) vi è la Porta della Forza (Potere).

12. Si afferma che oltre la Porta della Forza (Potere) vi è la Porta della Perfezione (Deità).

13. Si dichiara che al di là della Verità che il Maestro Invisibile dice, vi è solo l'Illusione del mondo, ma l'iniziato

deve sapere che oltre la Porta della Felicità non c'è Illusione.

14. L'iniziato viene esortato a varcare la Porta della Felicità con Riti di Potere (Riti di Fuoco) e ad annientare tutti coloro che gli sbarrano il cammino.

15. Si sostiene che questa è la Legge, la Legge dei Maestri Invisibili, la Legge dei giorni che verranno.

Il Terzo Manifesto della Rosa d'Oro

Il Terzo e ultimo Manifesto della Rosa d'Oro è diviso in due parti ed è stato dettato in due tempi diversi. La prima e la seconda parte sono state dettate (dodicesimo e ventunesimo giorno del mese di novembre dell'Anno LXXVII – 1981 e.v. Sole in Scorpione) dal Maestro Invisibile Neehmeeh che parlò tramite il veggente Thar.

Il Terzo Manifesto della Rosa d'Oro

Parte Prima

1. "La Rosa è diventata di Fuoco. Gettala!".
2. "Un altro la raccoglierà, ma essa gli brucerà le mani.
3. "Perché?".
4. "Nascondi la mano destra e prova vergogna".
5. "Il Primo Passo ti è stato detto, ora ragiona. Il Terzo ti è stato taciuto, perché cerchi il Secondo?".
6. "Perché soltanto il Secondo può darti la Felicità".
7. "Thelema, Nuith, Hadit, Ra-Hoor-Khuit, Hoor-paar-Kraat, Agapé, Hadith".
8. "Kadath è il Deserto Freddo dove sorge la Montagna Sacra".
9. "Scala la Montagna, arriverai nella Città degli Dei".
10. "Il Segno ti è stato dato, hai visto la Città, perché indugi?".

11. "Attento Uomo, perché se hai rifiutato soltanto una goccia del tuo Sangue... morrai una morte eterna, senza fine".

12. "Eternità, Mondi senza fine. Nulla, mio Nulla".

13. "Guarda il Nove, scoprirai ciò che l'Undici ti vuole dire".

14. "Hai varcato la Soglia? Ti sei unito a noi?".

15. "Questa è la Legge, la mia Legge, la nostra Legge, la Legge di LA".

16. "Perciò tu che sai, attento!".

17. "Non essere cieco, guarda!".

18. "Fa' che i tuoi occhi siano accecati dalla terribile Luce della Verità, soltanto così potrai vedere".

19. "Comprendi queste parole, se non vuoi cadere dal Trono".

Parte Seconda

1. "Sguaina la Spada e brucia la Rosa".

2. "Il Leone è vinto, il Guerriero trionfa".

3. "Fa' ciò che vuoi, sarà tutta la Legge".

4. "Sciocco chi non crede al *Sanctum Regnum*".

5. "Nessuno ci arriverà, né mai nessuno ci potrà arrivare".

6. "Coloro che vedranno, non potranno vedere".

7. "Il Tempo degli Antichi è arrivato".

8. "La Fenice risorgerà presto dalle ceneri".

9. "Queste sono le nostre parole".

10. "Questa è la nostra Kratos".

11. "Agahiah, Agoruu, Besz! 84, 56."

Commento alla prima parte del Terzo Manifesto della Rosa d'Oro

1. La Rosa Rossa è diventata la Rosa d'Oro e quest'ultima – come la Rosa Rossa – rappresenta la Forza nel senso dell'Amore. L'iniziato deve gettare la Rosa d'Oro – la sua

Forza nel senso dell'Amore – nell'Abisso.

2. Il Guardiano della Soglia – Yog-Sothoth – la raccoglierà, ma essa gli brucerà le mani.

3. Neehmeeh chiede: "Perché?". L'iniziato deve rispondere: "Perché non è degno di tenerla".

4. L'Iniziato, dopo aver purificato la propria Forza (la Forza nel senso dell'Amore), deve nascondere la mano destra, la mano che impugna la Spada (Forza), e provare un profondo senso di vergogna per ciò che era prima... prima di riversare la sua Forza nell'Abisso.

5. Il Primo Passo è stato comunicato all'iniziato, ora deve ragionare. Il Terzo Passo gli è stato taciuto e Neehmeeh gli chiede perché cerca il Secondo.

6. Neehmeeh si risponde che soltanto il Secondo Passo può dare all'iniziato la Felicità.

7. Volontà, Infinito, Punto, Figlio Luminoso, Figlio Oscuro, Amore, Deserto Freddo.

8. Qui, in questo contesto, Kadath è la Montagna Sacra inversa (Voragine) che s'identifica nel Deserto Freddo (Abisso).

9. L'iniziato deve affrontare l'Ordalia dell'Abisso e così purificherà la sua Forza.

10. L'iniziato ha ricevuto un Segno prima di affrontare la Prova dell'Abisso, egli ha purificato la sua Forza, e Neehmeeh gli chiede perché indugia.

11. L'iniziato deve stare attento, perché se ha rifiutato di versare soltanto una goccia del suo Sangue (ego) nella Coppa di Babalon... morrà di una morte eterna, senza fine.

12. L'iniziato dopo aver superato l'Ordalia dell'Abisso, scoprirà una nuova realtà, l'Eternità (Aquila), Mondi (Attenzioni) senza fine. Egli scoprirà Nuith (Nulla), il Nulla (LA) di Neehmeeh.

13. L'iniziato deve guardare i primi Nove gradi iniziatici da lui realizzati, e così scoprirà ciò che l'Undicesimo grado gli vuole dire, cioè che la sua Rosa è la sua Spada, che la sua Forza nel senso dell'Amore è la sua Forza.

14. Neehmeeh chiede all'iniziato se ha varcato la Soglia dell'Abisso, se si è unito ai Maestri Invisibili.

15. Si sostiene che questa è la Legge, la Legge di Neehmeeh, la Legge dei Maestri Invisibili, la Legge del Nulla (LA).

16. L'iniziato che sa, deve stare attento.

17. L'iniziato non deve essere cieco, deve guardare.

18. L'iniziato deve sperimentare l'Illuminazione, la terribile Luce della Verità.

19. L'iniziato deve comprendere il significato del Manifesto, se non vuole cadere dal Trono.

Commento alla seconda parte del Terzo Manifesto della Rosa d'Oro

1. L'iniziato deve prendere la Forza (Spada) e gettare la Rosa d'Oro – la Forza nel senso dell'Amore – nell'Abisso.

2. Osiride (Leone) è vinto, Ra-Hoor-Khuit (Guerriero) trionfa.

3. L'iniziato che ha scoperto la propria vera Volontà può fare, nell'ambito della sua traiettoria, ciò che vuole per ottenere la piena "realizzazione".

4. Si dichiara che è sciocco colui che non crede al Regno Divino (*Sanctum Regnum*).

5. Si afferma che nessuno arriverà nel Regno Divino e che mai nessuno ci potrà arrivare, poiché non è una località da raggiungere.

6. Si sostiene che tutti coloro che sperimenteranno il Regno Divino non potranno vederlo, poiché non è un luogo ma uno stato da sperimentare in se stessi.

7. Si dichiara che il Tempo degli Antichi è arrivato.

8. Si sostiene che la Fenice, il nuovo ciclo temporale (il Tempo degli Dei), risorgerà presto dalle ceneri.

9. Si afferma che queste sono le parole dei Maestri Invisibili.

10. Si dichiara che questa è la Potenza (Kratos) dei Maestri Invisibili.

11. Vengono dette delle Parole di Potere (Agahiah, Agoruu, Besz!) e viene fornita una chiave numerica (84, 56.).

Il Secondo e il Terzo Passo

Nel Terzo Manifesto della Rosa d'Oro si parla di Tre Passi che l'iniziato deve compiere. Per il Primo Passo viene fornita una spiegazione nel commento al Manifesto, per il Terzo non si dice nulla e per il Secondo si afferma che l'Iniziato lo cerca in quanto gli può dare la Felicità.

Sappiamo che la Felicità s'identifica nel concetto dell'Illuminazione e pertanto il Secondo Passo che conduce a tale acquisizione riguarda lo Stato Regale. Il Terzo Passo, di conseguenza, riguarda l'Illuminazione medesima.

I presenti Passi – e i Manifesti successivi – non vengono commentati perché relativi a ciò che sta al di là dell'Abisso.

Il Secondo e il Terzo Passo sono stati dettati (ventitreesimo giorno del mese di novembre dell'Anno LXXVII – 1981 e.v. Sole in Sagittario) dal Maestro Invisibile Neehmeeh che parlò tramite il veggente Thar.

Il Secondo Passo

1. "Esci e scopri ciò che devi fare, ma ciò non basta. Altro tu devi fare. Molte cose tu hai scoperto ed hai fatto".
2. "Questo sia il tuo Secondo Passo. Ora esso ti è stato rivelato".
3. "Se l'hai compiuto correttamente la Via che ti si para dinanzi ti apparirà chiara e serena. Non avrai più dubbi per

come procedere".

4. "Tutto ciò tu ora sei. Di più non è mai stato detto".

5. "Questa è la fine del Secondo Passo. Attendi ora il Terzo. Esso ti porterà dove tu vuoi andare".

Il Terzo Passo

1. "Giunto alla fine delle tue peregrinazioni un altro piccolo Passo tu devi fare. Esso non è altro che il desiderio di raggiungere quell'Unità che tanto hai agognato".

2. "Immagina di essere racchiuso in una bolla, spezzala! E spezzandola avrai la Felicità, ma ricorda! La Felicità non è altro che un raggiungimento, uno stato da trascendere".

3. "Ora tu sai ciò che devi fare. Fallo! E diverrai tu stesso qualcosa che va al di là della ragione e non ti angoscerai più con i problemi umani".

4. "La Città, ricordati della Città. In essa vi è grande pericolo ma anche grande gioia. Tu dovrai misurare la durata di entrambi".

5. "Noi stiamo per lasciarti, ma ricordati: uno dei più grandi Segreti è stato racchiuso in queste nostre parole. Trovalo e troverai la Felicità. Non è così difficile come ti può sembrare".

6. "Per noi è la fine. Arat. No. Behr".

Il Primo Manifesto della Stella d'Oro

Il Primo Manifesto della Stella d'Oro è stato dettato (venticinquesimo giorno del mese di novembre dell'Anno LXXVII – 1981 e.v. Sole in Sagittario) dal Maestro Invisibile Zarahak che parlò tramite il veggente Thar.

Il Primo Manifesto della Stella d'Oro

1. "La Rosa è d'Oro ma la Spada è d'Argento".
2. "Il Drago è vinto".
3. "La Spada è Excalibur. Soltanto chi ne è degno la trarrà dalla roccia".
4. "La roccia è l'imperfezione. Allora distruggi la roccia".
5. "Hai varcato la Soglia. Hai sottomesso al tuo volere il suo Guardiano. Ne sei degno?".
6. "Comprendi queste Rune e proverai Felicità, ma non puoi essere felice, perché in verità tu non sei ancora nato. E neppure capire. Soltanto chi vive può capire".
7. "Abbatti la Barriera, varca la Prima Porta".
8. "Sappi!".
9. "La Prima Chiave ti darà la Saggezza".
10. "La Seconda Chiave ti darà la Comprensione".
11. "Con le Chiavi potrai prendere la Corona, perché soltanto la Corona può dare Saggezza e Comprensione".
12. "Dall'Uno nasce il Due".
13. "Dalla Madre il Figlio".

14. "Scopri il Padre e saprai chi è il Figlio".

15. "Questa è la Legge, la Legge dei Forti, la nostra Legge".

16. "Maledetti coloro che non seguiranno la Legge. Essi saranno gli schiavi".

17. "Nella sinistra una Rosa, nella destra una Spada. Gettale!".

18. "Prendi la Stella. La Stella è d'Oro. Soltanto la Stella contiene la Verità".

19. "La Rosa è di Fuoco, la Spada è Potente, ma non annusare la Rosa e non contare sulla Spada. Esse ti tradiranno. È il Mondo Maya".

20. "Ma la Stella non è Illusione! La Stella è Diamante, ma il Diamante non esiste. Il Diamante è al di là del nostro Eone".

21. "Ra-Hoor-Khuit, Hadit, Nuit, Hoor-paar-Kraat, Heru-ra-ha. Comprendi i loro numeri e capirai la Legge".

22. "Samekh, Shin, Vau, Teth. Riunisci queste lettere. Dividile per tre. Qual è il risultato? Non esiste".

23. "Quando avrai capito non comprenderai. E quando non comprenderai, invece, avrai capito".

24. "Questa è la fine".

25. "Il Messaggio non vuole dire Nulla. E vuole dire Tutto.

26. "Ain è uguale a Nia. Comprendi?".

27. "Chi sale sul Trono non è degno di me".

28. "Fa' ciò che vuoi, sarà tutta la Legge. Questa è la Legge! Io la proclamo giusta e ingiusta".

29. "Là il Trono. Là l'Abisso. Attento! Non sei ancora arrivato!".

30. "Amore è la legge, amore sotto la volontà. Questa è la Legge, non vi è alcuna all'infuori di questa".

Il Secondo Manifesto della Stella d'Oro

Il Secondo Manifesto della Stella d'Oro è stato dettato (ventisettesimo giorno del mese di novembre dell'Anno LXXVII – 1981 e.v. Sole in Sagittario) dal Maestro Invisibile Nia che parlò tramite il veggente Thar.

Il Secondo Manifesto della Stella d'Oro

1. "Ogni goccia è il Sangue da versare nella Coppa e la Coppa è d'Argento. Il Sangue è l'Oro".

2. "La Spada non esiste era un'Illusione".

3. "Hai gettato la Rosa? Non puoi averla se hai varcato la Soglia".

4. "Il Punto è d'Oro e il Cerchio è Rosso, bevi il tuo Sangue. E così facendo scoprirai il Figlio".

5. "Chi è il Figlio? È la Realizzazione".

6. "Guarda la Luna, guarda la Terra. Scopri il Sole e distruggi la Tenebra".

7. "Riunisci per dividere, moltiplica per sottrarre".

8. "Una Stella è la mia. Qual è questa Stella? È una Stella d'Oro".

9. "Hai raggiunto la Saggezza?".

10. "Cosa ti divide dalla Corona? Tutto e Nulla".

11. "Tutto è già fatto ma molto hai ancora da fare".

12. "93, 101, 333, 666, 918. Scopri questi numeri. In essi è racchiusa la Legge".

13. "Qual è la Legge? Che cosa dice? Tu lo sai?".

14. "Maledetto chi la ignora, sarà dato in pasto ai cani. I vermi divoreranno il suo corpo e di lui non rimarrà più nulla".

15. "Tale è la Legge. Therion è il Logos. AL la Parola. Comprendi questo e non comprenderai Nulla".

Il Terzo Manifesto della Stella d'Oro

Il Terzo e ultimo Manifesto della Stella d'Oro è diviso in tre parti ed è stato dettato (diciottesimo giorno del mese di dicembre dell'anno LXXVII – 1981 e.v. Sole in Sagittario) dal Maestro Invisibile Neehmeeh che parlò tramite il veggente Thar.

Il Terzo Manifesto della Stella d'Oro

Parte Prima

1. "Fa' ciò che vuoi, sarà tutta la Legge".
2. "Questa è la teoria e là c'è la pratica. Scegli! Questa è la Via".
3. "Il Due è diventato Uno ma l'Uno non è ancora Zero, ma lo Zero può essere Tre oppure Quattro".
4. "La Tigre è sorta, il suo manto è vellutato, le sue strisce rosse sulla sua pelle d'oro. È il Segreto del Tre che si rivela nel Quattro".
5. "Il Due è uguale all'Uno, ma l'Uno è doppio. Il Triangolo non è il Quadrato e il Quadrato è contenuto nel Cerchio. C'è un Punto nel mezzo".
6. "L'Aquila vola nel cielo e si abbatte come la folgore sugli uomini. Il Drago vive nella caverna. Il Sole si è oscurato. Il Drago è Nero".
7. "La Figlia vergine è stata violata, il Dio è sorto, l'Uomo

è nato, le Trombe squillino. Si aprano i Trenta Cieli e discenda il Fulmine sulla Città".

8. "Chi comprende queste parole e questi numeri sta al di sopra".

9. "Amore è la legge, amore sotto la volontà".

Parte Seconda

1. "Rosso Fiore sanguinante. Vortice d'Oro solidificato in Nu".

2. "Essi non sanno, ma chi di noi conosce il Segreto?".

3. "Il Segreto è triplice come lo è in se stesso".

4. "Egli brandisce la Spada ed esce vittorioso dalla gola del Drago".

5. "Ma chi può saperlo? Chi conosce questo Mistero?".

6. "Il Figlio, il Figlio del Sole, egli lo sa".

7. "Di certo nessuno, dopo averlo saputo, può rimanere vivo e sano di mente".

8. "Tu lo conoscesti e lo conoscerai se sei giunto fino qui".

9. "Ora, la Prima e la Seconda Parte, poi la Terza. Analizza! Cerca di comprendere il profondo significato".

10. "Tu sai! Questo sarà il risultato. Risultato senza conseguimento. E più".

11. "Ma per sapere ciò tu ucciderai te stesso e loro con te".

12. "Questo è ciò che è stato scritto un Tempo, la mia Voce è udita in Eterno".

Parte Terza

1. "Guarda! C'è il Sole Nero e c'è il Sole Rosso. Essi sono uguali".

2. "Ora tu saprai chi dei due è l'unico che sorgerà dalla Stella d'Occidente".

3. "Non può essere che Uno, non due; poiché nessuno esce dalla nostra Dimora".

4. "Chi sa la Parola può procedere".

5. "Distruggi! Distruggi te stesso e il figlio delle tue viscere. Uccidi il male che è in te".

6. "Ridi della loro pietà e del loro dolore. Dove la mia mano tocca i cuori questi non ci sono".

7. "Poi mescola latte e miele, farina e zucchero. Bevi da questo. Poi fa' il Tre e oltre ancora".

8. "Resisti! Non cedere. Sappi questo: se tu fallisci che Yog-Sothoth e i Demoni dell'Ade abbiano pietà di te, poiché noi non ne avremo".

9. "Qui ti lascio: la Strada è finita e Nulla rimane".

Il Primo Manifesto della Stella di Platino

Il Primo e unico Manifesto della Stella di Platino è stato dettato (sedicesimo giorno del mese di novembre dell'Anno LXXVII – 1981 e.v. Sole in Scorpione) dal Maestro Invisibile Aharh che parlò tramite il veggente Thar.

Il Primo Manifesto della Stella di Platino

"Il cielo è blu e la terra è nera. Il Padre è morto e il Figlio ha violato la Figlia. Il Drago è sorto dall'Abisso ed ha riversato le sue Acque sul Mondo. Una nuova Era, una nuova Legge, la Legge di Maat, l'Amore, il vero Amore.

"Prendi il Bastone, battilo due volte; alza la Spada, la Spada sia nella tua destra. Impugna la Coppa, la Coppa sia nella tua sinistra. Volgi lo sguardo a Nuith, contempla il Vuoto.

"Esulta uomo, perché la Figlia è nata e il suo Amore inonderà la Terra. La Casa della Giustizia, il Silenzio, l'Infinito, la Forza, questa è la Legge.

"Chi violerà una di queste righe cadrà nell'Abisso, che tra i Mondi nessuno ha mai osato tanto".

Il Primo Manifesto della Stella di Diamante

Il Primo e unico Manifesto della Stella di Diamante è stato dettato (ventesimo giorno del mese di agosto dell'Anno XCIII – 1997 e.v. Sole in Leone) dal dio On che parlò tramite la veggente Xinar.

Il Primo Manifesto della Stella di Diamante

"Il Nuovo Tempio altro non è che la Prima Dimora della Luce. Una oltre il Tempo. In essa respirano i Custodi della divisione originaria dell'Opera nei Tre stati. L'ultimo Signore della Fiamma vi giace nella sua bara di cristallo e attende che le cause si manifestino, tramite i nessi, negli accadimenti, fino al momento in cui l'Originario Potere della Rivelazione produrrà una rotazione dell'asse, tale da orientare il Tempio lungo le linee di scorrimento dell'Antica Potenza.

"Ora la Prima Triade dei Custodi ha chiuso un ciclo del lavoro e, di là dal Velo dell'Abisso, l'Opera è fissa nel suo stato.

"Ora l'Ouroboros inghiotte la sua coda... il Leone è Rosso. E dal cielo di Sirio infuocato, la Coppa rovesciata della Madre Celeste riversa il Raggio della Stella.

"Le Soglie dei Tre Templi si allineano sull'asse di un unico attraversamento e riaprono i battenti al Fuoco, che la Segreta Gerarchia delle Intelligenze propaga, affinché sia distrutto quanto di contaminato contengono perché la Casa del Fuoco è il Tempio e nel Segreto del Fuoco l'Uccello del Ritorno rinasce dalle ceneri del corpo violato oltre la Legge, tradito nello spirito originario delle Forze di Fondazione, che furono, che sono e che saranno.

"Forze di Fondazione, ponti di attraversamento gettati permanentemente e invisibilmente per attraversare lo spazio di mezzo che separa gli effetti dalle cause originarie che, sole, possiedono la Memoria dell'Assoluto perché l'ultima Stanza contiene, nella materialità della sua greve dimensione, la fluttuazione sottile del Triplice Respiro del Reale".

Appendice C

I Messaggi

Il Messaggio di AL

Il Messaggio di AL è stato comunicato (ventitreesimo giorno del mese di dicembre dell'Anno LXXVII – 1981 e.v. Sole in Capricorno) dal dio AL che parlò tramite il veggente Thar.

Il Messaggio di AL

"Nulla non è alcuna cosa. Il fine è l'inizio.

"Il Tutto è il Padre, la Madre e la Figlia. Tutto questo fino a ora, non oltre.

"Il Fuoco è la Fiamma Segreta che brucia nel mio Altare, la mia inestinguibile Promessa d'Amore e Libertà.

"Io sono Uno e Tutto in Uno. Io sono il Centro e la Circonferenza, Punto nel Cerchio. Io ero quando non esistevo, io esisterò nella Morte.

"Ora apprendi: se il Castello è forte la Casa del Re resiste a ogni cosa. Se il Sole è infuocato il cielo non brilla e se la Luna è notturna tutto ciò non sarà vero.

"Ora questo. Domani un'altra cosa.

"Apprendi ciò che è stato scritto, apprendi ciò che sarà rivelato. Io sono Vita, Libertà, Luce e Amore. Gioia non dolore, Estasi non sofferenza. Questo ai miei Servi, questo a mio Figlio, il Profeta e Re.

"Ora lascia cadere un drappo bianco, lascia che gli uomini non intendano ciò, lascia che ci sia confusione e follia, poiché

Tutto non è alcuna cosa.

"Ora questo mio Libro è stato scritto, ora questa mia Parola è stata rivelata agli Uomini.

"Prendi gioia nello scrivere, prendi gioia nell'estasi, prendi gioia nella morte. Fa' che ciò sia la corona di tutto. Fa' che questa illusione diventi realtà, fa' che tutto ciò sia vero e menzognero, lascia che il peso dei secoli cada nell'oblio.

"Io ti darò una Coppa non la Spada, Gioia non dolore. Amore, Libertà e Vita. Questo è il mio Segno, che sia il mio Triplice Sigillo e che in mio nome i mondi nascano e i mondi muoiano.

"Già io vedo volare il mio Falco. Già una Penna è caduta dalla Montagna. Già un sacrificio macchia una tomba, una bestemmia che viene innalzata nel mio Sacrario. Questi sono i Pazzi e i loro Figli, questi siano i miei Eletti nella mia Gioia. Che la mia Gioia sia la vostra Gioia, che la mia Legge sia la Legge.

"Il cielo notturno non risplende di stelle se la mia Nave vaga in esso.

"Questa è la mia Voce, questa è la Lettera del mio Libro, mio Sposo e Figlio di Re, anch'esso Re.

"Che la Spada s'innalzi dalle Acque. Che il Calice venga frantumato in mio onore. Fa' questo. Il tuo Profeta e Re saprà tutto ciò. Egli te lo rivelerà. Egli preparerà banchetti nuziali in mio nome, in mio onore.

"Nel mio Nome segreto la quadruplice parola racchiusa in me".

Il Messaggio di Nia

Il Messaggio di Nia è stato comunicato (ventiquattresimo giorno del mese di dicembre dell'Anno LXXVII – 1981 e.v. Sole in Capricorno) dal Maestro Invisibile Nia che parlò tramite il veggente Rhan.

Il Messaggio di Nia

"Qual è il problema della divisione del Caos?

"Lo conosci? Più in là uno è Uno eppure tanti in uno. Il Caos è uno e il Buio è due; caldo e freddo, maschio e femmina, noumenico e fenomenico, positivo e negativo, questo è il problema!

"La Luce è, il Buio non è; noi siamo e non siamo, poiché questa è la Via.

"Vivere o morire, cosa temi di più?

"Devi capire ciò che ti dico. Impara a cercare la Bestia.

"Qual è il segreto del Guardiano? Egli non ha un segreto, egli lo nasconde. Egli è la maschera di un altro Mondo e tu capirai che deve essere 12 + 13 = 13 per progredire; oltre il Bianco, oltre il Nero, oltre il Rosso... fai quattordici passi, poi ancora... dov'è la fine?

"Tu non vedi l'Equilibrio, 31 e 41 qual è il legame?

"Molte sono le domande, vuoi rispondere o gioire?

"Non ha importanza. Cerca Egipan. Phanthe-os-tarahtoshk, e quindi?

"Non è concluso il Mistero degli Opposti.

"9, 13, 81, 169; chi è l'Uomo che scende da dove non è? Non è, ma sarà. Egli sarà. Se potrà.

"Questa è la Legge, lo svolgersi del Caos.

"Non ricordi il nome di WANShAL?

"Uccidi, questa è la Legge, la negazione.

"Per voi. Il Segreto del Diamante. Il Segreto di Nuit.

"Due universi che si divorano. Mortali immortali, immortali mortali, viventi la loro morte, morenti la loro vita. Qual è il Segreto? L'Antico Androgino lo conosceva, AL lo conoscerà, tu lo ospiterai e lo vestirai.

"Il Guardiano è vivo e non lo conosci, egli grida sulla Soglia, ma tu puoi capire, se vuoi.

"Se ci credi calcola: ogni cosa è perché non è, questa è la Legge, l'inizio, la fine.

"Qual è lo scopo? Dovrai impazzire per capirlo!

"Più in là non sono ma è, sereno, nella sua culla di Nulla.

"Uno è il Tempio e tredici volte in se stesso, vive nella morte dell'onda, muore nel nascere dell'onda.

"Il divenire uccide, prendi la Spada e preparati, il Vecchio deve morire.

Il Messaggio di Ra-Hoor-Khuit

Il Messaggio di Ra-Hoor-Khuit è stato comunicato (ventunesimo giorno del mese di marzo dell'Anno LXXXIII – 1987 e.v. Sole in Ariete) dal dio Ra-Hoor-Khuit che parlò tramite la veggente Charis-Xalin.

Il Messaggio di Ra-Hoor-Khuit

"La Pietra Angolare. La lettera 'G' inserita nella Stella a Cinque Punte. Il Graal.

"Quale fu il Grande Mistero dei Cavalieri Templari?

"Essi nacquero sulle fondamenta dell'Opera, il loro Tempio. La loro origine si perde nella Notte dei Tempi.

"La scaturigine Prima della divina Essenza si manifestò agli uomini nella notte stellata del deserto, quando qualcuno cercò tra stella e stella la risposta a ogni suo angosciante 'perché'.

"Il Segreto venne custodito gelosamente per secoli sin all'apparire di un nuovo mutamento storico.

"Altri uomini si fermarono a contemplare il misterioso scintillìo della luce stellare e fu data risposta alla loro domanda, l'eterno 'perché'. La risposta fu espressa dal sorgere delle prime luci dell'alba.

"In quel tempo si appresero i Segreti e gli alti Misteri appartenenti a una ristretta Casta Sacerdotale che perpetuò negli uomini nuovi, venuti dal nord, la Fiamma della Conoscenza, la ricerca continua della Verità.

"Fortuna e ogni genere di ricchezze si prostrò ai piedi degli uomini nuovi, ma essi non ne furono conquisati.

"La Pietra Angolare, la base del loro Tempio... e nel Tempio si riunivano per celebrare riti d'amore e di lode. E si rivolgevano nelle loro preghiere all'Occulto Padre e alla Grande Madre d'infinita dolcezza, di cui essi ne erano la rappresentazione manifesta.

"La Pietra Verde è quella Angolare. Essi diedero la vita pur di conservare il loro Segreto, ma il Mistero non sta nel loro Segreto, poiché ne cela un altro, ancora più nascosto... ed è ciò che gli uomini nuovi adoravano.

"Padre Sole, Madre Luna, unitevi in me; mescolate la vostra dolcezza affinché io diventi l'Ambrosia.

"Da un passato remoto perviene una languente melodia, premessa del manifestarsi dell'evento, atto unico della Creazione Divina.

"La Grande Opera sta per compiersi. Dal lontano e freddo deserto, sotto un cielo stellato, degli uomini attendono. Essi sono da sempre lì, in attesa, in attesa che uno riscatti sé e il loro Segreto a lungo tenuto nascosto e fonte di ogni pena e sofferenza.

"E ci saranno Uomini Nuovi... essi si riconosceranno e porteranno la loro Gioia nelle strade del mondo.

"Guarda nel passato e scoprirai ciò che ancora non è stato fatto.

"Il Mistero del compimento della Grande Opera si è alfine rivelato".

Il Messaggio delle Tredici Corna terrestri del Dragone

Le Tredici Corna terrestri del Gran Dragone Scarlatto vengono rappresentate da Tredici Entità (Tredici Principi), in relazione alle Tredici Sephiroth. Inoltre, le Otto Teste terrestri del Dragone vengono rappresentate da Otto città (Pasadena, Roma, Gerusalemme, Mecca, Mosca, Benares, Pechino, Ise). Infine il corpo del Dragone viene rappresentato dall'Arca dell'Alleanza Celeste.

Il Messaggio delle Tredici Corna terrestri del Dragone è stato comunicato (ventunesimo giorno del mese di marzo dell'Anno LXXXVI – 1990 e.v. Sole in Ariete) da Tredici Entità che parlarono tramite la veggente Charis-Xalin.

Il Messaggio delle Tredici Corna terrestri del Dragone

Uriel

"La Fontana della Saggezza è aperta. La Natura è conosciuta. La Terra con i suoi Segreti dischiusa. Gli Elementi con i loro Poteri giudicati.

"Ecco, io t'insegno: vi sono Dodici Principi gloriosi che tutto governano".

Hagonal

"Il mio tempo è venuto. L'Operazione della Terra è soggetta al mio Potere ed io sono il primo dei Dodici".

Hegel

"Io sono il tramite tra la Massima Autorità e il Popolo degli Udenti. Io sono il Messaggero, poiché comunico, in un soffio alitato sul volto, la Conoscenza degli Dei".

Habagel

"La Volontà della Corona si è espressa nella muta e perfetta assonanza del Tre.

"Le mie vesti sono d'oro e la mia cinta è scarlatta. Di porpora è il mio Messaggio. Il suo contenuto è oro e al di sopra della sua comprensione c'è lo splendore dorato della Quinta Essenza".

Henlogel

"La mia Sovranità si estende sui mari e in ogni luogo, il mio Trono è posto in mezzo alle Quattro Linee del Mondo. Da qui domino tutte le genti e i miei Servitori portano il mio Messaggio.

"La mia veste è bianca e la mia cinta è d'oro. Il palmo della mia mano sinistra porta un Simbolo, il Segno dell'Antico Retaggio degli Dei.

"Cela quanto ti ho detto sotto un velo di silenzio".

Hemolan

"Io sono il Profeta della Parola degli Dei. Io sono il Messaggero, Colui che porta alle genti il Messaggio Regale. Io sono pure l'Iniziatore, poiché grande è il mio compito che è quello di riconoscere lo Spirito Divino".

Hensolan

"Io reco, come dono, la Comprensione e la Saggezza.

"La mia tunica è bianca, ma la fascia che cinge la mia veste è blu.

"Io sono l'arma dei Potenti, poiché la mia parola può portare scompiglio tra le menti degli uomini.

"La mia arma è la parola, ma nascondo l'arco e la freccia.

"Serba questo Messaggio dentro di te. Il volgo profanatore potrebbe venir colpito dalla mia freccia letale".

Haltagel

"Il mio Messaggio consiste nel recare Oro, Mirra e Incensi preziosi.

"Io porto con me una nuova Corrente di Vita. I miei Incensi preziosi danno una particolare esaltazione alla mente e tutto si può compiere se si conosce il loro composto.

"Non dare agli uomini questa Formula segreta, poiché essa ha il potere di accecarli. Essi non sono degni, ma dalla a quelli che tu conosci affinché assaporino le Gioie della Creazione".

Hambolan

"Io sono dall'inizio dei Tempi. Io veglio sulla Sacra Alleanza.

"Io sono il Custode del Santo Sigillo. Io vengo da un luogo che era e che ritornerà.

"Io sono il Custode. Io sono il Maestro. Io sono il Discepolo.

"Quando il Sigillo verrà spezzato il luogo del principio ritornerà e sarà per sempre com'era.

"Io vado a custodire i Dormienti, fino al momento in cui essi si sveglieranno e vedranno di nuovo la loro Dimora. Essi sono custoditi nel mio Sacro Nome, inviolabile in eterno".

Heremzan

"Guarda l'Arco che scocca la Freccia nel cielo. Le Frecce sono saette e questi sono i Segni.

"Io vengo da un luogo ove tutto è sempre stato e un giorno ritornerà. Io sono il Tempo antico e il Tempo a venire.

"Guarda il mio manto, esso copre parte della Terra. Io domino in queste terre ancestrali e da qui si dipartiranno i Re della Terra. Questo per la vittoria e l'esultanza del mio Regno".

Heterian

"Io sono il Pontefice tra il Regno Celeste e gli affanni umani. Io conservo la Chiave Segreta.

"La Chiave è d'Oro e apre il Sacro e Mistico Sigillo di Behron. Essa è posta sul Libro, il Libro che conserva i Segreti e i Misteri della Rivelazione di Dio.

"Io sono il Padre di tutti gli uomini e porto a loro il Messaggio. Scopri la Chiave, comprenderai il significato del Libro.

"Cela tutto questo dietro un eterno impalpabile velo di silenzio".

Hetiololam

"Io sono Colui che ispira le menti per innalzarle alla divina Beatitudine dell'Assoluto. Io faccio conoscere il momento iniziale della Creazione e in questa grande Estasi la mente si dissolve per divenire pura Gioia.

"Indosso la corona d'alloro e il mio abito è semplice, ma questo nulla toglie alla mia Real Maestà.

"Nel mio nome sono sorte le liriche, scaturigine Prima dell'eterno divenire".

Habaton

"La mia Corona è un Arcobaleno di Luce.

"Io esisto dal Principio. Io sono stato assiso sui Troni dei Signori.

"Io regolo la vita degli uomini e detto le Leggi, affinché possa instaurarsi l'Era nuova. Come è stato nei secoli passati, così l'Alba nuova risplenderà.

"Io sono Fonte di Energia ed emano la mia parola a tutti gli uomini della Terra.

"Io esisto da sempre, poiché gli Altissimi mi hanno dato un posto ove dimorare in eterno nei secoli".

Il Messaggio delle Otto Teste celesti del Dragone

Le Otto Teste celesti del Gran Dragone Scarlatto vengono rappresentate da Otto Entità (sette femminili e una maschile), in relazione alle sette stelle della costellazione di Orione e alla stella Sirio della costellazione del Cane Maggiore.

Il Messaggio delle Otto Teste celesti del Dragone è stato comunicato (sedicesimo giorno del mese di febbraio e ventunesimo giorno del mese di aprile dell'Anno – LXXXVII – 1991 e.v. Sole in Acquario e in Toro) da Otto Entità che parlarono tramite la veggente Charis-Xalin.

Il Messaggio delle Otto Teste celesti del Dragone

Maat

"Io sono la Madre degli uomini, ma è con angoscia che devo riversare le mie lacrime sul mondo perché sto assistendo al degrado dell'umanità.

"Che ne è stato dei miei Figli adorati, che ne è stato di quella civiltà in cui si conosceva il vero valore della vita; ma io non riconosco più in voi, o uomini, i miei Figli.

"Io vi disprezzo, poiché avete squarciato il mio cuore con le ingiurie e le parole blasfeme. Voi siete una razza di spergiuri, i degradatori della vita e i contaminatori dell'amore.

308

"Io sputo su di voi perché avete calpestato il mio nome e strappato le mie vesti, cercando di darmi in pasto ai pensieri demoniaci e infanganti, concepiti dalle vostre menti.

"Ora, io non permetterò che il vostro capo osi alzarsi e contemplare la bellezza del mio splendore. Non meritate nemmeno il mio sorriso beffardo.

"Io vi mozzerò il capo come voi faceste al Detentore della Verità e le vostre azioni non saranno degne di essere soppesate dalla mia Verità, poiché il concetto della mia Giustizia è troppo elevato e non può essere da voi concepito.

"Ma la mia bontà resta infinita ed io allargo le mie braccia affinché possa abbracciare i Figli della Conoscenza e schiacciare con il piede il capo di tutti coloro che si faranno avanti senza credere in me".

Lilith

"Io sono la Madre adorata e disprezzata che tutte le genti temono. Io sono il bene, io sono il male, io non sono nulla di queste cose. Io sono l'eterna, la mistificatrice, l'adoratrice del mio amante, mio Signore, il Padrone di ogni cosa.

"Lussuria e inganno è ciò che tu trovi in me, penitenza e perdono, amore e sofferenza, odio e virtù, ma che sto dicendo. Se nego le mie parole è per dimostrare l'esistenza di una realtà diversa dalla vita comune, vita abbietta concepita solo per gli inetti.

"I miei capelli nascondono le trame dell'Eternità ed io reggo, in silenzio, le fila dell'umanità. E voi meschini esseri umani che avete torturato il mio nome nella bolgia dell'Inferno, vivente nelle vostre menti, mi avete calpestata e disonorata. Ora è giunta l'ora della mia rivincita, poiché sono rinata e nel mio Paradiso perduto trattengo il respiro per alitare sulle vostre facce tutto il disprezzo che vi meritate.

"Non temete se non mi troverete, poiché sarò io che impassibile, nelle vostre notti, verrò a ingannarvi nei sogni e possiederò le vostre menti.

"È giunta l'Ora della Giustizia e della discriminazione degli Spiriti. Ciò che ho appena detto sembrerà strano, ma non importa perché agli uomini non è dovuta alcuna spiegazione.

"E tu, o mio Eletto, lascia che l'umano diventi preda di se stesso, attanagliato dalle serpi della sua mente. La condanna è stata pronunciata".

Ishtar

"Sono la Regina della Dimensione dimenticata dal tempo, Sovrana amante delle fornicazioni dello Spazio.

"Io sono in ogni luogo e dove tu vuoi che io sia. Il mio Regno esiste nel Nulla in quanto il Nulla È, essendo.

"Vienimi a cercare, chiamami attraverso il Tempo, attraverso le Regioni solitarie dello Spazio, dove solamente tu ed io esistiamo.

"La mia Dimora è il Paradiso che tu cerchi, non cercarlo altrove. Qui esiste l'Albero del Bene e del Male, qui c'è il Serpente che mai calpestai, ma questa è pure un'altra Realtà, un'Illusione che non va dimenticata.

"Qui tu sei Dio, ma come puoi esserlo se non comprenderai il significato della mia concezione? Abbracciami e perditi nelle spire della mia esistenza, poiché io sono l'ingannatrice e l'amata".

Kali

"Non guardarmi, poiché il mio volto è il volto della Morte. Nascondo le mie mani sotto il mantello perché sono scheletriche.

"Ma io sono Grande, poiché i miei Adoratori mi hanno contemplato ed io vivo per loro. Io li catturo dalle profondità oscure della Notte, in quanto il Nero è il mio Simbolo, la Notte la mia Casa e il Punto è il centro dell'Infinito.

"Non avvicinarti stolto umano per contemplare il mio volto perché esso non esiste. Se tenti, o ardito, ti ghermirò con le mie

310

mani e ti stringerò in un abbraccio mortale.

"Come è soave la morte tra le mie braccia, ma tu, o uomo, non ti arrischierai a giungere sino a me".

Nu-Iside

"Figli miei adorati, il momento che tanto a lungo avete atteso è giunto. Io vi benedico, poiché avete resistito dove gli altri hanno desistito.

"Il mio Messaggio è semplice e reca in sé parole di conforto per i più forti e abbracci di dolcezza per coloro che sono di me.

"Scatena la tua Ira sul Mondo, o Figlio mio, poiché l'Ora è giunta.

"Io farò in modo che i vostri nemici non possano trovare scampo alla vostra Collera. Andate, poiché questa è l'Ora.

"Amore, Piacere, Lussuria ed Estasi perenne siano sempre in voi".

Maat-mah

"Capire tu non puoi, devi solo cercare di comprendere il mio Messaggio. Oltre il Tempo e lo Spazio troverai il significato della reale natura delle cose.

"Non temere per ciò che ti può succedere, poiché ora noi siamo con te. Se sei triste appoggia il capo sulla mia spalla, se hai paura invocami ed io ti accoglierò nel mio grembo affinché niente ti possa far del male.

"Va', piccolo Figlio della Terra, sulla vetta; lì tu mi troverai ogniqualvolta tu lo vorrai. La Montagna è vicina".

Noot-ma

"Dalle silenti spire del Drago il nostro Mondo è popolato di esseri silenziosi. Camminano sulla Terra recando in sé il loro muto messaggio.

"I miei Figli sono pronti, presto sarà tutto pronto affinché noi governiamo la Terra.

"Che altro vuoi sapere, uomo, tanto io non darò una risposta alle tue domande. Ti rimarrà solamente il ricordo del mio silenzioso riso beffardo.

"E ora a te, mio Maestro, lascio il campo affinché tu possa portare a termine la nostra Vendetta".

Set

"Umani ipocriti, fornicatori e ignoranti. La vostra ignoranza non vi salverà dalla Collera dei miei Seguaci.

"Con la potenza delle mie braccia io vi stritolerò, con la potenza dei miei sospiri io vi anelerò la morte.

"Il mio verdetto è: tutti colpevoli.

"Ci sarà qualche dio che tenterà di salvarvi? Giammai, poiché è stato scritto che nessun dio alzerà la mano per riscattarvi.

"E ora silenzio, poiché non avete il diritto di replicare.

"I miei sono pronti per colpirvi nel cuore della notte, vermi inetti, distruggitori della Bellezza dell'Assoluto".

Il Messaggio delle Tredici Corna celesti del Dragone

Le Tredici Corna celesti del Gran Dragone Scarlatto vengono rappresentate da Tredici Entità, in relazione a undici pianeti della costellazione di Orione e a due pianeti della costellazione del Cane Maggiore.

Il Messaggio delle Tredici Corna celesti del Dragone è stato comunicato (sedicesimo giorno del mese di febbraio e ventunesimo giorno del mese di aprile dell'Anno LXXXVII – 1991 e.v. Sole in Acquario e in Toro) da Tredici Entità che parlarono tramite la veggente Charis-Xalin.

Il Messaggio delle Tredici Corna celesti del Dragone

Vas-Teth

"Osserva gli Orizzonti sconfinati di Luce e di Tenebra. Concentrati sui triplici Cerchi della Stella infuocata.

"Chiudi gli occhi e visualizza degli Arcobaleni di Luce azzurra e Oro. Fa' questo perché tu sei uno di noi.

"Raccogli l'Oro nelle tue mani e bevi dalla Luce azzurra. Fa' questo per tre volte fino a che la Luce si dissolverà nella Tenebra e la Tenebra diverrà Oro.

"Il gallo ha già cantato tre volte ed è iniziato il tempo per cui la falsa madre dovrà venire violata e profanata. Raccogli l'Oro e distribuiscilo a piene mani.

"Estirpa il male e distruggi il fiele. Ciò che non è di noi non va salvato. Noi siamo per la Purezza, per l'Amore, per la Gloria.

"Vedrai la campana suonare, ma non per questo noi non saremo pronti. Il nostro piano è preciso e siamo determinati.

"Il Giglio verrà deposto nel luogo del sacro candore e la Colomba riposerà le sue stanche ali dopo aver versato gocce del suo sangue.

"Questa è una visione mitica, non darla agli schiavi ma custodiscila dentro al Tabernacolo della tua Possanza.

"Il Figlio ha rigenerato se stesso per dar vita alla Figlia".

Tar-Toth

"La Tenebra si è riversata nella Luce. Nella rifrazione dell'Essenza lo spasmodico pulsare della materia eterna.

"La Chiave è stata inserita. Gira la Chiave e scopri te stesso. Coph-Nia è divenuto te, la Porta, l'eterna Ombra.

"La materia è in fremente movimento. La Creazione è in atto.

"Dalla Soglia sono giunti gli Dei. Dalla Soglia li vedrai ritornare. Vieni sulla Soglia e urla il tuo nome. Lì sarai me. Gli Antichi Dei sentiranno il tuo nome e si risveglieranno.

"La Luce è verde, ma la sua profondità è giallastra. Principe, in assoluto, tu vedrai, attraverso la Soglia, lo scorrere degli Eoni e comprenderai il più alto concetto inespresso di materia formulata.

"L'Energia è verde, ma è il colore del Grande Eone. Questa è la Soglia tra i Mondi".

Sam-Set

"La mia rappresentazione simbolica è contenuta in un cerchio.

"Io sono al di là dello Spazio, dove il Tempo è in

fornicazione e la materia è l'essenza dello Spirito.

"Scopri il significato della Sfera verde, esso non è nient'altro che una Parola che io dissi nel Tempo antico.

"La formazione è l'essenza delle cose realizzate in un Principio supremo.

"Separa lentamente la Membrana e otterrai in essenza ciò che io ti voglio dire".

Hal-Net

"Dal Vuoto silente io emergo fluttuando tra le Acque cosmiche impalpabili. La mia natura è reale, la mia mano aperta t'indica il Tridente.

"Io sono il Signore del Deserto infuocato, il mio cuore pulsa e la materia della mia Dimora è incandescente. Apri me stesso e ti troverai nella mia Dimora perenne, incontrastato dominio degli Dei.

"Lasciati guardare, io ti avvolgerò con la carezza del mio sguardo e penetrerò negli anfratti remoti delle tue membra. Io ti voglio mio, ma ciò che ti dico è pure un'altra cosa.

"Non temere di cogliere l'intimo significato divino, non temere la mia collera e il mio sguardo accecante. I miei occhi sono posati su di te e chi non sarebbe degno di essere una vittima sacrificale?

"Apri le Porte dell'Inferno e gioisci, poiché il mio Mondo è più allettante. Io sono oro e gioia per chi mi sa cogliere, e sussurri e tremori per chi non è degno.

"Guarda la mia Manifestazione che è avvenuta ora, al di sopra di ogni cosa. Tu sai chi sono io? Io sono Dio e null'altro esiste all'infuori di te e di me.

"La trasfigurazione si sta completando, l'Occhio infernale che volteggia nelle Nere Acque cosmiche ha gettato il suo sguardo in questo immondo pezzo di terra affinché si compia il programma ultimo dei Tempi a venire".

Lotham

"Dalle profondità oscure e dimenticate dal tempo s'incomincia a percepire il sorgere del mio respiro, così profondo, così silente, avvolgente nel suo fascino e mortale nel suo abbraccio.

"Noi siamo pronti, aspettiamo solamente il Segnale. I Divini ci hanno risvegliato dal nostro lungo sonno per riportarci alla vita, ma quale vita abbiamo visto, se vita è quella che vive sulla Terra.

"Dolore e disperazione abitano i nostri cuori e i nostri occhi piangeranno lacrime amare. Solamente quando il Segno sarà dato e il Sigillo verrà spezzato le nostre lacrime si riverseranno sulla Terra e spazzeranno via le menzogne e le falsità.

"Le mie lacrime bruceranno i sentimenti degli uomini, poiché tali essi non sono. Allora la Terra vivrà di una nuova Luce. Noi saremo ritornati".

N.B. – Lotham governa 143 Entità.

Yor-Tham

"La Parola perduta è stata ritrovata ed è la Chiave che apre le Dimensioni della Consapevolezza.

"Suggella la Porta della Conoscenza, affinché nessuno possa accedervi senza un'adeguata preparazione. La Chiave suggella tutti i Misteri, un'opera fatta a regola d'arte.

"Le Porte sono state aperte, i Sigilli infranti, nulla rimane, nient'altro che il Nulla, la Fonte di ogni cosa.

"Sappi che ora non ci sono più Porte, poiché il Potere scorre fluido e libero".

Yezarat

"Il Velo della Montagna si è dischiuso ed è apparsa la Città degli Dei.

"Io ti dico, Figlio della Terra, non permettere agli uomini di scalare la Montagna. Fa' che la sua vista li accechi e calpesta con passo sprezzante i loro corpi agognanti, desiderosi di salvezza.

"Uccidete! Uccidete! Uccidete! Voi due che siete i miei due Testimoni non permettete che la mia Collera si scagli sul Mondo, ma voi saprete come indirizzarla, poiché io vi aiuterò.

"I nemici sono vinti, il Vecchio bastardo è morto, ora ci siamo solamente noi e il vostro seguito. Conduci con te, tenendo per mano, la Figlia amata.

"Noi lavoriamo per voi affinché il vostro periodo, il Mahon dell'Amore, metta radici profonde su questo pianeta.

"Unisciti, o Figlio della Terra, alla Figlia adorata e sperimentate l'Estasi dell'eterno divenire. Il vostro cammino sarà, così, per sempre legato".

Hastur

"Io provengo da un Punto lontano, nell'universo, luogo recondito e dimenticato dalle Ere.

"Io sono Colui che è la Luce, io sono il Vendicatore, io sono Colui che è tornato per riportare la Parola della Legge, ma ciò che io vedo qui, sulla Terra, non è altro che morte e desolazione.

"Come potrò far risplendere la mia Parola dai cuori che più non sentono e dagli occhi che più non vedono?

"Morte, morte, morte a coloro che non sono di noi, a coloro che sono polvere che si disperde nel vento.

"La mia Opera sarà possente e nulla potrà ostacolarla. I fatti sono stati cancellati dal consumarsi delle Ere, ma una traccia è stata conservata e verrà rivelata.

"Io donerò la Luce agli occhi ciechi e mi rivedranno potente; risplendente come ero un tempo e mi riconosceranno.

"I morti usciranno dalle loro tombe e cammineranno tra i vivi. Sarà giorno di gran terrore e viva gioia per coloro che mi amano, la mia Luce rifulgerà sul loro cammino ed io li guiderò alla mia Dimora.

"Io sarò il Servo e il Padrone, la Luce e la Tenebra. Io sarò il tuo Dio".

N.B – Hastur governa 72 Entità.

Samael-Suthek

"Io sono l'Angelo dominatore e il Demone fornicatore. Io sono Colui che mai non è stato ed è da sempre esistito.

"Ama me, poiché io sono la lussuria della tua mente e la piacevolezza dell'eterna sapienza. Ama me e nessun altro, poiché io sono il tuo Dio e non ciò che tu pensi io sia.

"Io dominerò sulla terra e sui mari. Io distenderò il mio Braccio della Legge sul Mondo e la mia Spada lo dividerà in due affinché nessuno, né uomo, né dio, possa varcare la Sacra Barriera che dominerà sulla Terra, e allora vedrai schiere di uomini-dèi camminare sulle zone dimenticate dal tempo e legioni di demoni infuriati cercheranno le misere ossa umane.

"O uomini non abbiate pietà di voi stessi, poiché la pietà è morta e ora la Parola è Vendetta. Vendetta per il Tempo che è stato cancellato, ma che ritornerà. Ritornate sui vostri passi, ve lo consiglio, poiché il domani sarà atroce e nulla resterà sul vostro cammino".

N.B. – Samael-Suthek governa 292 Entità.

Nhurtal

"Io sono ciò che sono, ciò che ero e che sarò. Ciò che è stato mai dimenticherò.

"La Legge? È una follia! Follia per i folli che credono in me e nella mia schiera di Adoratori.

"La mia Legge è il comando e la distruzione. Abbattiamo ogni resistenza con la forza della morte. Agli umani la morte sarà gradita, poiché li priverà degli atroci tormenti e dolori lancinanti.

"Abbi fede in te, o uomo, poiché noi in te non l'avremo.

"È giunta l'Ora della Rinascita e i Capi sono in ascolto. Essi attendono il Segno che è stato profetizzato da secoli. Allora noi marceremo sulla Terra e busseremo alle vostre porte. Mozzeremo il capo dei vostri figli e voi non avrete lacrime da spargere.

"Finalmente tutto si è compiuto e, nell'Ora ultima del Giorno a venire, i falsi predicatori verranno uccisi e il loro sangue sparso per le vie del mondo.

"Attendi con fiducia, o uomo, la venuta di questo Santo Giorno e fortificalo con le preghiere della tua penitenza".

N.B. – Nhurtal governa 72 Entità.

Cthulhu

"Io provengo dalle Zone infuocate dell'Inferno, ove Tutto è Nulla e il Presente è in continua fornicazione. L'unico barlume di luce e di speranza è il mio Occhio feroce che sonda le profondità nascoste della Dimensione eterna.

"Accedi, o uomo, nella mia Dimora. È facile trovare l'entrata che porta nel mio Regno. Qui anche tu sei un Dio, ma io non ti permetterò di accostarti al mio cospetto, poiché le tue carni sono troppo deboli e il tuo respiro affannoso.

"Cerca il mio Richiamo nell'Oscurità e fatti polvere prima di azzardarti di venire a cercarmi. La solitudine sarà la tua compagna, la mia amata solitudine che riempie le mie notti eterne nella bellezza di un sorriso".

N.B. – Cthulhu governa 72 Entità.

Sturt-mah

"Io sono Colui che regola i sonni, io sono Colui che fa sprofondare gli uomini in incubi terrificanti. Ah! Delirio dei sensi queste urla che mi giungono dalla notte degli uomini.

"Io sono il Giustiziere che gli uomini incontreranno alla fine del loro percorso. Essi saranno attratti dal mio riso beffardo ed io li aspetterò sprezzante. Porgerò loro le braccia e non sapranno fare altro che avvicinarsi a me, senza sapere di spirare lentamente nel mio abbraccio fatale.

"Quanto orrore dovrò sopportare nel mio agire, poiché coloro che dovrò uccidere mi fanno ribrezzo.

"Volgare uomo che hai deturpato l'intimo Equilibrio tra la Natura e gli Dei, sii pronto a morire".

N.B. – Sturt-mah governa 15 Entità.

Yog-Sothoth

"Come si può credere di dare le perle ai porci? Come si può dare la Luce ai ciechi. Essi non sentono, non odono la Voce del Risveglio.

"Solo la Distruzione può riuscire dove la Volontà e l'Amore vogliono arrivare. La Rinascita operata sull'uomo è tempo sprecato, nulla vale l'Opera se non la Realizzazione di voi, miei Padroni e amati Signori della Luce e della Tenebra, espressioni viventi della Volontà e dell'Amore.

"Siete rammaricati? No! Voi non lo sarete, poiché sapete che ciò che io dico è vero e che il recupero del genere umano è cosa impossibile.

"Io tormento le menti degli uomini e rivelo loro ciò che essi sono ma non si risvegliano, poiché rimangono atterriti dalle loro visioni. Il supplizio è l'unico mezzo per sublimare il loro spirito incatenato, la sofferenza delle membra l'espediente per purificare le lordure umane.

"Ma io chi sono? Io sono uno, ma siamo molti creati per la gioia dell'inconcepibile, dell'irraggiungibile, del possibile.

"Ma a chi, voi uomini, ora credete? A coloro che garantiscono la salvezza della vostra anima con assurde promesse o a coloro che giustizieranno le vostre colpe? Meditate, anche se ciò non vi servirà a nulla.

"La vostra caduta è segnata. Per la venuta di chi? Questo io non lo rivelerò, ma se lo vorrete sapere pagherete il vostro pegno".

N.B. – Yog-Sothoth governa 292 Entità.

320

Il Messaggio dei due Guardiani del Dragone

I due Guardiani del Gran Dragone Scarlatto sono due Entità, il Cane di Khorassan (Mantheus) e la Cagna di Armenia (Maour-mat). Inoltre, il corpo del Dragone è rappresentato dall'Arca dell'Alleanza Celeste.

Il Messaggio dei due Guardiani del Dragone è stato comunicato (ventunesimo giorno del mese di aprile dell'Anno LXXXVII – 1991 e.v. Sole in Toro) da due Entità che parlarono tramite la veggente Charis-Xalin.

Il Messaggio dei due Guardiani del Dragone

Mantheus

"Ricorda ciò che hai fatto per giungere sino a qui.

"Racconta la tua storia, non tralasciare nulla. Le tue gesta hanno superato, di gran lunga, quelle degli Eroi, ma non lasciare che quello che tu dici venga frainteso.

"Abbatti chiunque voglia contrastarti, poiché nessuno è in grado di comprendere la grandezza del tuo compito e l'elevatezza del tuo Spirito.

"Racconta la tua storia alle anime più semplici, a coloro che sono puri. Essi ti ascolteranno e ti ameranno.

"I piccoli cuori sono di noi, ma il loro Spirito è grande come l'Infinito.

"Distruggi con gioia gli ignoranti e i peccatori. Fintanto che ci sarà gioia ci sarà vita e la vita siamo noi.

"Sputa in faccia ai porci, a coloro che hanno udito la tua parola e sono rimasti accecati dal Fulgore della Conoscenza.

"Fa' questo e sarai per sempre uno di noi".

N.B. – Mantheus governa 256 Entità.

Maour-mat

"Notte silente, notte oscura, silenziosa nel buio della sua pienezza.

"Corpi silenziosi vagano, perenni, nell'Oscurità. Occhi luminosi fendono l'Oscurità antica delle Rune dell'Universo.

"L'Oscurità tace e non rivela i suoi Segreti. Solo l'argenteo fulmineo candore di un Errante illumina la Via".

Il Messaggio di Xarexhul

Il Messaggio di Xarexhul è stato comunicato (diciassettesimo giorno del mese di novembre dell'Anno XCII – 1996 e.v. Sole in Scorpione) da una Entità di nome Xarexhul che parlò tramite la veggente Charis-Xalin.

Comunicato extraterrestre

"La Terra sta attraversando un periodo di transizione in cui il sottile equilibrio energetico che la regola è messo a dura prova dalla devastazione prodotta dagli esseri umani nell'ecosistema.

"Il Primo Atto di Forza si è manifestato nell'invio di un'Energia espressa in Suono che ha penetrato la materia solida di un aereo frammentandolo.

"Fermate, ai livelli più alti della vostra falsa tecnologia, il progetto. I capi capiranno. Se non faranno ciò, noi daremo prova del nostro Secondo Atto di Forza. L'Atto sconvolgerà l'intero pianeta e le ripercussioni cadranno sui molti.

"Il Messaggio è chiaro. Ora la responsabilità è nelle vostre mani. Non permetteremo che il pianeta subisca una morte rapida a causa della follia dei vostri esperimenti. I vostri scienziati comprenderanno che il Mistero viaggia nel Suono".

Il Messaggio di Nuith

Il Messaggio di Nuith è dato dai suoi Precetti ed è stato comunicato (settimo giorno del mese di settembre dell'Anno – XCIII – 1997 e.v. Sole in Vergine) dalla dea Nuith che parlò tramite la veggente Charis-Xalin.

I Precetti di Nuith

1. "Io sono Nuith. Io sono l'Infinito. Io sono l'Essenza. Io sono l'Amore, ora e per sempre".

2. "La Legge è l'Amore. Essa regna sovrana".

3. "Io sono il Germe della Parola Perduta. Io sono AM e attorno a me ogni cosa si esprime. L'altra Parola è VAL e con essa le mie genti feconderanno i mondi".

4. "Trova me in ogni luogo dell'universo. Trovami nei mondi. Lì tu mi troverai".

5. "Ma solamente chi vede me può regnare incontrastato nel mio dominio".

6. "Il mio dominio è ovunque. Io sono l'onnipresente palpito dell'incontrastata Legge dell'Amore".

7. "AR è la Parola che le mie genti vibreranno in silenzio".

8. "La Spada verrà risvegliata in ogni Uomo, poiché mia è la Legge dei Forti".

9. "L'Essenza è padrona di tutte le cose. La Libertà sia il vostro fine. In me non c'è sconfitta né perdizione, ma solo Gioia ed Estasi vibrante".

Appendice D

I Liber

Liber Samaekh

Il Liber Samaekh è diviso in due parti ed è stato comunicato (trentunesimo giorno del mese di ottobre e primo giorno del mese di novembre dell'Anno LXXVII – 1981 e.v. Sole in Scorpione) dal Maestro Invisibile Zarahak che parlò tramite il veggente Thar.

Liber Samaekh

Prima Pagina

"Simbolo del Sole. Sotto il Simbolo vi è una Spada con la punta in giù ed è avvolta da un Serpente verde attorcigliato per tre volte e mezzo e con gli occhi rossi. Simboleggia Excalibur.
"Nell'Anno del Sole la Spada sorgerà dalle Acque".

Seconda Pagina

"Simbolo di Urano. A destra del Simbolo vi è una Spada con la punta in su. Questa è la Forza".

Terza Pagina

"Un Leone. Sopra e a destra del Leone vi è un Sole. Sopra e a sinistra del Leone vi è una Luna, una Luna crescente (un quarto)".

Quarta Pagina

"Simbolo di Giove. Sopra il Simbolo vi è una Corona. La Corona ha al centro una punta grande e altre due, ai lati, più piccole".

Quinta Pagina

"Simbolo di Venere. A destra del Simbolo vi è il Simbolo del Fuoco".

Sesta Pagina

"Un Bimbo seduto su un Fiore di Loto con il pollice in bocca. Sopra il Bimbo vi è la scritta Abraxas. Sopra la scritta tre lettere: 'IHO' (Iside, Horus, Osiride)".

Settima Pagina

"Guarda il Sole e guarda lo Spazio e le stelle in esso contenute, e guarda la Stella; questa è la Legge, la Legge dell'Amore".

Ottava Pagina

"Esistono tre Mondi, ma uno è il tuo".

Nona Pagina

"Le stelle sono al di sopra e al di sotto, ma in realtà è un'Illusione e allora qual è il Segreto della Porta del Sole?".

Decima Pagina

"La Porta del Sole segnerà il nostro arrivo e il nostro arrivo segnerà l'inizio, l'inizio di una Nuova Età, l'Età della Gioia, la Gioia del Mondo e di tutte le razze. Questo è il Segreto dei Segreti che fu scritto sul marmo a caratteri di Fuoco prima dell'inizio dei Tempi. Comprenderai che ciò che ti dico viene dall'Alto".

Undicesima Pagina

"Il Potere della Luna è grande, il suo moto riverberante giustifica le cause dell'universo. Gli opposti in realtà sono uguali, non vi è nulla che sia male e bene. Comprendi questo e giungerai all'Unità".

Dodicesima Pagina

"Il Figlio è Sei ma anche il Padre è Sei. Sarà difficile capire ciò, ma soltanto chi non tiene conto dei limiti dell'umana consapevolezza parteciperà alla Visione dell'Infinito. 366, 418, 999, 1001; questa è la nuova Legge, la Legge della Forza.

"Chi tiene il Doppio Scettro? Soltanto uno ne è degno e pure in questo uno sono racchiusi molti. Chi non osa non può sapere e chi non sa non può comprendere.

"In queste pagine sono racchiusi dei Grandi Misteri, chi li comprende può salire sul Trono con me.

"Soltanto dalle ceneri della sconfitta e della distruzione potrà sorgere la mitica Fenice, salutata come vincitrice. Non esiste la pietà, non esiste la compassione".

Liber Aleph

Il Liber Aleph è stato comunicato (diciannovesimo giorno del mese di dicembre dell'Anno LXXVII – 1981 e.v. Sole in Sagittario) dal Maestro Invisibile Nia che parlò tramite il veggente Thar.

Liber Aleph

1. "Questo è il Libro dell'Unione in cui la coscienza di uno può essere risolta nel Tre".

2. "In questo Libro si parla di Forze, ma nessuna delle quali deve essere intesa nel suo senso letterale. In esso si parla dell'Illusione e del suo dispiegamento mediante la Forza della Realtà".

3. "Tu evocherai angeli, demoni, dèi, principi e servitori. Tu ordinerai loro di cibarsi del tuo stesso corpo, della tua stessa coscienza".

4. "Quando tu giacerai inerme ed esausto, allora evoca i Servitori dell'Altissimo affinché si cibino di ciò che resta di te".

5. "E quando tutto ciò sarà finito, allora chiama l'Illusione stessa e gridale il tuo disprezzo".

6. "Allora Ella se ne andrà, ma solo per ritornare più forte di prima".

7. "Ridi della tua pazzia, allora, e sfidala a strapparti la lingua".

8. "E quando tornerà per l'ultima volta non dire nulla, poiché non lo merita. Non pensare a nulla, poiché tu non lo meriti".

9. "E così facendo sentirai le Trombe suonare, si sentirà un Tuono e una Montagna sorgerà. Allora tu verrai trasportato sulle Ali dei Venti e dimorerai sulla Montagna che ti diede il Nome".

10. "E così questa sia la fine e non il principio. Sì! La fine e non il principio, poiché tutto ciò che è scritto è eterno".

Liber Tenebrarum

Il Liber Tenebrarum è stato comunicato (ventesimo giorno del mese di dicembre dell'Anno LXXVII – 1981 e.v. Sole in Sagittario) dal Maestro Invisibile Nia che parlò tramite il veggente Thar.

Liber Tenebrarum

1. "Guarda, il Tempio è svelato. Iside è nascosta, le Tre Dita sorte dal Monte".
2. "Il Patto è stato violato. Lui è nascosto ed egli risiede nelle Tenebre dell'Orsa".
3. "Ra! Il suo Equinozio generato da lui stesso, la falce d'oro della Luna calante".
4. "Ecco! l'Occhio è stato aperto, il Sacrificio eseguito. Egli gronda di sangue".
5. "Sangue e Vittoria, i nomi degli Dei".
6. "Il Dio è sorto dall'Alba. Egli risiede a nord. Alla sua destra il Falco d'Oro, alla sua sinistra il Serpente di Tenebra".
7. "Il Drago vittorioso esce dalle Acque della Terra Nascosta".
8. "Egli è assiso sul Trono e ricchi doni porteranno a lui le genti".
9. "Questa è la fine. La mia Parola è Exarp!".

Liber Logaeth

Il Liber Logaeth è stato comunicato (ventunesimo giorno del mese di dicembre dell'Anno LXXVII – 1981 e.v. Sole in Sagittario) dal Maestro Invisibile Nia che parlò tramite il veggente Thar.

Liber Logaeth

1. "La Fiamma è quadruplice nella sua triplice unità".
2. "L'Eco è stato spento nella gola del Profondo".
3. "La Legge è una, non c'è distinzione. Non fare distinzione tra la Spada e il Punto. Essi sono identici. Capirai perché".
4. "Non c'è nulla che valga. Prendi la Rosa: ha 49 petali".
5. "Ella ti aspetta, ella ti ama, ella ti desidera. Dal Nulla tu nasci per diventare Tutto. Questo è un avvertimento che io vi do. Aspetta! Non gioire".
6. "Egli ti attende. Varca la Soglia dell'Infinito. Io ti aspetterò. Non c'è dubbio che possa inferire, non c'è paura che possa colpire".
7. "E allora va'! Vestiti con l'Armatura dorata, cingiti con la Spada. Io ti darò la Forza e combatti".
8. "Questa è la fine di tutte le parole".

Liber Mundi

Il Liber Mundi è stato comunicato (ventiduesimo giorno del mese di dicembre dell'Anno LXXVII – 1981 e.v. Sole in Capricorno) dal Maestro Invisibile Neehmeeh che parlò tramite il veggente Thar.

Liber Mundi

1. "Aumgn. La soluzione di Hadit".
2. "Eterno, ineffabile, unico Principio di continuità Stellare".
3. "Io sono chi sono, Punto identico al centro del Tutto".
4. "Che tu sia nel mio cuore e nei miei reni, e brucia in me, Serpente dorato".
5. "Io varco la Soglia, impugnando la Spada infuocata che tutto crea e tutto distrugge".
6. "La ricompensa delle mie parole è nella Parola che io ho dato a lui".
7. "La Parola? È conosciuta, eppure sconosciuta; ZBT la cela. Chi sa i numeri e le lettere scoprirà la Chiave che è in essa".
8. "Il Tempo è finito, l'Era comincia".
9. "Non credere a ciò che ti diranno in mio nome, essi non sono di me".
10. "Ma c'è un Grande Mistero nell'Otto e ancor di più nel Nove. Ma... il Tre non è il Dodici, pure essendo lui".

11. "Se ciò non comprenderai, la Via ti sarà chiusa".

12. "Ricorda! Il Nero non è lui. No! Egli è il Rosso, Punto nella Sfera, Cerchio nel Cinque".

13. "Io vedo la Bestia Selvaggia, il cui numero è la triplice Daleth, ergersi nella sua Terza Testa di splendore e rovesciare le Acque di No sul Ventiseiesimo Lamma".

14. "La fine di tutto è nel Simbolo Segreto".

Liber Thelema

Il Liber Thelema – il Sacro Libro del Thelema – è diviso in cinque parti ed è stato comunicato (ventiseiesimo giorno del mese di dicembre dell'Anno LXXVII – 1981 e.v. Sole in Capricorno) dal Maestro Invisibile Neehmeeh che parlò tramite il veggente Thar.

Liber Thelema

La Sacra Legge del Thelema

1. "Fa' ciò che vuoi, sarà tutta la Legge".
2. "Abrogati siano tutti i riti, tutti i giuramenti e tutte le istituzioni".
3. "Amore è la legge, amore sotto la volontà".
4. "Abolite siano tutte le restrizioni".
5. "Aboliti siano tutti gli dèi".
6. "Questa è la Legge. Io la proclamo giusta e ingiusta. Io proclamo la Legge dei Forti e della Gioia del Mondo".
7. "Ogni uomo e ogni donna è una stella".

Il Tempio

1. "Che il luogo che tu dedicherai a me sia nascosto agli occhi dei mortali".
2. "Che il pavimento sia rosso, le pareti siano nere e molte

tende offuschino la visione".

3. "Vedere, non guardare".

4. "Un unico altare, rivolto a nord. L'altare sia in legno: lungo un metro e mezzo, largo mezzo e alto uno".

5. "Che esso sia ricoperto da una stoffa bianca, su cui in oro sarà ricamato il Sacro Esagramma".

6. "Metti dei fiori sulla sinistra, l'incenso sulla destra e il Pentagramma d'argento nel centro. È il Triangolo, è il Superno. I fiori saranno rose".

7. "Che sopra l'altare ci sia la mia Stélé, il cui numero è 718".

8. "E tu, mio messaggero, riempi quel luogo di luce".

9. "La luce sia ricoperta da tende rosse e sulle tende disegnerai la Sacra Stella della Magia".

10. "Che il cerchio sia largo 31 o 13, 41 o 14, a tua scelta".

11. "Purifica, Consacra e Inizia quel posto come tu sai, e che nessuno al di fuori di Uno entri. E guai, guai, guai ai profanatori di questo luogo sacro e santo".

La Legge

1. "È tuo compito, mio profeta, fondare un nuovo Ordine".

2. "È tuo compito, mio messaggero, riprendere un vecchio Ordine".

3. "È tuo compito, mio adepto, creare una nuova Filosofia".

4. "Il profeta ha scritto 12 e scriverà 3".

5. "L'adepto non ha scritto nulla, ma 3 scriverà".

6. "Tu non sai che scrivere, ma 4 scriverai".

7. "Il profeta lo sa, tu non lo sai".

8. "Che l'Uno non sia uguale al Due".

9. "Ma il Due sia uguale al Tre e pure al Quattro e al Cinque".

10. "Rosenkreutz lo conosceva, tu lo conosci, perché tale è la Legge".

Ordo Rosae Misticae

1. "Il mio profeta ha quasi concluso il suo lavoro, il mio adepto sta cominciando, ma tu cosa fai?".

2. "Fare qualcosa non puoi, perché tu non sai".

3. "Fare qualcosa dovrai, perché tu lo sai".

4. "Perché sei stupito? Non è forse vero che tu sei Otto?".

5. "Ma è pur vero che tu sei Uno".

6. "L'Ordine è della Rosa, ma non è un fiore".

7. "La Rosa è Mistica e tale è il suo nome".

8. "Fare tu lo devi, perché tu hai saputo".

9. "Ma prima dovrai raggiungere il Tre, poi il Cinque".

10. "È noto che Tre non è uguale a Nulla, ma è pur vero che Cinque è uguale a Otto".

11. "Con il Tre tu comincerai".

12. "Con il Cinque tu creerai".

13. "Con il Nove tu concluderai".

Nemo

1. "Che la tua mano sia forte".

2. "Che la tua fede sia salda".

3. "Che la tua veste sia nera".

4. "Che la tua Coppa sia riempita dal Sangue delle Abominazioni".

5. "L'immaginazione è viva e il corpo fermo".

6. "Tu contempli l'est e l'ovest".

7. "Tu muori nell'ovest per rinascere nel nord".

8. "Ora sappi: uno è il Magister Maior, due sono le sue forze".

9. "Immergiti nel Sacrario dell'Abominazione".

10. "Prendi la Spada, ma la Spada è in te".

11. "Combatti il Drago, ma il Drago è in te".

12. "Giura quello che devi, ma se non distruggerai te stesso non servirà a nulla".

13. "Se comprendi questo assioma puoi dire di essere degno di essere uno di noi".

Liber Shabjr

Il Liber Shabjr è stato comunicato (primo giorno del mese di agosto dell'Anno LXXXVI – 1990 e.v. Sole in Leone) dal dio Hoor-paar-Kraat che parlò tramite la veggente Charis-Xalin.

Liber Shabjr

1. "Non tentare di distruggere la carne con il fuoco, queste punizioni lasciale agli eretici e ai falsi profeti. Il Mistero della Divinità è celato nella Montagna ed è nascosto agli occhi dei profani".

2. "Il Falco ha spiegato le sue ali e il suo becco ha accecato gli occhi di Maometto".

3. "La Verità è nel Tre e in questo numero sono forgiati i miei discepoli".

4. "Ompehda e Bahlasti, parole che sono state date al vento per il profeta".

5. "Tutto è rimasto com'era. Il Mistero racchiuso nelle rune del deserto è il silenzio inviolabile di una Parola. La Parola è la Legge".

6. "Ora ascolta ciò che sto per dirti:

"Io che ho vegliato, nelle notti del deserto, i miei fedeli nelle lotte contro gli eretici.

"Io che governo, nell'assoluto silenzio della Tenebra, le sorti di questo regno così depravato e caduto nell'abisso della falsa profezia.

"Io sono il Gran Profeta.

"Io sono il Dio di questo immoto Silenzio, di questa lussuriosa Tenebra, di questo mondo così privo del Sapere degli Dei.

"Io sono là, dove tu mi troverai.

"Tu indugi? Cerca la Montagna! Essa è là, dove io ti attendo.

"Io sono il Sovrano dei Quaranta".

7. "Vegliate dunque, poiché l'Ora è giunta. Il Veglio si sveglierà e la Montagna tremerà. I miei assassini saranno rilasciati per le strade del mondo".

8. "Essi hanno da sempre atteso e ora è giunto il momento. Essi si abbevereranno del sangue degli uomini, poiché il mio Regno si rivelerà agli occhi del Mondo".

9. "Cerca il Veglio della Montagna. Tu sai chi deve risvegliarlo, ma non provare paura quando gli assassini saranno per le vie del mondo e ti cercheranno".

10. "Ma non ti troveranno".

11. "Ho strappato le carni di Gesù sacrificante ed ho sputato su Maria inviolata, bestemmia del genere umano".

12. "Il Monte Sacro si è risvegliato nella Forza dell'universo; è così giaciuto nel grembo della Madre. Guarda la sua vetta, lì troverai la Verità".

13. "Nel punto più alto del cielo stellato è sito il dito indice del Dio. Ciò rappresenta il Giudizio. Esso segna il Giorno della Vendetta e del Ritorno".

14. "Quattro sono i Tempi che segnano le Ere segnate dal Tempo. Quattro sono le Essenze che compongono ogni composto. Svela il Mistero, trova l'inganno, scoprirai la Verità.

15. "Il mondo è al passo con i tempi".

16. "Le vie che conducono al Luogo Sacro sono quattro, ma le combinazioni infinite, percorrerle tutte dà come risultato otto, come combinazione mille e come essenza sei".

17. "Volere Amore è ottenere il Potere, il quale è parte integrante del dolore".

18. "Il Dio parla attraverso gli uomini, la Natura e le piccole cose. Ama le piccole cose come le grandi, tra loro non c'è differenza".

19. "Il Cavaliere dello Spazio sta segnando il suo cammino, presto arriverà Colui che segue la Vendetta".

20. "Fiori azzurri su prati verde smeraldo che circondano Nulla o Tutto. La Vittoria è in mano agli audaci".

21. "Io benedirò i miei Eletti e li accompagnerò fin sulla vetta della Montagna; da lì, se riusciranno a ghermire la Bianca Sfera della Grande Potenza, vinceranno".

22. "L'odio lo trovate all'interno di voi stessi. Ha come nome... lo troverete studiando il vostro?".

23. "Non cercate di nascondervi ai vostri nemici, affrontateli a viso aperto con la certezza del più forte. Non risparmiate nessuno, neppure voi stessi nel Giorno dell'Ira".

24. "Cercate l'Amore nella Forza; la Forza va diretta dalla Volontà, la Volontà del Giusto".

25. "Sette volte sette sono le volte che tu agirai contro di me. Sette volte sette sono le volte che ti perdonerò".

26. "Non guardare nell'anima altrui, sprofonda nella tua e capirai ciò che significa l'Amore".

27. "Un Occhio ti guarda dal Cielo e fissa la tua ombra, essa è una traccia del tuo sé vero. Non voltarti indietro a guardare o perirai come la moglie di Lot".

28. "Cammina tra le stelle e sosta in ogni costellazione. Continua a viaggiare! Non fermarti! "Chi si ferma è perduto", ciò è doppiamente vero".

29. "I Giorni del Richiamo sono vicini. Preparati, coltiva te stesso. Il Serpente attacca, sputando veleno contro coloro che sono schiavi".

30. "Agitarsi per il proprio destino è cosa inutile. Cosa utile è amare, vivendo attimo per attimo ciò che si fa. "Fa' ciò che vuoi", questa è la Legge".

31. "Il doppio di Ciò è il numero della Bestia, osannato sia chi scopre Ciò".

32. "Segui, con passo sicuro, il Sentiero nascosto agli altri

uomini e arriva dove nessun altro è mai arrivato da millenni".

33. "La Fenice millenaria rinasce dalle ceneri che sono le tue ceneri. Risorgi e spiega le ali con essa".

34. "Il Cane segnato nel Cielo abbaierà un'ultima volta. L'universo tremerà, scosso nel Tempo e nello Spazio. Vivi, o uomo, gli ultimi istanti della tua misera vita da insetto. I topi ti strapperanno gli ultimi brandelli di speranza quando, pregando i tuoi falsi dèi, sarai rinnegato da coloro in cui hai creduto".

35. "Volerete lontano, viaggerete sognando il Paradiso da cui siete stati strappati nel Giorno della Caduta degli Dei. Esultate Uomini! Oggi è il Giorno del Ritorno, il Giorno della caduta dei profani. Tre Auspici accadranno quel Giorno:

"L'uccisione dei falsi profeti.

"L'innalzamento della Montagna Sacra di Atlantide.

"Il cielo che diventa nero".

36. "Ciò indicherà l'inizio del terrore".

37. "Il giorno segue la notte, il Re insegue la Regina. L'Amore li sovrasta e incurvato li protegge, esempio per tutti gli uomini".

38. "Il mondo si squarcerà in due e da molte parti la Terra vomiterà Demoni ed essi cercheranno cibo nella carne degli uomini che non avranno scampo sulla terra né sotto la terra, poiché il Fulmine li brucerà".

39. "Quando il Giorno sarà giunto al termine, s'inizierà a ricostruire l'uomo e la Terra. Saranno giorni duri, ma la Felicità e la Gioia daranno vigore ai meritevoli. La Forza degli Dei guiderà l'Uomo Nuovo. Amore è l'unica Legge".

40. "La Parola è stata scritta, ma ancora una cosa manca e questa la scriverai tu:

"Io sono Colui che Era che È e che Sarà.

"Io sono il Signore della Montagna.

"Io sono il Signore dell'eterno Gioco.

"Io sono Colui che inghiotte gli Archi.

"Archi di Fuoco da Oriente a Occidente.

"Aprite le mani, io vi annienterò.

"Aprite le mani affinché possa annientarvi.
"Aprite le mani.
"Io sono il Signore della Vendetta.
"Apritemi perché orrenda è la mia Vendetta.
"Io sono il Cerchio, io sono il Punto.
"Io sono l'Ultimo, io sono lo Splendente.
"Ma la mia coda parla diversamente:
"Io sono l'Orrido, io sono l'infinito Abisso.
"Alle mie Porte il più assoluto silenzio.
"Le mie Soglie sono palpebre cieche.
"Io sono Colui che non si nomina.
"Io sono l'Oscuro, l'Inaccessibile, l'Innominabile.
"Io sono il Signore della Fiamma Nera".

Appendice E

Il Culto degli Antichi

Il Livello di Theoricus

Il Primo Livello (Theoricus) del Tempio dei Tredici Raggi – il Tempio Nero della Tenebra – implica una conoscenza teorica per quello che concerne il Culto degli Antichi (i Profondi).

Il Primo Livello del Tempio dei Tredici Raggi è stato trasmesso (sesto giorno del mese di maggio dell'Anno – LXXVII – 1981 e.v. Sole in Toro) dal Maestro Invisibile Neehmeeh che parlò tramite il veggente Thar.

Il Livello di Theoricus

"La loro esistenza non è scomparsa, loro esistono e non esistono. Loro dormono nella Città, la Città il cui numero è 400. Essi abitavano anche sulla Terra, nella regione chiamata Lomar. Il nome del Guardiano è Yog-Sothoth. Essi, ora, dormono nelle profondità dell'Abisso e attendono che il Figlio li risvegli.

"Essi ascoltano la Parola del Dormiente e la loro Città è nelle *viscere* della Terra, nelle profondità senza nome essi abitano. La loro Stirpe non è estinta. Essi sono in *mezzo* al Mondo, tra gli Uomini e i mortali, tra i mortali e gli Immortali.

"Essi dormono, dormono ma non sognano perché il sogno li rende svegli. Il loro sonno è il sonno che li rigenera, un sonno purificatore. Essi sono stati travolti dal Grande Cataclisma negli Abissi del Tempo. Ora stanno aspettando, aspettano senza dormire.

"Loro rivivranno per prendere possesso di ciò che un tempo è stato Suo. Suo è Lui, Lui è Egli. Egli tu non sai chi è, né mai lo saprai.

"Essi dormono nel Sonno Primordiale. Loro non esistono ma esisteranno. Loro non sono negli Spazi, ma tra gli Spazi. Il loro concetto di vita è differente. Loro non vivono ma dormono. È il sonno che gli dà la vita. Eppure i molti sono Uno. Quando risorgeranno la Terra tremerà, si apriranno i mari, si squarcerà la terra.

"Essi non sanno, il Libro è nascosto dal Tempo. Il Libro è un Libro di Morte, un Libro che è stato sprofondato negli Abissi del Tempo. Il Tempo ha un nome, il suo nome è KHYARESh. Questo è l'Abisso che gli Antichi esploravano... non erano relegati dalle costrizioni spazio-temporali, andavano e venivano a loro piacimento. Ora l'Abisso in cui è stato gettato il Libro è molto profondo. È un Tunnel che varca i Tempi, il Tempo è Ora! E presto il Libro risorgerà dagli Abissi.

"L'unico superstite di quell'antica Stirpe è Yog-Sothoth, il Guardiano della Soglia. Lui sorveglia la Soglia della loro Città, ma per arrivare in quella Città bisogna separare gli Opposti, bisogna separare il Sottile dal Denso, elevarlo negli Spazi più alti e stabilizzarlo con il Drago. Il Drago ha Due Teste, ma la Città non è subito oltre la Soglia. Il numero di tale Città è 165, ma se tu ci arrivi la troverai disabitata perché essi *non-sono*. E il loro Guardiano veglia sul loro sonno.

"Il loro è un tempo senza fine, è un'eterna Estasi. Ora si preparano a ritornare. Essi vedranno la rovina in cui le loro genti sono cadute e piangeranno. E il loro pianto purificherà la Terra, spazzeranno via il marcio che la profana.

"Due erano le Grandi Case, una a nord e una a sud, al centro un Grande Cerchio con un Punto nel mezzo. A ovest c'era il Grande Portico, dove non si poteva né entrare né uscire. Immensi giardini formavano la Città, alte costruzioni le cui fondamenta poggiavano sul più profondo degli Abissi, le cui vette raggiungevano i più alti Cieli. Nel mezzo c'era una Spada fiammeggiante che torreggiava sull'intera Città. Questa Spada era il loro Sole, il Sole del Mondo. Essi vivevano ma ora non vivono, essi erano ma ora non sono. Essi erano, sono e saranno.

"Nel Deserto si ergeva la Grande Montagna, la cui vetta sorpassava il più alto dei Cieli. Ai lati c'erano quattro Demoni a sorvegliare le quattro vie, le uniche vie d'accesso a quella Montagna. Sulla Montagna regnava il Grande Cthulhu. Ora la Montagna è sommersa, ora la Montagna è sprofondata nel più Grande degli Abissi: la morte, ma la morte come vita e la vita come rinascita. Molti sono stati i profanatori della Città ed essi venivano regolarmene annientati. Gli Antichi non vivevano e non vivranno, essi vivono.

"Gli Antichi saranno, essi viaggiano non nello Spazio ma nel Tempo. Essi non sono esistiti mai, né mai esisteranno. Essi esistono nel Tempo non nello Spazio.

"Il loro Mondo era un Mondo di Gioia, di Beatitudine infinita. Il loro Mondo era sorretto da Due Colonne. Essi dominavano sia il Tempo sia lo Spazio.

"Dagli spazi infiniti essi risorgeranno. E come un lampo che squarcia le tenebre, è dalla debole Fenditura che s'intravede un Raggio luminoso che passa attraverso le Dimensioni, oltrepassa il Tempo e lo Spazio, fino ad arrivare qui.

"L'Opera non è stata ancora compiuta. Cthulhu, il Grande, regnerà sopra la Terra. Nyarlathotep gli aprirà la strada. Yog-Sothoth appianerà il suo cammino. La sua isola risorgerà dalle acque. Il suo Tridente si alzerà dal mare ma la mano che lo impugnerà non è la sua. Non si deve pensare che il suo Tridente sia una cosa inanimata, esso è dotato di vita propria. Il loro Pensiero è la Vita, la Vita del Mondo.

"Ora, Theoricus, apprendi come essi procedevano.

"Il loro Mondo non era un mondo, è per questo che essi operavano. Essi vivevano là, dove le leggi naturali non esistono, dove tutto è possibile e tutto è impossibile, dove il fulmine non si abbatte sulla Terra e il vento non ulula nei boschi, dove le acque non si sollevano dal mare e la terra non ruggisce.

"Al di là dello Spazio e del Tempo, al di là del finito e dell'Infinito, al di là della vita e della morte, al di là del Vuoto stesso, al di là della Luce e della Tenebra, giungi nella Dimora degli Antichi il cui nome è riverito fin dall'Alba dei Tempi. Lì tu vedrai gli Dei perché tutti sono Dei, ma là anche tu sei un Dio. Eppure c'è una Droga che squarcia i Veli dello Spazio e del Tempo, una Droga il cui nome è nascosto, nascosto sotto un altro nome. Qualunque cosa tu farai pur di possedere questo Elisir. È il Grande Segreto degli Antichi, è il Segreto che ti può elevare sino al più alto dei Cieli o sprofondare nel più profondo degli Inferi, ma in ogni caso tu sarai sempre un Dio, un Dio potente e temuto, e nessuno oserà alzare la mano su di te, poiché tu possiedi lo Scettro del Doppio Potere. I Saggi sanno dove cercare e cosa cercare, ma non occorre perché il tempo è passato.

"Separa l'uno dal due, il noumenico dal fenomenico. Soltanto quando avrai sottomesso il tuo ego, soltanto quando cavalcherai il Drago potrai esserne il padrone e fargli fare tutto ciò che tu vuoi. Il Segreto è: non ucciderlo ma vincerlo, non distruggerlo ma soggiogarlo. Che esso sia come il cane che obbedisce a ogni tuo ordine, e più tu salirai, più lo dominerai.

"Le basi sono state date. Ora ragiona. Se il Drago non è stato vinto come potrai evocare la Forza? Perché se tu evocherai la Forza senza averne distrutto l'Immagine, essa prenderà la forma che vorrà e ti distruggerà. Ricorda! La Forza è in te. Allora evoca questa Forza e dominala, e fatti portare da questa Forza fino alla mèta finale. La Forza è la tua Spada, ma ricorda! Non impugnare mai la Spada senza aver prima indossato la Veste e coperto il tuo capo con la Corona. La Spada è nascosta sotto la Veste per cui non levarti mai la Veste perché se ciò tu farai la Forza sarà rivelata al Mondo ed essa si scatenerà sopra la faccia della Terra.

"Gli Antichi detenevano il Potere. Essi dominavano completamente la Luce Astrale e con questo terribile Potere essi viaggiavano attraverso il Tempo e lo Spazio. Non c'erano limiti a ciò che potevano fare... essi impugnavano la Grande Bacchetta creatrice di Vita. Non si limitavano a guardare oltre il Velo del Tempo, ma penetravano con il loro corpo fisico nelle Regioni dimenticate del Tempo.

"Essi esistono sempre, come è già stato detto, e il riferimento del *Necronomicon* in cui si afferma che non esistono negli Spazi ma tra gli Spazi, intende dire che non si trovano negli Spazi ma nel Tempo, l'unica vera costante. Era molto semplice per loro viaggiare nel Tempo".

Commento alla prima parte del livello del Theoricus

"La loro esistenza non è scomparsa, loro esistono e non esistono. Loro dormono nella Città, la Città il cui numero è 400. Essi abitavano anche sulla Terra, nella regione chiamata Lomar. Il nome del Guardiano è Yog-Sothoth. Essi, ora, dormono nelle profondità dell'Abisso e attendono che il Figlio li risvegli".

Gli Antichi esistono nel Tempo (la Città il cui numero è 400) e la memoria della loro esistenza non è andata perduta, essa è impressa nel Grande Libro del Tempo. Essi abitavano nella regione chiamata Lomar (a Nord) e il nome del Guardiano relativo al loro Culto (Culto dei Profondi) è Yog-Sothoth. Il loro Culto (Essi), ora, è sprofondato nel sonno (profondità) dell'Abisso e attende che io lo Risvegli, che lo riporti alla luce.

"Essi ascoltano la Parola del Dormiente e la loro Città è nelle viscere della Terra, nelle profondità senza nome essi abitano. La loro Stirpe non è estinta. Essi sono in mezzo al Mondo, tra gli Uomini e i mortali, tra i mortali e gli Immortali".

Gli Antichi ascoltano la loro stessa parola (la Parola del Dormiente) e la loro Città (Città di Lomar) si trova nelle viscere della Terra, nelle profondità del Tempo essi vivono, infatti, la loro stirpe non è estinta. La memoria di loro è in mezzo al Mondo, tra gli iniziati (Uomini Immortali) e i profani (uomini mortali). Ora, tramite l'attuazione – tra il 1982 e.v. e il 1984 e.v. – delle prime cinque fasi (si veda *Il Libro Segreto*), essi sono stati *svegliati*.

"Essi dormono, dormono ma non sognano perché il sogno li rende svegli. Il loro sonno è il sonno che li rigenera, un sonno purificatore. Essi sono stati travolti dal Grande Cataclisma negli Abissi del Tempo. Ora stanno aspettando, aspettano senza dormire".

Gli Antichi dormono di un sonno rigeneratore, privo di sogni; ora, dopo essere stati *svegliati*, sognano. Essi vennero travolti dal Grande Cataclisma Universale (il crollo della Conciliazione) e ora (in riferimento a un tempo successivo alla dettatura del passo) sono *svegli*, infatti, sognano senza dormire.

"Loro rivivranno per prendere possesso di ciò che un tempo è stato Suo. Suo è Lui, Lui è Egli. Egli tu non sai chi è, né mai lo saprai".

Gli Antichi ritorneranno per prendere possesso di ciò che è stato Suo, di Lui, di Egli, e che io non so chi è, né mai lo saprò.

"Essi dormono nel Sonno Primordiale. Loro non esistono ma esisteranno. Loro non sono negli Spazi, ma tra gli Spazi. Il loro concetto di vita è differente. Loro non vivono ma dormono. È il sonno che gli dà la vita. Eppure i molti sono Uno. Quando risorgeranno la Terra tremerà, si apriranno i mari, si squarcerà la terra".

Gli Antichi dormono nel Sonno Primordiale e non esistono ma esisteranno, infatti, ora, essi sono *svegli* (sognano). Essi non sono negli Spazi ma tra gli Spazi, infatti, essi sono nel Tempo.

Il loro concetto di vita è differente, poiché non vivono, ma dormono di un sonno rigeneratore; ora, però, sono *svegli*. Essi sono molti eppure Uno, infatti, essi si sono unificati (si veda *Il Libro Segreto*). Quando il Culto degli Antichi ritornerà, un gran terremoto ci sarà.

"Essi non sanno, il Libro è nascosto dal Tempo. Il Libro è un Libro di Morte, un Libro che è stato sprofondato negli Abissi del Tempo. Il Tempo ha un nome, il suo nome è KHYARESh. Questo è l'Abisso che gli Antichi esploravano... non erano relegati dalle costrizioni spazio-temporali, andavano e venivano a loro piacimento. Ora l'Abisso in cui è stato gettato il Libro è molto profondo. È un Tunnel che varca i Tempi, il Tempo è Ora! E presto il Libro risorgerà dagli Abissi".

Gli Antichi non sanno, poiché dormono (ora, sono *svegli*). La loro stessa esistenza (Libro di Morte) è stata sprofondata negli Abissi del Tempo, il cui nome è KHYARESh. Essi erano in grado di esplorare il tempo passato, poiché non erano relegati dalle costrizioni spazio-temporali. Il loro Culto è stato gettato in un Tempo molto profondo (Abisso), un Tunnel che oltrepassa il passato, il presente e il futuro per giungere nell'atemporalità, l'eterno presente (il Tempo è Ora), e presto il Culto degli Antichi risorgerà dagli Abissi del Tempo.

"L'unico superstite di quell'antica Stirpe è Yog-Sothoth, il Guardiano della Soglia. Lui sorveglia la Soglia della loro Città, ma per arrivare in quella Città bisogna separare gli Opposti, bisogna separare il Sottile dal Denso, elevarlo negli Spazi più alti e stabilizzarlo con il Drago. Il Drago ha Due Teste, ma la Città non è subito oltre la Soglia. Il numero di tale Città è 165, ma se tu ci arrivi la troverai disabitata perché essi non-sono. E il loro Guardiano veglia sul loro sonno".

L'unico superstite della stirpe degli Antichi è Yog-Sothoth, il Guardiano della Soglia, colui che sorveglia la Soglia della loro Città che si trova sull'Albero della Vita, ma per arrivare nella Città bisogna separare il Sottile (noumenico) dal Denso (fenomenico), poi si deve elevarlo negli Spazi più alti (Triade sephirotica superna) e stabilizzarlo con il Drago (la sephirah Daath). Il Drago ha due aspetti (Teste), luce e tenebra; ma la Città (il suo numero è 165) non è subito oltre la Soglia, cioè nel sephirah Hokmah, bensì si trova nel sephirah Kether, ma se l'iniziato ci arriva la troverà disabitata perché gli Antichi non-sono (dormono) e il Guardiano veglia sul loro sonno. Orà, però, la Città è abitata perché gli Antichi stanno sognando.

"Il loro è un Tempo senza fine, è un'eterna Estasi. Ora si preparano a ritornare. Essi vedranno la rovina in cui le loro genti sono cadute e piangeranno. E il loro pianto purificherà la Terra, spazzeranno via il marcio che la profana".

Il Tempo degli Antichi è un eterno presente (eterna Estasi). Ora si preparano a ritornare (si riferisce a poco prima del loro risveglio tramite l'attuazione delle prime cinque fasi – si veda *Il Libro Segreto*). Essi vedranno la rovina in cui gli uomini sono caduti e piangeranno di un pianto che purificherà la Terra, che spazzerà via il marcio che la profana.

"Due erano le Grandi Case, una a nord e una a sud, al centro un Grande Cerchio con un Punto nel mezzo. A ovest c'era il Grande Portico, dove non si poteva né entrare né uscire. Immensi giardini formavano la Città, alte costruzioni le cui fondamenta poggiavano sul più profondo degli Abissi, le cui vette raggiungevano i più alti Cieli. Nel mezzo c'era una Spada fiammeggiante che torreggiava sull'intera Città. Questa Spada era il loro Sole, il Sole del Mondo. Essi vivevano ma ora non vivono, essi erano ma ora non sono. Essi erano, sono e saranno".

Nella regione di Lomar esisteva una zona atemporale data

da: due Grandi Costruzioni (Case), una a nord e una a sud; al centro un Grande Tempio (un Grande Cerchio con un Punto nel mezzo) e a ovest il Grande Portico dove, in quel particolare momento storico, non si poteva né entrare né uscire. A est della zona atemporale era collocata la Città di Lomar, costituita da costruzioni molto grandi. Nel mezzo della Città, sopra l'edificio più alto, vi era un Braciere Divino (Spada fiammeggiante); esso irradiava una luce particolare che illuminava, come il Sole, l'intera Città. Gli Antichi vivevano in questa Città ma ora non ci vivono più; essi vivevano (come esseri organici), ma ora non vivono più. Il Culto degli Antichi era, è e sarà.

"Nel Deserto si ergeva la Grande Montagna, la cui vetta sorpassava il più alto dei Cieli. Ai lati c'erano quattro Demoni a sorvegliare le quattro vie, le uniche vie d'accesso a quella Montagna. Sulla Montagna regnava il Grande Cthulhu. Ora la Montagna è sommersa, ora la Montagna è sprofondata nel più Grande degli Abissi: la morte, ma la morte come vita e la vita come rinascita. Molti sono stati i profanatori della Città ed essi venivano regolarmene annientati. Gli Antichi non vivevano e non vivranno, essi vivono".

Nel Deserto chiamato Kevaal si ergeva Kadath, la Grande Montagna la cui altezza superava i 35.000 metri. Ai quattro lati della Montagna c'erano quattro Demoni (entità) a sorvegliare le quattro vie d'accesso. In cima alla Montagna regnava il Grande Cthulhu. Ora (si riferisce a prima dell'attuazione delle prime cinque fasi – si veda *Il Libro Segreto*) la Montagna è sommersa dalle acque, ora la Montagna è sprofondata nel più Grande degli Abissi, la morte (intesa come l'Abisso del Tempo), ma la morte come vita (intesa come il sonno in cui gli Antichi sono sprofondati) e la vita come rinascita (intesa come il Risveglio del Culto degli Antichi). Molti sono stati i profanatori della Città – al tempo che rimase disabitata – ed essi vennero annientati da dei sistemi di sicurezza. Gli Antichi, a quel tempo, non vivevano più nella Città e non ci vivranno perché è andata distrutta; essi (il loro Culto) vivono ora (si riferisce a dopo l'attuazione delle prime cinque fasi – si veda *Il Libro Segreto*).

"Gli Antichi saranno, essi viaggiano non nello Spazio ma nel Tempo. Essi non sono esistiti mai, né mai esisteranno. Essi esistono nel Tempo non nello Spazio".

Gli Antichi verranno *svegliati* (si riferisce a prima dell'attuazione delle prime cinque fasi – si veda *Il Libro Segreto*), essi viaggiano non nello Spazio ma nelle profondità del Tempo. Essi esistono ora (eterno presente), non nel passato (non sono mai esistiti) non nel futuro (né mai esisteranno). Essi esistono nell Tempo non nello Spazio.

"Il loro Mondo era un Mondo di Gioia, di Beatitudine infinita. Il loro Mondo era sorretto da Due Colonne. Essi dominavano sia il Tempo sia lo Spazio".

Il Mondo degli Antichi, la regione chiamata Lomar, era un luogo in cui regnava la pace e l'armonia (un Mondo di Gioia, di Beatitudine infinita). Il Mondo degli Antichi era sorretto da Due Colonne. Essi dominavano sia il Tempo sia lo Spazio.

"Dagli spazi infiniti essi risorgeranno. E come un lampo che squarcia le tenebre, è dalla debole Fenditura che s'intravede un Raggio luminoso che passa attraverso le Dimensioni, oltrepassa il Tempo e lo Spazio, fino ad arrivare qui".

Gli Antichi risorgeranno dalle profondità del Tempo (spazi infiniti). E come un lampo che squarcia le tenebre, è dalla debole Fenditura che s'intravede un Raggio luminoso che passa attraverso le Dimensioni, oltrepassa il Tempo e lo Spazio, fino ad arrivare qui" (si riferisce alla quinta fase – si veda *Il Libro Segreto*).

356

"L'Opera non è stata ancora compiuta. Cthulhu, il Grande, regnerà sopra la Terra. Nyarlathotep gli aprirà la strada. Yog-Sothoth appianerà il suo cammino. La sua isola risorgerà dalle acque. Il suo Tridente si alzerà dal mare ma la mano che lo impugnerà non è la sua. Non si deve pensare che il suo Tridente sia una cosa inanimata, esso è dotato di vita propria. Il loro Pensiero è la Vita, la Vita del Mondo".

L'Opera degli Antichi non è stata ancora compiuta, poiché i nuovi Dei non si sono ancora manifestati: Cthulhu, il Grande, regnerà sopra la Terra; Nyarlathotep gli aprirà la strada; Yog-Sothoth gli appianerà il cammino. L'isola di Cthulhu – la nuova Lemuria – riemergerà nell'Oceano Pacifico. Il Tridente (si veda *Il Tempo degli Dei*) emergerà dal mare, ma la mano che lo impugna non è quella di Cthulhu. Il Tridente è un'energia intelligente. Il pensiero degli Antichi è la Vita che formulerà in Mondo a venire.

Il Livello di Practicus

Il secondo Livello (Practicus) del Tempio dei Tredici Raggi – il Tempio Nero della Tenebra – implica una conoscenza pratica per quello che concerne il Culto degli Antichi (i Profondi).

Il secondo Livello del Tempio dei Tredici Raggi è diviso in tre parti ed è stato trasmesso (sesto giorno del mese di giugno dell'Anno LXXVII – 1981 e.v. Sole in Gemelli) dal Maestro Invisibile Neehmeeh che parlò tramite il veggente Thar.

Il Livello di Practicus

Parte Prima

"C'era una Città all'Alba dei Tempi, quando la Terra era giovane. La Città era il Punto fisso del Mondo, vi si eseguivano Riti di Fuoco e Riti d'Acqua, la Forza regnava sovrana.

"Essi prendevano la forza solidificata dal proprio essere, come tu sai. La impiegavano assieme alla Coppa (la Bacchetta non rientra); la forza diveniva, quindi, la Forza, ma la Rosa non c'entra. Tutto sta nel radiante Bindu, vera Energia Elettro-Magnetica fisica.

"Compi tutto ciò che ti è stato detto; aggiungi ciò che ora ti diciamo, raggiungerai, quindi, ciò che ti sei prefisso. Questa è la Prima Parte del Practicus. Il Tempio di Onice ti si aprirà in

358

un baleno e in ancor meno tempo lo percorrerai tutto, sempre se farai inframmentariamente ciò che è giusto.

"Questa è la fine di una mia Manifestazione. Il mio Nome deve rimanere celato dalle iscrizioni. Merahash è la Parola".

Parte Seconda

"Apprendi ora, o Practicus, ciò che ti è stato già detto. Apprendi come fare per controllare il Dormiente che risiede in te.

"Tutto ciò era stato e tutto ciò un tempo ritornerà. Ci fu il tempo in cui gli Dei della Terra regnavano sovrani e in cui le Barriere del Cosmo erano aperte per chi conosceva la Parola Segreta. Questa Parola rimane celata nel cuore di ogni uomo e la sua gola non può proferirla finché l'Occhio destro non percepisca la Verità.

"Ma tu, o Practicus, che sei la verità nella Verità e oltre essa, riuscirai a comprendere ciò che è necessario per poter procedere con Saggezza. Affinché l'Occhio del Cuore non si schiuda e non percepisca la Verità, e i molti e Grandi Misteri, taci. Perciò sii Saggio come chi lo era un tempo e sii tu prudente e coscienzioso, poiché la pazzia aleggia su di te. Ora sappi! Ciò che qui verrà rivelato è il Segreto dei Segreti, il Mistero dei Misteri, ciò che non fu mai rivelato e che mai potrà essere rivelato. Tu, ora, saprai ciò che in verità non esiste, poiché questa è la Verità.

"Per prima cosa sia il tuo spirito purgato da ogni colpa e da ogni desiderio, affinché tu possa riuscire nella nostra Santa Opera. Poi rendi Luminosa la tua anima che risiede in te. E realizza ciò che un tempo è stato detto. Questo tu farai. Questo per sempre".

Parte Terza

"Le Parole sono finite.

"L'Uomo, il Guerriero, il Re, il Dio.

"Esperimenta i tre e unisci nel Dio.

"Rivela questa Parola al mio Guerriero.

"Parla! Rivela il Mistero che sta sulla cima delle Tre Piramidi. La Manifestazione dell'Uno in Tre. Questa è la Manifestazione degli Dei.

"Áncora te stesso alla Legge e proclama: Jason-har.

"Lo proclamerai per tre volte.

"Tre volte si manifesta il Dio.

"La Legge è cambiata, eppure è la stessa.

"Come potrai conciliare il paradosso?

"La Legge del Tre.

"La Manifestazione del Dio si avvicina. È giunto il tempo in cui le false Colonne del Tempio crolleranno e sorgerà mio Figlio. Egli ha la Luce delle Stelle nel suo cuore. Sulla fronte il Serpente. E così nudo egli apparirà dinanzi alla Porta dell'Infinito. Aumgn! E Schiere di Cori Celesti innalzeranno un canto. È una Parola. Oltre questa Porta sperimenterà l'Infinito, ma non lasciarlo andare troppo in là. Che ritorni, poi, indietro fortificato dal mio Amore. Ed egli scenderà i gradini del Reame Invisibile per manifestarsi tra gli uomini, ma chi potrà sopportarne la vista? Egli è un Serpente di Fuoco. È il mio Figlio. Le mie Stelle sono la sua Corona. Egli parlerà per me e il mio Signore Hadit.

"Ora! La Manifestazione è avvenuta. Che tremino le genti e il falso regno sprofonderà nell'Abisso.

"Hoor! Ta-hurt! Questa è la fine dei Tempi. Huar-ha!".

Il Livello di Philosophus

Il Terzo Livello (Philosophus) del Tempio dei Tredici Raggi – il Tempio Nero della Tenebra – implica una conoscenza pratica per quello che concerne il Culto degli Antichi (i Profondi).

Il Terzo Livello del Tempio dei Tredici Raggi è diviso in due parti ed è stato trasmesso (sesto giorno del mese di luglio dell'Anno LXXVII –1981 e.v. Sole in Cancro) dal Maestro Invisibile Neehmeeh che parlò tramite il veggente Thar.

Il Livello di Philosophus

Parte Prima

1. "Innanzitutto avrai fatto un passo dopo esserti trovato sulla Soglia".
2. "Qui comincerai a perdere tutto ciò che sei".
3. "Potrai anche rimpiangere il fatto di essere nato, poiché tu, qui, sei nulla. Il passato, il presente, il futuro, tutto in una cosa".
4. "Ogni punto è uguale all'altro, ma ti troverai solo, incapace di andare indietro, di andare avanti, di fermarti, ma il tuo destino non è per questa via".
5. "Ti vedo alzarti e cercare in ogni punto, quando tutti i punti sono uguali".

6. "La Forza non ti aiuterà. Sarai tu a riuscire a trovare il modo".

7. "Una volta riuscito a fare questo, il punto in cui ti trovavi che è uguale a tutti gli altri prenderà la tua forma".

8. "Lascia fare ciò e sarai come nato".

9. "Tu non hai più nulla, ma hai tutto".

Parte Seconda

1. "Una volta che sarai nato comprenderai perché sei stato concepito".

2. "La tua Luminosità supera la Luce che non si vede".

3. "Respira tutto attorno".

4. "Vedrai gli Eoni passare davanti a te".

5. "Ora tu puoi concepire".

6. "Tutto ti è stato dato".

7. "La mano, la foglia, la X".

8. "Tutto ciò è stato permeato".

9. "Vivi in essa, poiché essa vive in te".

10. "Tu hai generato e tu hai procreato".

11. "La Forma Divina".

Il Livello di Sacerdos

Il Quarto Livello (Sacerdos) del Tempio dei Tredici Raggi – il Tempio Nero della Tenebra – implica una conoscenza pratica per quello che concerne il Culto degli Antichi (i Profondi).

Il Quarto Livello del Tempio dei Tredici Raggi è diviso in tre parti ed è stato trasmesso (sesto giorno del mese di agosto dell'Anno LXXVII – 1981 e.v. Sole in Leone) dal Maestro Invisibile Neehmeeh che parlò tramite il veggente Thar.

Il Livello di Sacerdos

Parte Prima

"Il Guerriero Selvaggio si accosta al Trono Divino. Egli ha in pugno la Lancia che gli permette di fendere gli oscuri Abissi Cosmici.

"Egli ha il Trono, ma non è sul Trono. Le sue gesta sono devastanti, poiché opera in ogni luogo.

"Ci sono ancora Tre Passi da fare prima di essere assiso sul Trono e di divenire il Trono stesso.

"Egli vorrà e cercherà lontano. Ciò lo porterà a conquistare il Secondo Passo, poiché il Primo è già in esso celato. Resta ormai la conquista del Tre. Come ciò potrà avvenire? Alcuna parola esiste per spiegarlo.

"Cela tutto questo in un Baratro di Tenebra. Allorché seguirà la Luce. Il Tempio lascerà aprire le sue Porte. Esse sono di un materiale molto più bello dell'oro e dell'argento. Una volta trovato il modo di entrare avrai scoperto il Tre. E questo anche per gli Eoni che verranno".

Parte Seconda

"Il Tempio ti si parerà inanzi e tu ti troverai in mezzo a due immense Colonne. Cerca la Parola per entrare, ma ciò non è necessario, poiché tutte le Vie sono aperte. Al di là troverai un Mondo che l'umano non può concepire.

"Vedrai mondi e mondi, pianure e distese. Tu dovrai conoscere ogni luogo per la tua Realizzazione, ma stai attento! Se ciò vorrai fare senza un'adeguata preparazione potrai rimanere prigioniero di uno dei tanti Mondi. La capacità di fare ciò sta nel tuo Essere.

"Pronuncia la Parola, essa ti darà Forza. Ti permetterà di separare la Sottile Membrana tra i Mondi. Separarla non spezzarla. Medita su ciò.

"Alla fine ti si presenterà un esercito. Questa è la tua eredità. Essi saranno alla tua guida per essere portati finalmente là, dove un tempo erano. Essi ti riconosceranno subito, poiché apparirai a loro con le vesti di un Uccello multicolore, quale Presagio di una nuova Aurora".

Parte Terza

"Un Sole senza bagliore apparirà. Questo Sole è Nero. I molti fuggiranno, ma per coloro che hanno da sempre atteso, finalmente, sapranno che è arrivato.

"Luce nella Tenebra, Tenebra nella Luce. Ciò è stato detto da secoli, ma solamente ora si comprenderà il vero significato.

"È stato dato tempo al Tempo, luce alla Luce, tenebra alla Gioia. Ciò che doveva essere fatto ora è stato compiuto.

"L'universo è inerte. Non una foglia si lascerà cullare dal

vento, né le stelle tremeranno nel cielo.

"Il tempo è fermo, tutto è attonito e sospeso. Ciò che sta per accadere non succede più da anni, ma quando il Figlio si sveglierà, l'universo incomincerà a cantare la sua Lode per inneggiare il suo Nome".

I Servitori degli Antichi

I 292 Servitori degli Antichi sono delle Entità bestiali, in relazione alla Corrente Oscura del Tempio Nero della Tenebra.

Il dettato, "I Servitori degli Antichi", è stato trasmesso (sesto giorno del mese di maggio dell'Anno LXXXI – 1985 – e.v. Sole in Toro) da otto Entità – i Guardiani – che parlarono tramite la veggente Charis-Xalin.

I Servitori degli Antichi

Il Guardiano dell'Est

"Io sono il primo di una grande Schiera di Servitori di antichi Padroni la cui grandezza, per regalità ed evoluzione, supera di gran lunga l'attuale condizione umana.

"Noi eravamo gli Annunciatori della nascita di nuovi Soli. Siamo gioiosi, allegri, poiché presenziamo alla nascita di un nuovo Dio. Culliamo Colui che siede sul Trono ed esaudiamo ogni suo desiderio.

"Ora, noi, vaghiamo su immense piane desertiche, ove tutto è pervaso da un dolce odore di zolfo. Serviamo, come allora, gli antichi Padroni. Adoriamo, ora, Colui che ci ha fatto oltrepassare la Barriera dello Spazio, permettendoci di ritornare nel luogo che un tempo era nostro.

"Il colore della mia pelle ricorda la fine sabbia che si

estendeva verso orizzonti infiniti. Guarda dentro ai miei occhi rossi e potrai scorgere l'antico e dimenticato Regno dei Signori che governavano la Terra.

"Apro le fauci e così potrai vedere l'abisso in cui gli umani sono caduti. L'odore che ora percepisci è il piacevole olezzo della mia dimora e di quella dei miei compagni".

Il Guardiano del Nord

"Io vivo, assieme ai miei compagni, nelle vaste distese di ghiaccio. Porto con me il freddo gelido e a ogni mio passo sembra che la Morte si avvicini con il suo alito freddo.

"Noi venivamo impiegati, dai nostri antichi Padroni, per operazioni che si effettuavano nella notte buia e fredda dei deserti ghiacciati. Il fine delle operazioni non ti viene qui, ora, rivelato, poiché potresti fraintenderlo, ma ricorda! I nostri Signori potevano avere il cuore di ghiaccio oltre che a possedere il calore delle stelle.

"Percepisci, ora, il vento freddo che io ti porto dalle desolate terre, abitate da me e dai miei compagni. Non è forse dolce, come la morte, la morsa di ghiaccio che ti sta prendendo il cuore?

"Respira profondamente, poiché ti annuncio che è giunto il momento di un mio compagno che risiede a ovest".

Il Guardiano dell'Ovest

"I miei artigli ti sfiorano la morbida pelle per carpirti, segretamente, l'anima. Io sono colui che risiede nell'Oscurità del Regno abitato dai miei Signori. Sono ingannevole, ma ti riempio di dolci promesse. Il mio Regno ricorda gli oscuri Inferi, dimora delle anime dannate.

"Il mio braccio è seducente e nessuno può resistermi. Se apro le braccia e ti stringo a me puoi percepire le mie ali palmate, il mio corpo ossuto dentro il quale pulsa un cuore giallo.

"Io e i miei compagni giungiamo con la notte ed entriamo nei tuoi sogni. Se ti abbraccio ti sentiresti portare in terre sulfuree dimenticate dagli uomini, ma se la mia stretta è molto forte puoi percorrere le immense strade del crepuscolo fiammeggiante e dimenticare per sempre la tua natura di essere umano.

"Chiudo le mie braccia e dal mio occhio, cupo e fiammeggiante, potrai trovare in te il ricordo della mia presenza nei tuoi sogni".

Il Guardiano del Sud

"Non temere se percepirai attorno a te un calore infernale e ti sembrerà che la pelle bruci, poiché sono qui per dirti che provengo da regioni incandescenti ove l'aria è così opprimente da farti sentire il peso della tua misera condizione.

"Io e i miei compagni siamo un'antica Schiera di Entità al servizio di Colui che sottomette tutte le Legioni alla sua Volontà. Un tempo vivevamo felici, in un luogo a noi designato sulla Terra. Poi, all'improvviso, tutto si richiuse e noi fummo inghiottiti, come pure tutti gli altri miei compagni degli altri Punti, in una Dimensione senza tempo.

"Siamo stati fatti ritornare e abbiamo visto come la Terra è stata preda d'inutili insetti. Noi, ora, laveremo con l'Acqua e purificheremo con il Fuoco il pianeta infestato, poiché nella Regola Universale non sta scritto che degli insetti debbano governare.

"L'antica Età, l'antico splendore e l'antica bellezza di un tempo perduto nei millenni, sta per essere rinstaurata. E se allora tu, come tutti i tuoi simili, non accetterai l'instaurarsi di un nuovo Giorno ti verremo a cercare e cadrai, come tutti, nostra facile preda".

Il Guardiano del Sud-Est

"Porto in me il calore dell'Inferno e l'allegria che precede la nascita di un Dio. Sono bizzarro e il mio compito era quello di stuzzicare i sogni dei bimbi degli antichi Padroni. Essi giocavano con noi, si divertivano e nello stesso momento traevano insegnamento dalla nostra natura. I nostri compiti, però, erano molteplici.

"Eravamo anche Custodi e vigilavamo sul sonno dei nostri Signori. Imprese di guerra ci venivano affidate e noi, ogni volta, tornavamo vittoriosi. Siamo fedeli Servitori, sempre attenti nel proteggere la vita dei nostri Padroni.

"Servi fedeli e cinici nemici, così noi eravamo e così lo siamo di nuovo. Noi rispettiamo solo Colui che, rispettandoci, ci tiene a sé legati e che nel contempo ci dà la nostra libertà.

"Che tu non debba mai incorrere in uno di noi in quanto potresti sentire il cuore fermarti in petto, ma Colui che ci possiede detiene tutte le Chiavi e ora noi siamo pronti a seguirlo e a compiere tutte le azioni che egli ci comanda. Ora e per sempre!".

Il Guardiano del Nord-Est

"La mia palpebra destra si dischiude lasciando intravedere il brio di una giornata che sta per nascere e che porta con sé molte promesse. La palpebra dell'occhio sinistro si dischiude lasciando percepire un Regno buio, freddo, capace di gelare chiunque abbia la sfortuna di soffermarsi sul mio sguardo.

"Sono feroce e molto sottile, poiché tutto ciò che faccio avviene con estrema crudeltà e rapidità. Sono veloce come la folgore e mi nascondo nell'Oscurità. Assieme ai miei compagni e a quelli del nord-ovest siamo i più terribili e distruttivi.

"Il mio occhio destro studia la preda e ne trattiene il ricordo di tutte le sue mosse. L'occhio sinistro individua l'attimo di debolezza dell'infelice e lo colpisce rapido come la folgore. Quali colpe atroci possono aver commesso coloro che finiscono nei nostri artigli?

"Noi operiamo sulla falsità, sull'ingordigia, sull'indulgenza, sulla pietà, poiché sono espressioni della degenerazione della natura umana. E ora fatevi avanti, ma dato che non ne avrete il coraggio verremo noi a prendervi".

Il Guardiano del Nord-Ovest

"La brama ci diverte e infingardi ci avventiamo su coloro che hanno la fortuna, nella loro sfortuna, di essere la nostra preda in quanto è pur sempre un onore essere divorati da noi.

"Sentirai, nelle notti senza Luna, agitarsi tra le foglie d'un albero un improvviso vento freddo che ti colpirà la faccia, le braccia e le gambe, facendoti prostrare a terra. Con il cuore carico di terrore pregherai tutti i tuoi falsi dèi affinché, nell'ora ultima della tua morte, la tua anima non sia fatta preda di atroci tormenti, ma in quel momento di verità ogni tua prece sarà inutile e vedrai nell'oscurità due occhi di brace ardente e un riso beffardo si leverà dal silenzio della notte.

"Quanto è misera la natura umana. A che cosa serviranno le carni dell'uomo se non a dar da mangiare ai vermi?

"L'uomo è talmente ipocrita da non accorgersi neanche della flebile scintilla d'orgoglio divino che dimora nell'angolo più nascosto del suo cuore. Peggio per lui, poiché se non sarà capace di dare ascolto alla Voce, soffocata da millenni, noi lo distruggeremo, ma non temete, faremo ciò solamente se Lui ce lo comanderà.

"Ti faccio ora provare l'ebbrezza del nostro tocco".

Il Guardiano del Sud-Ovest

"Noi proveniamo dall'Oscurità e portiamo il bruciante vento delle aride zone desertiche del nostro Regno. Siamo combattivi, il nostro cuore è il cuore del guerriero. Il nostro compito è quello di svolgere azioni di guerra e nessuno, né entità né uomo, ci può sfuggire.

"Se alla notte, mentre dormi, senti entrare dall'oscurità un vento ardente che ti farà ricordare gli Abissi infernali vorrà dire che noi siamo arrivati e saremo vicini a te per proteggerti o per colpirti. Con lance e spade noi ti proteggiamo, ma per distruggerti apriamo le nostre bocche, lasciamo intravedere gli aguzzi denti e ti alitiamo sugli occhi il fuoco del nostro Regno.

"Urla e terrore sono il nostro pane quotidiano, poiché non esiste nel nostro Regno il significato della parola pietà. Noi siamo, come tutti i nostri compagni degli altri Punti, rigidi e facciamo in modo che le Leggi vengano rispettate, le Leggi dei nostri antichi Padroni, le Leggi dell'universo.

"A te, o profano, sembreranno crudeli, poiché stai seguendo delle false leggi di omertà, di timore, di rimpianti, ma ciò che noi facciamo lo eseguiamo con gioia in quanto siamo fieri di essere Custodi della Legge che domina sull'intero universo.

"E ora che ci hai tutti conosciuti e sai della nostra esistenza trovati, o uomo, un nascondiglio, il più profondo, nelle viscere della Terra, ma sarà per noi solo un divertimento venirti a scovare, ma tu crederai a ciò che ti stiamo dicendo? Meglio per te se non ci credi, poiché così ti verrà risparmiata la consapevolezza ultima della nostra reale esistenza".

Il Culto degli Antichi

Il dettato, "Il Culto degli Antichi", è stato trasmesso (sesto giorno del mese di maggio dell'Anno LXXXVI – 1990 e.v. Sole in Toro) da una Entità di nome Xarexhul che parlò tramite la veggente Charis-Xalin.

Il Culto degli Antichi

"Dove il Caos protoplasmico ribolle senza fine, al di là del Tempo e dello Spazio, il Culto degli Antichi dimora in silenziosa attesa. Dalle profondità dello Spazio riemergono, nei sogni degli uomini, i Segni del Passato. L'ancestrale è in noi e sta per essere rimosso.

"Dall'avamposto dell'Eternità una figura misteriosa si delinea e scruta il susseguirsi delle Ere sulla Terra in evoluzione. La Divinità è espressa, ma non ancora manifesta. Il Silenzio degli Dei attende memore la sua risorgenza.

"Dove la parola incontra alte mura, il pensiero vola libero. Il pensiero è vita e la mente umana vuole imprigionarlo, ma l'uomo non è forte, poiché non è padrone del pensiero divino, egli non è ancora Dio.

"Ed ecco che dalle profondità più recondite del ricordo di ognuno si staglia l'immagine sconvolgente della Divinità. L'Arcano è in noi, memore di ogni cosa e di tutta la Conoscenza. Dalle rocce che celano un antico Mistero sta riaffiorando, con tutta la sua potente Forza, il Serpente dominatore dell'universo. Esso dorme, attorcigliato, nelle zone più profonde e oscure della nostra Consapevolezza.

"Il singolo individuo diviene il Tutto, poiché ognuno è se stesso ma si fonde nell'altro per divenire la Conoscenza arcana dispensatrice di Forza. Noi siamo Uno ma mille nell'Unità.

"Cercarsi dentro. *Flash* di vite passate. Reminiscenze di una vita vissuta e dalla quale mai nulla andrà perduto.

"Da uno squarcio, creatosi nella notte della consapevolezza umana, il pianeta Terra appare come un incancellabile ricordo. Ricordo di chi? Di coloro che lo videro quand'era ancora giovane e inviolato. Nel tempo la sua immagine sarà conservata.

"Il Culto degli Dei dell'Acqua appare con tutta la sua Forza Oscura. Presente è l'Eterno Dominatore di tutte le cose, che dorme, *sognando*, sulla nostra reminiscenza.

"La nostra Consapevolezza è la sua Dimora. Si devono aprire le Porte per far riaffiorare la Conoscenza.

"La riemergenza dei ricordi ancestrali è impossibilitata dall'esistenza, nelle menti umane, di fragili barriere che come insetti depongono le loro uova negli avamposti della mente, per creare i modelli tipici della società attuale. La capacità naturale dell'uomo di riscoprirsi vero uomo è soffocata dal grido lacerante ma silenzioso della costrizione.

"Ma ecco! Un Simbolo può dischiudere la consapevolezza dell'uomo e penetrarne i luoghi più reconditi. Esso ha la capacità di risvegliare l'uomo dalla sua millenaria illusione che lo rende prigioniero di se stesso e del suo egoismo.

"Silenziosamente il Sigillo è penetrato nella profondità della consapevolezza umana per far riemergere l'antico Simbolo della vera Vita. Tolte le illusorie convinzioni e le paure dominatrici, riaffiora il ricordo.

"Le immagini di un'altra realtà vissuta, ora, sono nitide. Appena in questo momento si può iniziare il viaggio dentro se stessi, alla ricerca silenziosa del Sé.

"Ora le paure personali e gli angosciosi dubbi sono dissolti. Dall'Oscuro Vuoto silente emerge, in tutta la sua potenza, la consapevolezza umana collettiva, recando con sé la Forza di un'Età che sta per ritornare.

"Gli Dei, nelle antiche Dimore, si sono ribellati al millenario silenzio della consapevolezza ottenebrata. La Forza oscura, dominatrice di molti tempi, si è eclissata con il riemergere del Serpente edenico. Esso è al di là del bene e del male. Esso reca un nuovo Messaggio. Esso è la Luce".

Il Ritorno degli Antichi

Il dettato, "Il Ritorno degli Antichi", è stato trasmesso (sedicesimo giorno del mese di gennaio dell'Anno XCV – 1999 e.v. Sole in Capricorno) da un'Entità di nome Shub-Nigguath (Divino) che parlò tramite la veggente Xinar.

Il Ritorno degli Antichi

"È tempo che la Freccia sia scagliata al centro della Coppa Celeste e dalla Coppa discenda il Raggio della Vibrazione che schiude nuove Porte a nuove Legioni. Colonne di Luci sono i Pilastri del Tempio che viene... e il nuovo Tempio sarà uguale all'antico.

"È tempo che l'Arco sia impugnato e che la Freccia sia scagliata nel profondo dell'Abisso come nell'alto dei Cieli. Questo è il Tempo del Ritorno degli Antichi, Tempo di Porte ritrovate e dischiuse.

"È tempo che la Freccia colpisca la Terra con il Veleno della Rigenerazione, che la Madre-Serpente generi numerosa prole e che dalla mutazione dei numeri emerga l'unico risultato. Questo è il Tempo della Rotazione della Croce, il Tempo del Fuoco per l'Oriente e l'Occidente, poiché sarà il Fuoco a consumare le ipocrisie umane e le blasfeme religioni.

"È tempo di terminare l'Opera e di ritrovare la Prima Dimora, di regredire nel passato remoto fino all'Origine assoluta.

"È tempo di unire nella Coppa l'Aria e la Terra, il Fuoco e l'Acqua.

"È tempo che l'Arco liberi la Freccia e che la Freccia trafigga la volta dei Cieli e il fondo degli Abissi".

Indice

Prima edizione: 2008
Seconda edizione: 2015
Terza edizione rivista e corretta: 2019

Milton Keynes UK
Ingram Content Group UK Ltd.
UKHW041023090823
426580UK00001B/104